YILIAO QIXIE
TUIXIAO
LILUN YU SHIWU

医疗器械推销理论与实务

李毅彩　李叶红　主　编
王　峰　胡亚荣　副主编

化学工业出版社
·北京·

本书融合了高职院校医疗器械销售技巧研究的成果，将推销理论与医疗器械产品的实际销售情况紧密结合，医疗器械产品属于专家型产品，与其他推销品甚至是药品都有很大的不同，本书将医疗器械产品的特征、医疗器械个人/家庭消费者的消费心理与购买行为特征、经销商/代理商的购买行为特征和医院的购买行为特征等内容充分结合进推销过程中。本书阐述内容分为三大模块：第一个模块是医疗器械推销人员的职业素养；第二个模块是医疗器械推销过程及技巧；第三个模块是医疗器械推销人员的管理。

教材适合医疗器械营销及相关专业的学生使用，也可供有关人员作为参考书。

图书在版编目（CIP）数据

医疗器械推销理论与实务/李毅彩，李叶红主编.
北京：化学工业出版社，2013.8（2019.7重印）
ISBN 978-7-122-17752-0

Ⅰ.①医⋯ Ⅱ.①李⋯ ②李⋯ Ⅲ.①医疗器械-推销 Ⅳ.①F763

中国版本图书馆 CIP 数据核字（2013）第 137765 号

责任编辑：于 卉 王 可　　　　　　　　装帧设计：张 辉
责任校对：宋 夏

出版发行：化学工业出版社（北京市东城区青年湖南街13号　邮政编码100011）
印　　装：北京虎彩文化传播有限公司
787mm×1092mm　1/16　印张15　字数388千字　2019年7月北京第1版第5次印刷

购书咨询：010-64518888　　　　　　　　售后服务：010-64518899
网　　址：http://www.cip.com.cn
凡购买本书，如有缺损质量问题，本社销售中心负责调换。

定　价：38.00元　　　　　　　　　　　　　　　　版权所有　违者必究

前言

我国医疗器械产业现已初步建成了专业门类齐全、产业链条完善、产业基础雄厚的产业体系，成为国民经济的先导产业和支柱产业。现代企业的竞争是人才的竞争，优秀的医疗器械销售人才是我国医疗器械企业长远发展的强大动力。《医疗器械推销理论与实务》是将销售的专业理论与我国现代医疗器械企业销售实践紧密结合的一本教材，既可以作为医疗器械营销专业的学生学习教材，又可以为正在从事医疗器械销售工作的推销员提供推销工作的指导，还可以作为医疗器械企业培训推销员的专业培训教材。本书在编写过程中，力求体现以下特色。

（1）本书充分吸收专业推销理论及有关商品推销研究的最新理论，使内容论述具有思维系统化、逻辑化特征。

（2）本书紧密结合我国医疗企业行业，从医疗器械销售岗位实际出发，结合不同客户的消费心理和行为，展示相应的销售技巧与销售模式，更加关注实操性。

（3）本书在内容编写上，以推销的流程为主线，精选了经典案例充实内容，增加了内容的生动性和有趣性，有效激发读者的学习兴趣。

本书由广东食品药品职业学院李毅彩、李叶红担任主编，上海医疗器械高等专科学校王峰、广东食品药品职业学院胡亚荣任副主编。具体编写本书的人员安排是：李毅彩老师编写第一、二、三、四、九章，李叶红老师编写第十、十一、十二、十三章，胡亚荣老师编写第五、六章，广东食品药品职业学院的严立浩老师参编第七章，广州纽康医疗用品有限公司的夏冰总经理提供了有关医疗器械行业、销售实践方面的丰富素材。王峰编写第八章并对教材的编写大纲、编写特色及定稿提供了很多宝贵建议。广东食品药品职业学院医疗器械学院的金浩宇院长对本书编写给予了大力支持和中肯建议。同时，本教材的编写一直得到化学工业出版社的支持和指导，在此深表感谢！

本书在编写过程中，参考了部分教材、著作等最新资料，在此谨向各位作者表示诚挚的谢意。由于编写水平有限，书中难免有不妥之处，敬请广大读者批评指正！

编者
2013年5月

目录

第一章　推销概论 ……………………………………………………………… 1
第一节　推销的含义与形式 …………………………………………………… 2
第二节　推销的功能 …………………………………………………………… 6
第三节　推销程序概述 ………………………………………………………… 11
【案例分析】初次与客户见面对话四例 ……………………………………… 13

第二章　推销要素与推销模式 …………………………………………… 14
第一节　推销要素 ……………………………………………………………… 15
第二节　推销模式 ……………………………………………………………… 23
【案例分析】推销产品利益介绍 ……………………………………………… 31

第三章　推销沟通 …………………………………………………………… 32
第一节　推销沟通及其方式 …………………………………………………… 33
第二节　推销人员的商务礼仪 ………………………………………………… 42
【案例分析】销售代表小陈与客户的电话沟通 ……………………………… 48

第四章　医疗器械客户购买心理及行为与销售模式分析 …………… 50
第一节　个体消费者购买家用医疗器械行为分析 …………………………… 51
第二节　医疗器械批发商购买行为及销售模式分析 ………………………… 56
第三节　医院采购行为分析 …………………………………………………… 61
第四节　医院的招标与投标管理 ……………………………………………… 65
【实战销售对话技巧模拟】 …………………………………………………… 70

第五章　医疗器械顾客寻找与分析 ……………………………………… 71
第一节　寻找客户的基本概念 ………………………………………………… 72
第二节　寻找医疗器械客户的方法 …………………………………………… 74
第三节　医疗器械产品招商工作的开展 ……………………………………… 81
第四节　医疗器械客户的资格审查 …………………………………………… 84
【案例分析】顾客无处不在 …………………………………………………… 92

第六章 医疗器械客户的约见与接近 … 93

第一节 医疗器械接近客户前的准备 … 93
第二节 医疗器械客户的约见 … 99
第三节 接近客户的方法 … 103
【案例分析】接近客户的故事 … 111

第七章 医疗器械推销洽谈 … 113

第一节 推销洽谈的任务与原则 … 113
第二节 推销洽谈的内容和程序 … 116
第三节 推销洽谈的方法与策略 … 120
第四节 医疗器械产品的报价与让价策略 … 127
【案例分析】能言善辩，阿奈特不负众望 … 129

第八章 医疗器械客户异议处理 … 131

第一节 医疗器械客户提出的异议类型及处理策略 … 131
第二节 医疗器械客户异议处理的原则与步骤 … 137
第三节 处理医疗器械客户异议的方法 … 141
【案例分析】鱼与熊掌 … 145

第九章 医疗器械推销成交与合同的签订 … 146

第一节 推销成交的含义与时机 … 147
第二节 推销成交的方法 … 149
第三节 医疗器械购销合同的签订 … 153
第四节 医疗器械货款回收与售后服务管理 … 157
【案例分析】克里斯·亨利的推销经历 … 165

第十章 医疗器械销售组织和团队的组建 … 167

第一节 销售组织及其基本原理 … 168
第二节 销售组织的类型 … 171
第三节 销售组织的改进与团队建设 … 178
【案例分析】某高科技公司加强团队建设案例分析 … 185

第十一章 医疗器械销售人员的招聘与选拔 … 188

第一节 销售人员的招聘 … 189
第二节 销售人员的甄选与测试 … 196
【案例分析】某医疗器械公司营销人员招聘面试方案（校园） … 200

第十二章 医疗器械推销人员的激励与培训 … 203

第一节 医疗器械推销人员的激励 … 204

第二节　医疗器械推销人员的培训 …………………………………………………… 210

第十三章　医疗器械推销人员的绩效考核 ……………………………………… 218

第一节　医疗器械推销人员的薪酬管理 ………………………………………… 219
第二节　医疗器械推销人员的绩效考核 ………………………………………… 222
【案例阅读】某医疗器械公司销售人员的绩效考核方案 ……………………… 228

参考文献 ……………………………………………………………………………… 231

第一章

推 销 概 论

【案例导读】

在推销中永不放弃

一位年轻的销售代表刚刚加入公司并且没有大客户销售经验。他第一次拜访客户——河南省的电力系统时发现了一个大订单，用电处马上要采购一批服务器，采用公开招标的形式，但是发招标书的截止时间已经过了三天，客户拒绝发给他招标书。

销售代表离开客户的办公室，开始到处了解这个项目的情况。这个项目的软件开发商早已经选定了，试点也做得很成功，这次招标就是履行程序。销售代表找到这个软件开发商的电话号码，打电话给开发商的总经理希望能够推荐自己的产品，他被拒绝了：软件开发一直基于另一家公司的硬件，而且投标书已经写好了。

客户的招标书的截止日期已经过了；即使想办法拿到标书，关键的软件开发商又不肯支持，客户又几乎一个都不认识，时间也很有限。况且要做出投标书，他需要付出很大的代价。他需要立即请工程师从北京过来并请工程师做报价、合同和一份高质量的投标书。他没有放弃，转身又回到了客户的办公室，来到客户的座位前，希望客户能够将招标书给他。工程师说，我这里没问题，但是你必须得到处长的同意，处长在省内另外一个城市开会。销售代表立即拨通处长的手机，销售代表自我介绍了以后，处长说他正在开会，让销售代表晚一点打过来。

销售代表果断地搭车赶往处长所在的城市，下车后直奔处长下榻的宾馆。他来到会务组，打听到处长的住处，处长正在午休。销售代表上前自我介绍，讲明希望能将标书发给自己。在午休的时间被销售代表堵到房间里来进行"强行"推销，处长满面怒容。销售代表一直不断道歉，他向客户解释：他也知道这样不好，但是他特意从北京过来，而且自己的公司在这个领域非常有经验，对客户的项目应该有所帮助。精诚所至，客户逐渐原谅了他，松口同意发给标书。销售代表再三感谢以后，火速赶回郑州，在客户快下班时才拿到标书。

有了标书，就意味着有了一个机会。于是，销售代表请求负责写标书的工程师第二天飞往郑州。他想输了也没关系，下次投标的时候至少可以混个人熟和脸熟。投标书一定要做得完美。只有两个晚上一个白天了，他们安排好了分工以后，开始行动。三天以后，他们终于将三本漂漂亮亮的投标书交到电力局。为了能够赢得这个订单，他们放出了可以承受的最低价格。开标那天，其他的标很快就定了，但讨论服务器的标的时间很长，晚上，客户宣布他们中标。

后来销售代表问用电处的处长："为什么您在招标书的截止时间已经过了的时候还是发了标书给我？"用电处的处长说："你这个小伙子很敬业，居然立即就坐长途汽车来了，就给你标书吧！"销售代表又询问负责投标的总工程师，总工说："我进到会议室的时候，所有的投标书都摆在桌上，你们的标书非常抢眼，印刷得很精致，就像一本精装书一样。其他公司的投标书就只有几片纸，这个初始的印象告诉我你们公司值得信赖。考虑到价格的优势，我还是拍板选了你们。"

【案例启示】

永不放弃是销售代表需要具备的首要心态。在这个案例中，情况对这位销售代表很不利，他本来不应该有获胜的机会，为什么他最终赢得了这个订单？销售代表永不放弃的态度经常会造成客户的抵触，这时热情的态度可以避免客户的不快。优秀的销售代表的共同特点就是天天与客户在一起。积极的心态可以衍生出自信、勤奋、努力、敬业和认真这些成功所必需的因素。

第一节 推销的含义与形式

推销是什么？推销是一种古老而普遍的经济现象，其历史同商品的产生一样长远。它既是一门科学又是一门艺术，融合了市场营销学、心理学、社会学、广告学等各种学科，是一门综合性应用较强的学科。小到生活用品，大到汽车、飞机等，不管是小企业，还是世界500强的公司，推销都是企业在激烈的市场竞争中立足的一种非常有效的手段。世界上很多大公司的高层管理人员都曾有过做推销人员的经历。

一、推销的含义

推销的含义有广义和狭义之分。广义的推销泛指人们在社会生活中通过一定的形式传递信息，让他人接受自己的意愿、观念和形象等的活动总称。如政治家发表政见吸引民众，律师要致力于推销辩护词，个人进行自我推销寻找工作或获得他人的认同等。而狭义的推销指市场营销组合手段中的人员推销，即企业中的销售人员通过传递信息、说服等技术与手段，促使顾客购买符合其需求的商品或服务，实现双方利益的活动或过程。本书所讲述的推销学是从狭义的角度研究医疗器械推销活动过程及存在的一般规律。推销的内涵包括以下几点。

1. 推销是挖掘和满足顾客需求，鼓励和说服顾客购买的过程

满足顾客需求，是现代市场营销的宗旨，也是推销的宗旨。顾客购买任何的商品或服务，目的不在于商品，而在于商品所能够为客户带来的利益，如提高企业运营效率、帮助企业赚更多的钱、帮助消费者解决生活中面临的问题或让购买者的生活质量更高。作为推销人员，首先必须了解和发现顾客的需求，确认推销品符合顾客需求，然后利用各种推销手段和技巧，促使顾客购买推销品。推销专家兰迪克说："明确顾客的真实需求，并说明商品或服务如何满足这一需求，是改善推销、将推销成绩由平均水平提高到较高水平的关键。"

2. 推销是买卖双方都获益的公平活动

很多推销人员在实施推销行为时，总认为自己低人一等，害怕受到客户的拒绝。其实，被客户拒绝是正常的，因为客户还没有意识到推销员和推销品能给他或组织带来的利益。仅从任何一方考虑问题，都不可能实现推销成交。推销工作使得推销人员帮助公司实现了销售目标，同时帮助客户实现了利益获得。

3. 推销是一个系统的推销员服务于顾客的活动过程

推销不是单纯的你买我卖的一次交易，而是包括了推销员对顾客的寻找与分析、约见与接近、洽谈、达成交易、售后服务等一系列的环环相扣的活动。

二、推销的形式

推销活动的形式多种多样，根据推销员服务顾客的方式，可以分为：上门推销、柜台推销、会议推销、电话推销和网络推销五种形式。

1. 上门推销

它是指由推销人员携带样品、说明书和订货单等走访顾客、推销产品。这是一种向顾客靠拢的积极主动的蜂蜜经营法，是最常见的人员推销形式，可以针对顾客的需要提供有效的服务，方便顾客，故被企业和公众广泛认可。

2. 柜台推销

它是指企业在适当地点设置固定门市，由营业员接待进入商店的顾客、销售商品，营业员在与顾客当面接触和交谈中介绍商品、回答询问、促成交易。这是一种等客上门式的推销方法。由于门市里的产品种类齐全，能满足顾客多方面的购买要求，为顾客提供较多的购买方便，并且可以保证产品完好无损，故顾客比较乐于接受这种方式。

3. 会议推销

它是指企业或销售人员利用各种会议的形式介绍和宣传产品、开展推销活动，这种推销形式具有接触面广、推销集中、成交额大等特点。譬如，在订货会、交易会、展览会、物资交流会等会议上推销产品。这种推销形式接触面广、推销集中，可以同时向多个推销对象推销产品，成交额较大，推销效果较好。

4. 电话推销

它是指推销人员通过电话向潜在客户展示产品或服务，以达到获取订单、成功销售的目的。这种方法在用以联系距离较远的顾客，或为现有顾客服务方面有一定的优势，因为推销人员可以坐在办公室里开展业务，扩大销售，减少出差和旅行方面的费用。电话推销的目标就在于能以一种经济有效的方式满足客户需要，为客户提供产品或服务。电话销售的对象是公司现有或潜在的目标市场顾客，通过与他们的沟通，不仅可以维持与客户之间良好的关系，还可以为企业树立良好的形象。

5. 网络推销

它指推销人员借助于互联网沟通平台，利用各种网络工具推销企业商品或服务的形式。企业可以利用淘宝、阿里巴巴等第三方平台对产品进行推销，利用企业网站进行产品推销，还可以借用网络广告、博客和微博等进行产品推销等。

三、推销的特点

1. 销售的针对性

与顾客直接沟通是人员推销的主要特征。由于是双方直接接触，相互间在态度、气氛、情感等方面都能捕捉和把握，有利于销售人员有针对性地做好沟通工作，解除各种疑虑，引导购买欲望。

2. 销售的有效性

人员推销的又一特点是提供产品实证，销售人员通过展示产品、解答质疑、指导产品使用方法，使目标顾客能当面接触产品，从而确信产品的性能和特点，易于引发消费者的购买行为。

3. 密切买卖双方关系

销售人员与顾客直接打交道，交往中会逐渐产生信任和理解，加深双方感情，建立起良好的关系，容易培育出忠诚顾客，稳定企业销售业务。

4. 信息传递的双向性

在推销过程中，销售人员一方面把企业信息及时、准确地传递给目标顾客，另一方面把市场信息、顾客（客户）的要求、意见、建议反馈给企业，为企业调整营销方针和政策提供依据。

四、推销的实质

乔·吉拉德，是美国著名的推销员，他是吉尼斯世界纪录大全认可的世界上最成功的推销员，从1963年至1978年总共推销出13001辆雪佛兰汽车。乔·吉拉德是世界上最伟大的销售员，连续12年荣登世界吉尼斯纪录大全世界销售第一的宝座，他所保持的世界汽车销售纪录：连续12年平均每天销售6辆车，至今无人能破。乔·吉拉德认为，推销的要点是，并非推销产品，而是推销自己。推销人员是企业及企业的产业和顾客之间的一道桥梁，他比公司的高层管理者更熟悉客户。如果客户不信任推销人员，无论产品多么符合其需求，客户都不会购买推销品。

【案例1-1】 乔·吉拉德发名片

很多很多年前他就养成一个习惯：只要碰到人，左手马上会到口袋里去拿名片。"给你一个选择：你可以留着这张名片，也可以扔掉它。如果留下，你知道我是干什么的、卖什么的，细节全部掌握。"

吉拉德说："如果你给别人名片时想，这是很愚蠢很尴尬的事，那怎么能给出去呢？"

他到处用名片、到处留下他的味道、他的痕迹。每次付账时，他都不会忘记在账单里放上两张名片。去餐厅吃饭，他给的小费每次都比别人多一点点，同时主动放上两张名片。因为小费比别人的多，所以人家肯定要看看这个人是做什么的，分享他成功的喜悦。人们在谈论他、想认识他，根据名片来买他的东西，经年累月，他的成就正是来源于此。

他甚至利用看体育比赛的机会来推广自己。他订了最好的座位，带去一万张名片。当人们为明星的出场而欢呼的时候，他把名片扔了出去。于是大家欢呼：那是乔·吉拉德——已经没有人注意那个明星了。

吉拉德送名片并不只送一张，他知道，送一张名片是普通的做法。想一想，你接到的名片有多少，你还记得多少？他至少送给他见过的人两张名片。中国台湾成功学家陈安之说，在吉拉德的一次演讲会上，他并没有去索要名片，但是，碰见他的人，都主动要送给他吉拉德的名片，不一会工夫，他手里就有五六张吉拉德的名片。吉拉德一周之内要送出一万张名片。他说，世界上最伟大的推销员，正在卖名片。而他以此为荣。

【案例1-2】 有一次一个客人向乔·吉拉德买车，乔·吉拉德向他推荐了一个新型车，一切都进行得非常顺利，眼看就要成交了，突然间这个顾客说："我不要了。"明明这个顾客很注意这部车，为何突然间变卦？乔·吉拉德对此一直懊恼不已，百思不得其解，当天晚上11点，他实在忍不住拨通了这位顾客的电话，"您好，今天我向您推销的那一款车，眼看就要签字了，不晓得您为什么突然间走了？很抱歉，我知道现在已经11点了，但我检讨了一整天，实在想不出错在哪里，因此我特地打电话来向您请教。"顾客就问他："真的吗？""真的。""是肺腑之言吗？""是肺腑之言。""很好，你用心听我说话吗?"乔·吉拉德回答:"是的,我用心在听您说话。"于是这个顾客说:"可是今天下午你并没有用心在听我说话呀,就在签字之前我提到我的儿子即将进某个大学就读,我还提到我儿子的运动成绩以及他将来的抱负,我以他为荣,但是我发现你没有任何的反应。"乔·吉拉德记得这个顾客的确是曾说过这件事,但当时他根本就没有注意听,也没有在乎。"你根本就不在乎我说什么,我看得出来,你正在听另外一个推销员讲笑话,这就是你失败的原因。"从此,乔·吉拉德明白了销售人员永远要学会倾听,去倾听对方的谈话内容,尊重对方的感受,这样就成功了一半。

推销人员首先必须学会推销自己,获得顾客的喜欢、信任、尊重和接受。否则顾客不可能接受推销员所推销的商品。推销人员应该如何推销自己呢?

第一,注重自身形象,给顾客留下良好的第一印象。初次见面,顾客容易以貌取人,良好的形象在销售活动中可以产生巨大作用,尤其是第一次向顾客销售商品时。例如调查显示"初次见面给人印象的90%产生于服装",推销员要注意自己仪容的干净整洁,且举止适度,谦恭有礼,仪表端庄,态度从容,做到不卑不亢,落落大方。同时有研究表明,在两人之间的沟通过程中,有65%的信息是通过体态语言和表情来表达的,作用远远大于有声语言,有时甚至比有声语言更真实,更简洁生动,更能表达感情和意愿。

第二,要学会倾听。在与客户接触时,越是善于耐心倾听客户的意见,推销成功的可能性也就越大,因为聆听是褒奖客户谈话的一种方式。听客户谈话应做到像自己谈话那样,始终保持饱满的热情与良好的精神状态,并时刻专心致志地注视着客户。

第三,要学会微笑。"微笑是世界上最美的语言。"纽约一家大百货商店的人事部主任曾说过,他宁愿雇用一个有着可爱微笑的小学未毕业的女职员,而不愿雇用一位面孔冷淡的哲学博士。真诚动人的微笑会令客户倍感亲切,会使客户心里觉得像喝了蜜一样的甜美,推销人员必须时刻记得把笑容挂在脸上。

【案例1-3】 全球汽艇展在底特律举行,展会上从小帆船到豪华巡洋游艇应有尽有。一位中东酋长及石油大亨来到一艘陈列的豪华大型游艇前,向一位推销人员说:"我要买价值2000万元的游艇。"本来这应该是任何推销人员都求之不得的事情,可是,该推销人员心想:我们的游艇价值300多万美元,已经很豪华了呀,再说哪有这样买东西的人,看来他的脑子是有点问题,不能把宝贵时间让这个疯子给耽搁了。于是草草地将这位穿"睡袍"的人打发了,自然这位推销人员脸上唯一缺少的东西就是微笑。这位中东石油大亨看着这张苦瓜脸,无奈地走开了。接下来他来到另一个展位陈列的游艇前,当他再一次同样向推销人员说出"我要买价值2000万元的游艇"时,却受到了完全不同的热情接待,推销人员脸上挂满了欢迎的微笑,犹如阿拉伯神话故事中的太阳一样灿烂,这微笑使酋长有宾至如归的感觉和享受。以至于这位酋长当场就签了合约,第二天还专程来到展会送来一张400万美元的支票,支付了20%的定金。

第四,对销售工作充满热忱。所有真正成功的高收入人员,包括销售人员,都热爱他们的工作,并致力于成为行业的佼佼者。一个对自己的推销工作非常自卑、不喜欢销售工作的人,又怎么能带动客户对他推销的商品感兴趣呢?优秀的客户一定喜欢优秀的销售人员,因为追求优秀的不懈精神是二者的共同话题。

第五,学会赞美客户。世界上最华丽的语言就是对他人的赞美,适度的赞美不但可以拉近人与人之间的距离,而且更能打开人的心扉。从人的心理来看,被别人认同是一种基本的心理需求。

第二节 推销的功能

推销是企业经济活动中必不可少的组成部分,如果没有推销,企业仓库里的商品就会堆积如山,无法在市场上流通,企业无法实现获取利润的基本存在价值,而消费者也无法获得通过商品消费所获得的心理满足和生活质量的提高。推销对企业的发展起着重要的推动作用。我们可以从推销人员必须承担的工作职责来判断推销的重要性。

一、推销员的工作职责

推销人员的职责是指推销人员必须承担的工作及其责任。根据推销人员成功地完成一项推销行为必须包含的工作,推销人员的工作职责分为以下六个方面,如图 1-1 所示。

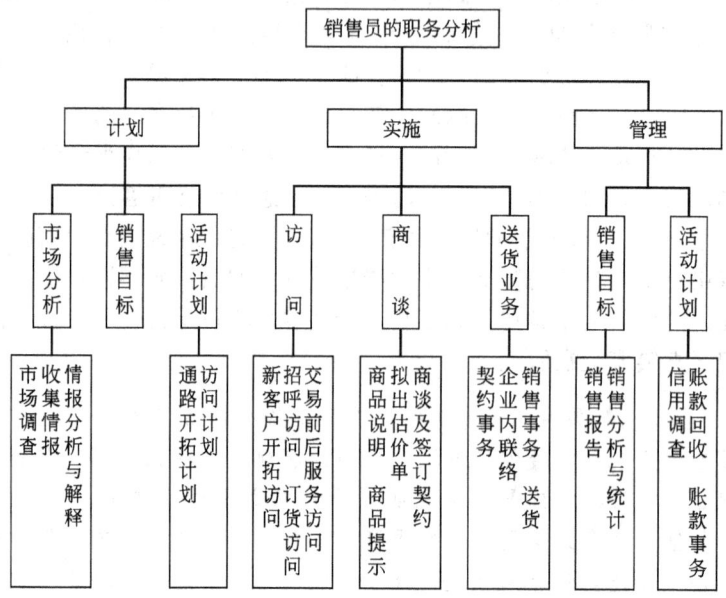

图 1-1　销售人员的岗位职责分析

(一)开发潜在客户

企业销售目标的实现往往是通过客户实现销售产品的任务而完成的。作为销售人员必须不断地开发新客户,以保持销售额的完成。客户不是固定不变的,每年都存在一定的流失率,在美国大约为 15%～20% 之间。作为销售人员,必须开发新客户以代替中止或终止交易的客户,以保证市场的开发和销售目标的实现。

(二)传递商品信息

今天的客户每天面临各种各样的同类产品的选择,怎样帮助客户实现满意的选择,首选取决于让客户了解推销品的价值。如同一种医疗器械产品,市场上往往有多个厂家生产,也有多家公司在销售。例如,在我国市场有"医用 X 射线摄影系统"的品牌有深圳迈瑞、北京万东、上海富众、日立、东软等,而国外品牌还有西门子、松下、飞利浦、通用电气等。推销人员在销售医疗器械产品时,必须通过口头宣传、产品展示、使用示范、发放资料等手段向客户传递推销品信息,如医疗器械产品的性能、应用方式、使用科室、检查项目、适用症状、技术指标和产品优势等;同时,还必须了解竞争对手产品的优缺点,在面对客户讨价还价时才能处于有利地位。同时,销售人员也必须把客户的需求、购买状况、市场竞争状况、竞争对手信息反馈给企业,以供企业经营决策使用。

(三)销售企业产品

这是推销人员的核心职责和主要工作。与客户关系相处得再好,而无法说服客户购买产品的销售行为,最终是失败的。根据一项对销售人员工作时间的调查,发现销售人员直接与顾客接触、说服顾客购买产品的时间占41%,包括开发新客户、继续为老顾客提供服务,产品演示、报价,商议销售条款、填写订单等;旅途、等待客户会晤的时间占了34%,而售后服务的时间占了5%;花在调研、处理报表等非推销活动上的时间占了20%,如收集信息、制定计划、自我管理、公差、学习提高等。

(四)给客户提供多种服务

客户购买企业的不仅仅是一种产品,而是一种信任关系。在激烈的市场竞争中,要想一直获得客户的信赖,必须提供多种形式的差异化服务,这关系到企业长期竞争优势的建立。

【案例1-4】 戴尔公司的直销模式

戴尔电脑以直销模式掀起了个人电脑行业的一次革命,凭借直销模式,戴尔电脑已经成为全球个人电脑销量第一的公司。戴尔直销模式的奥秘如下。

直接的客户关系。戴尔的销售部门分成两部分,即负责大客户的LCA和负责小型机构和家庭消费者的HSB。销售代表建立与客户的直接关系,固定的销售代表负责固定的客户,专业的销售团队负责一个固定的区域或者一个固定的行业。客户有任何要求,都可以找到固定的人员来提供服务。由于戴尔与客户之间没有中间商,戴尔直接控制着与客户的关系。戴尔的竞争对手通过经销商进行销售,这些PC厂家无法像戴尔这样直接响应客户的要求,而经销商的销售能力和销售经费远远不如戴尔。对于重要客户,戴尔还免费向客户提供优选网站,客户可以得到特殊的折扣并直接在网上下订单、查阅生产状况、运输状况、维修记录和采购记录。

按订单生产。产品销售出去后,销售代表将客户的订单传给生产线,工人按照客户的订单进行生产并进行检测。而且戴尔可以按照客户的要求将客户需要的各种各样的硬件和软件在工厂里集成在电脑里,并一起进行测试。然后,戴尔可以按照客户的要求将电脑运输到客户指定的任何地点。其他竞争对手却不同,在客户采购电脑的时候,电脑已经生产出来了,经销商只能根据客户的要求重新调整配置。这样,既造成成本的增加也造成质量的下降。

专业的支持和服务。客户收到电脑的第二天,技术工程师亲自上门安装,任何开箱时的质量问题都在第一时间得到解决。客户还享受到终身的技术支持服务。客户遇到故障时,可以通过免费的800电话向技术支持的工程师咨询。如果是硬件故障或者其他需要上门解决的故障,工程师在第二个工作日上门维修。只要客户采购了戴尔电脑,以上的所有服务都是免费的。另外,戴尔还提供专门的服务网站,提供每周七天,每天二十四小时的服务。

以客户为导向的研究和开发体系。戴尔不专注于专有技术的开发,而是向客户提供最需要的技术。戴尔的销售代表与客户有直接的关系,他们听取客户的意见并把这些意见反馈给研发部门，研发部门以客户需求为导向来设计产品。这使得戴尔电脑的技术不断得到更新，生命周期更长。

（五）协调客户与企业之间的关系

推销人员是连接企业与客户之间的桥梁，他们既要代表客户的利益向公司提供客户多方面的建议及投诉，同时，又要卖出公司的产品，实现公司及个人的发展。所以，推销人员必须会处理企业与客户之间的矛盾、消除客户对企业经营理念及产品形象的误解，根据市场一线情况合理分配区域销售的产品，及时满足客户的需求。

（六）与顾客保持长期联系

作为销售人员，必须明确与客户不能仅做一次交易，争取客户费用很高昂，必须做好与客户之间维持终身的联系。单次的交易完成后，作为销售人员必须保持与客户之间的联系，关注客户购买后的销售或使用情况，解决客户的不满，并了解顾客未来的潜在需求，帮助客户提供更好的解决方案，这同样是销售人员工作的重点。根据调查，开发一个新客户的费用是维护一个老客户费用的 4～6 倍，而客户随着对交易企业信任度的增高，不仅在短期内增加购买份额，更重要的是建立了长期的信任，有利于企业更加长远、稳定地发展。

二、推销的作用

乔·吉拉德说："每一个推销人员都应以自己的职业为傲。推销人员推动了整个世界。如果我们不把货物从货架上与仓库里面运出来，美国整个社会体系就要停摆了。"具体来说，推销的作用主要表现在以下几个方面。

1. 推销有利于促进生产力的发展和科学技术的进步

在现代化大生产条件下，科学技术日新月异，新产品层出不穷，但顾客往往对于新产品有一种抵触情绪或怀疑态度，他们不会自发地或轻易地接受这些新东西。所以，需要有人帮助顾客了解新产品的特性、使用方法及新产品可能给顾客带来的好处。而推销人员正是向顾客提供这种帮助的重要力量。

2. 推销能推进社会经济的发展与繁荣

在市场经济条件下，供求矛盾是影响经济发展的主要矛盾，也是影响市场繁荣的主要因素。推销不断地协调着供给与需求，使供求矛盾不断趋于平衡。它通过销售商品，使消费者需求得到满足，从而使人们以更大的积极性投入生产。同时，还把社会需求的信息及时反馈给生产企业，使资源得到合理的配置与使用。

3. 推销是企业获取经济效益的重要途径

企业非常注重推销技术及推销手段的研究和应用，提高推销人员素质和企业推销队伍的整体水平，一方面可以增加商品的推销数量，从而增加利润；另一方面可以节约推销时间，提高推销效率，从而降低推销成本。同时，可以减少产品积压，加快流动资金周转，提高资金利用率。这样既增加了产出，又减少了投入，从而直接提高了企业的经济效益。

4. 推销是企业与顾客进行直接沟通的重要渠道，并提供多种销售服务从而实现差异化

只有推销人员的促销，才可以做到面对面地向购买者传递有关信息，真正实现与购买者的双向沟通。在面对面的接触中，推销人员了解到客户的真实需求，提供差异化的销售服务，帮助客户识别问题并提供一整套的解决方案，实现了推销品与其他竞争产品之间的差异化。

5. 推销工作具有很大的挑战性，是发挥个人潜能最好的职业之一

推销工作需要推销人员掌握多方面的商务知识，如产品知识、客户心理与行为知识、社会文化知识、技术知识等，使推销人员自身的素质不断提高。同时推销人员经常独自面对不同的客户，需要解决很多难题，可以锻炼自身的意志和心理承受能力。李嘉诚曾说："我一生最好的经商锻炼是做推销员，这是我用10亿元也买不来的。"

> **知识拓展** 销售代表在公司的地位
>
> 销售是企业的火车头。销售代表拿到定单，生产线才开始运转，售后服务工程师才可以去安装或者服务。财务部门、人事部门、市场部门更要围绕销售进行。研发部门也一样，他们按照销售代表的建议来设计产品。如果产品销售增长了，公司就会扩大生产规模，扩大产品线，其他的部门就会随着销售的增加而扩展。
>
> 销售代表还是公司最重要的人物。企业每个人的薪水都是客户付的，客户可以说是企业每个人的衣食父母。在公司内部，销售代表最贴近客户，成了客户的代言人。销售代表调动公司资源最有力的手段是销售报表。在大多数公司，只要销售代表能够拿到定单，销售主管几乎能为销售代表做任何事（当然是指合法不损害公司利益并在职责范围内的事情）。
>
> 销售代表负责客户的满意度。如果客户不高兴，他们就要解决客户的问题，否则客户会停止采购。销售代表经常因为技术部门的人没有让客户满意而丢失订单，遭受损失的还是销售代表。销售代表需要监控和掌握公司与客户之间的联系，确保客户的满意度。不仅如此，很多公司的销售代表都可以直接调动工程师向客户提供服务。
>
> 销售代表的压力很大。销售代表的业绩是最容易衡量的，只要看销售额以及利润情况就可以了。在很多公司，销售代表的销售额每周被统计并发给每个销售主管，他们可以看到自己的销售业绩和排名，如果一位销售代表的业绩连续两个季度都不好，他就要开始找其他工作了。
>
> 销售代表是公司的英雄。在戴尔公司的客户服务中心有一个大锣。如果有一个大订单进来，赢得订单的销售代表就重敲一下，整个公司都回荡起锣声。只有销售代表有这样的殊荣。
>
> 销售代表的薪水最高。戴尔的销售代表超额完成任务后，他的奖金以工资的百分之四十为基础乘以四倍。常有销售代表一个季度可以拿到十几万元的薪水和工资。曾经有一位销售代表完成了十倍的任务，一个季度的收入就可以买一辆奥迪了。在企业中，收入最高的人往往是销售代表，甚至超过公司的总经理。2002年初，戴尔公司完成销售任务的销售代表甚至可以抽取宝马轿车。
>
> 销售代表最有机会提升。几乎每个IBM的高级主管都有销售的经历，因为没有销售的经历，就很难具备为客户服务的意识。如果非销售部门的管理层的提升是从部门内部进行的，这种内部的提拔和循环将会造成部门之间的不同理念，这种不同的理念将造成未来部门之间的冲突。因此跨国公司的管理层通常都有销售的经验。因此，销售经验对于销售代表以后的提升和发展有很大的益处。

三、推销与市场营销的关系

推销与市场营销既有明显的区别又紧密联系，二者密不可分，相互影响。

(一)市场营销的含义

根据菲利普·科特勒的观点,市场营销的宽泛概念是指个人或集体通过交换其创造的产品或价值,以获得所需之物,实现双赢或多赢的过程。在满足消费者利益的基础上,研究如何适应市场需求而提供商品和服务的整个企业活动就是营销。市场营销的内涵至少包括以下内容。

1. 市场营销是一种企业活动,是企业有目的、有意识的行为

实现企业目标是市场营销活动的目的。不同的企业有不同的经营环境,不同的企业也会处在不同的发展时期,不同的产品所处生命周期的阶段亦不同。因此,企业的目标是多种多样的,利润、产值、产量、销售额、市场份额、生产增长率、社会责任等均可能成为企业的目标,但无论是什么样的目标,都必须通过有效的市场营销活动完成交换,与顾客达成交易方能实现。

2. 满足和引导消费者的需求是市场营销活动的出发点和中心

企业必须以消费者为中心,面对不断变化的环境,做出正确的反应,以适应消费者不断变化的需求。企业对自身所处的宏观环境和微观环境进行市场调研和分析,最重要的是个体消费者和组织客户的消费心理和购买行为特征。满足消费者的需求不仅包括现在的需求,还包括未来潜在的需求。现在的需求表现为对已有产品的购买倾向,潜在需求则表现为对尚未问世产品的某种功能的愿望。

3. 营销部门必须把市场需求情况反馈给研究开发部门,让研究开发部门设计出适应该目标市场的最好的可能产品

选择目标市场,确定和开发产品,产品定价、分销、促销和提供服务以及它们间的协调配合,进行最佳组合,是市场营销活动的主要内容。所以说,营销不是企业经营活动的某一方面,它始于产品生产之前,并一直延续到产品售出以后,贯穿于企业经营活动的全过程。

(二)推销与市场营销的区别与联系

市场营销源于推销,但并不是仅仅包括推销,营销的内涵远远大于推销。

第一,推销只是营销的一小部分。如果从营销组合4P——产品、价格、渠道和促销——来看,促销组合包括广告、人员推销、营业推广和公共关系四种手段,推销只是促销的手段之一。

营销大师科特勒说:"推销只不过是营销冰山上的顶点。"支撑这个顶点的是一整套营销活动,其中最重要的是产品活动,它决定推销什么。如IBM早期生产打卡机,以租赁的方式提供给客户使用(这也是定价活动),因此需要推销的不是打卡机,而是成套的服务,即使用IBM的设备并不断得到IBM员工的帮助。

第二,推销和营销的出发点不同。推销从卖方出发,是产品导向;营销从买方出发,是顾客导向。营销大师莱维特说:"推销以卖方需要为出发点,考虑如何把产品变成现金;而营销则考虑如何通过产品以及与创造、传送产品和最终消费产品有关的所有事情,满足顾客的需要。"

第三,推销和营销的方式不同。推销重在推,营销重在拉。如果拉力足够大,就不需要太多推力了。管理大师杜拉克说:"营销的目的就是要使推销成为多余。""理想的营销"是先创造出完全适合顾客需要的产品,"会产生一个已经准备来购买的顾客"。反之,如果产品缺乏拉力,用再大的力气也推不动。

第三节 推销程序概述

推销行为的灵活性非常强,推销人员根据不同的环境、不同的客户、不同的推销地点、不同的推销品可以采取不同的推销策略。尽管具体的推销技巧千变万化,但推销也存在着一定的规律性。根据推销的流程来看,推销过程包括寻找和鉴别客户、约见和接近客户、推销洽谈沟通、处理客户异议、推销成交和售后服务六个阶段。

一、寻找和鉴别客户

销售过程中的第一步是寻找线索并找出有潜在购买力的客户。推销员经常要找很多潜在的客户,从而获得一些订单。他们可以向现有客户了解潜在客户的姓名,参加潜在客户所在的团体的活动来吸引注意力,也可以在报纸和电话簿上找出有关名字,打电话或写信来追查线索,另外他们还可以不经预约到各种办公室拜访(即贸然登门)。

推销员应该知道怎样鉴别客户,通过查看他们的经济实力、特殊需求、地理优势和发展前景,可以找出合适的潜在客户。

二、约见和接近客户

在拜访一个潜在客户前,推销员必须尽可能对该客户的个人情况和组织情况等进行了解。推销员可以参考信息资料、询问熟人或向其他人了解情况。推销员必须决定最佳的约见方式,是登门拜访、打电话联系还是写信联系。此外,对潜在客户登门拜访的时间要仔细选择,因为这些客户在某些时间可能很忙,推销人员必须根据客户的特征选择合适的接近方式,如赞美接近、利益接近和问题接近等。这一步同时涉及推销员对衣着仪表、开场白和后续讲话的准备。开场白要清楚明确,开场白之后推销员可以向客户提几个主要问题,以进一步了解其需要,或是向客户展示样品以吸引客户的注意。

三、推销洽谈沟通

在推销过程的产品介绍这一步骤中,推销员向客户介绍产品情况,介绍产品如何能使他们赚钱或省钱。推销员描述产品的外形,但主要还是介绍产品会带来什么好处。推销员采用满足需要的方式,让客户多讲,以此了解客户的需要。这种方式要求推销员有听出客户讲话意思的能力和解决客户所想问题的能力。推销员必须同时就支付价格、付款方式等交易条件与客户进行深入地沟通。

四、处理客户异议

在进行产品介绍和要求订货时,客户几乎总会对产品的质量、使用效果、价格等心存疑虑。他们担心的问题可能是客观存在的,或是心理作用引起的。在处理障碍时,推销员应该采取主动的方式,发现客户的疑问,并请客户讲出来,把推销过程中的这个障碍当做向顾客提供更多信息的机会,使客户疑虑的消除成为客户进行订购的原因。每位推销员都需要在处理客户的这种疑虑方面进行训练。

五、推销成交

在消除客户对产品的疑虑之后,推销员要努力完成推销过程。有些推销员不去花时间完成推销,或是不能恰当地完成好,他们可能缺乏自信,对要求客户订货自惭形秽,或是不能找准推销的时机。推销员必须知道如何从客户身上发现他能完成推销的信号,这包括客户的身体动作、评论和提问,如客户对商品爱不释手、愿意试用等。

六、售后服务

这是推销员让客户满意,并能再做交易的一个非常必要的环节。在成交之后,推销员要立即完成发货时间计划、赊购条件和其他事务的准备等具体工作。推销员在发货之后,应安排一次后续接触,在使用、咨询和服务方面使客户得到保证。合同的签订只是双方真正开始合作的"开始",推销员必须保持与顾客的定期接触,减少客户成交后可能产生的一些顾虑,与客户保持良好的关系有助于增强客户的满意感,提高客户的再次购买欲望。

【案例1-5】 GE医疗集团是一家在医疗信息及医疗技术领域拥有80多亿美元资产的主导企业。提供的产品及服务包括:全身CT扫描系统、核磁共振成像系统(MRI)、功能影像产品、X光成像系统、医学影像网络系统、心电监护、心电诊断、超声波成像系统、妇女保健、双能X线骨密度仪和定量超声骨强度仪。GE在中国的售后服务体系至少包括以下三项。

(1)维修服务。GE维修部所有维修人员均由GE公司专职工程师(GE公司正式员工)组成,全部经过GE工厂的严格培训。他们分布在12个维修区、36个维修站,提供最及时的服务响应。用户的任何维护需求,只需要拨打800免费电话,GE工程师就会远程进行故障诊断(in site system)——通过随机附带的最先进的远程遥控诊断系统,即时检测、诊断和排除故障,其中47%的常见故障均可通过远程会诊系统予以确认,极大方便了GE的工程师在出发之前做好最充分的准备,紧接着GE工程师会在24小时内赶到现场,迅速排除故障。

(2)GE在中国每年都会定期举办全国级别的各学科学术交流会,积极资助各地区学术交流活动,积极支持医院的临床应用及学术交流,同时GE还与客户共享管理经验,用精益六西格玛管理帮客户解决实际问题。GE每年举办一次院长培训班,支持专家进行国际学术交流,支持医院的学术论文发表以及与医院各层面的管理交流活动。

(3)安装场地支援和零部件供应。GE还提供场地规范建议和安装工程建议,以完善的合约式维修服务,提供最佳的保障。GE根据不同医院签订详细的合作协议,并配合机器使用情况差异,提供各种不同组合的维修服务方案等。

【本章小结】

人员推销指企业中的销售人员通过传递信息、说服等技术与手段,促使顾客购买符合其需求的商品或服务,实现双方利益的活动或过程。常见的推销形式有:上门推销、柜台推销、会议推销、电话推销和网络推销等。

在推销活动中,销售人员与顾客直接沟通,能够针对顾客的个性化需求进行针对性介绍,易于激发顾客的购买行为。在双向的互动沟通中,信息得到了双向流通,销售人员与顾客之间建立了相互的信任和理解,从而稳定了企业的销售业务。推销人员比公司的高层管理者更熟悉客户。推销的实质是推销自己而非推销产品。

推销人员必须承担的职责包括:开发潜在客户、传递商品信息、销售企业产品、给客户提供多种服务、协调客户与企业之间的关系和与顾客保持长期关系等。一个完整而成功的推销过程一般包括:寻找和筛选客户、约见和拜访客户、推销洽谈沟通、客户异议处理、推销成交和售后服务跟踪反馈六个步骤。

【讨论与思考题】

1. 广义和狭义的推销有什么区别？如何区分推销与市场营销？
2. 推销的形式有哪些？
3. 推销人员的职责有哪些？
4. 尝试用销售案例来描述推销的过程。

【案例分析】

初次与客户见面对话四例

对话一：

推销员：我是某某公司的，向您介绍我们的某某产品。

医生：我们不需要这种产品。

推销员：没关系，我给您留一份我们的资料供您参考，您有名片吗？

医生：对不起我没有名片。

推销员：可以给我留一下您的姓名和电话吗？

医生：如果需要我会给你打电话。

推销员：打扰了，再见。

医生：对不起让你白跑一趟。

对话二：

推销员：您是×处长吧，我是某某公司的，我叫×××，一直想拜访您。听×××说您不仅业务做得好，乒乓球也打得特棒，难怪您快四十岁的人还保持这么好的身材！

医生：我都快五十了，不行了。打得不好，平平常常，只是锻炼身体罢了。

推销员：真看不出您的年龄。器械处的工作挺累的，需要多锻炼身体，身体好比什么都强。门诊化验室门前排那么长的队，看病也挺难的。我看到咱们的血球计数仪是A10型的，用了有8年多了吧……

对话三：

推销员：您是×主任吧，我是某某公司的，我叫×××，我看过您在××杂志上发表的关于数字影像的文章，一直想请教您。

医生：现在社会上对这个问题有很多不同看法，我只是结合我们医院的情况谈谈自己的看法而已。

推销员：我非常赞同您的看法。有人提倡大型的PACS系统，这种观点从理论上讲是对的，但不符合我国的国情。而您的观点对我国放射界的工作有切合实际的指导作用。

医生：我比较主张切实可行，空谈理论没有实际意义。

推销员：我们公司有一套小型系统，请您提提看法……

对话四：

推销员：我是某某公司的。我在卫生部了解到你们医院感染管理工作做得最好，我想向你们医院介绍一种牙科手机灭菌维修的管理新方案，不知你们是否感兴趣？

医生：请坐下讲，您认为我们现在的方法有什么问题吗？

推销员：……

分析讨论题：

1. 请分别对对话一、二、三、四中推销员的沟通技巧做出点评。
2. 总结你从每一段对话中得到的启示。

第二章 推销要素与推销模式

【案例导读】

一次失败的CT机销售

我所在的A公司位于北京，石家庄市属于我负责的区域，该市朝阳医院要买一台CT。我得到消息后赶到朝阳医院放射科。尽管我只有两年的销售经历，可我已经成功地卖出四套设备，经验告诉我放射科的意见是选型的关键，所以走进医院第一个拜访的人就是放射科主任。很显然主任已经做了一些调研工作，他对石家庄市几个医院正在使用的不同厂家的CT的情况已经有所了解。主任对各厂家产品的技术和质量表达了自己的分析和看法，观点的确比较深入、比较客观，结论也很清楚，在高档CT中A、B两公司各有所长，医院下一步将进行更深入的调研和价格比较。我很明白，我将面临竞争。

接下来是拜访院长。院长很客气地讲明采购资金已经到位，并简单的表明A、B两公司的机器都不错，具体问题去找器械科长谈就行了。我认识赵科长，一个年轻的小伙子。那是在一次展会上，他来展台咨询有关修理配件的问题，我不是维修部的人，因此只是慌慌张张甚至是敷衍地接待了他。那时我已经在外地签了两单合同，根本没见器械科长露面。放射科主任一般都是主任医师级的长者，器械科一般都在医院角落的平房里或地下室里，要么就是锅炉房旁边、太平间后面。科长也没受过什么正规教育，充其量不过是个中级职称的工程师，我从没把器械科的人放在眼里。这次院长让我去找器械科，我觉得事情有些异常。果不其然，赵科长还记得我，礼貌而冷淡地接待了我。他提了一个很简单的技术问题后就把时间全部留给了我，为了不冷场，谈话几乎成了我一个人讲话。

我明白，过去的阴影在起作用。经过几次对医院的访问，了解到医院存在两种意见，放射科倾向我公司的产品，器械科倾向B公司的产品。事实上这两家的产品也的确势均力敌。接下来是两家公司分别到医院做技术讲座，效果还是势均力敌。就在此时B公司的销售人员因对本公司不满而跳槽，B公司只得换人了。新换上的销售员正是我的朋友，半年前还是我的同事，后跳槽到B公司。按道理项目进行到这一步换人对B公司是很不利的，我觉得形势在朝着有利于我所在公司的方向发展。

接下来就是参观设备。我比较有把握地把客户带到北京一家大型医院八二八医院参观。参观过程进行得比较顺利，万没想到就在朝阳医院的人即将握手道别的时候，CT突然死机，必须重新开机才能继续工作。尽管如此，朝阳医院放射科主任仍没有完全放弃对我的CT的兴趣。

医院提出再到辽宁省人民医院参观。这使我稍微放心了一些，因为那家医院的CT使用效果非常好，图像清晰，速度快，每天做一百多个病人，医院非常满意。几天后我带着朝阳医院一行五人来到辽宁省人民医院。这家医院病员充足，CT室的工作人员三班倒，CT超负荷运转，图像质量仍然很好，经济效益远近闻名。在CT室里赵科长发现扫描架的后盖是开着的并向省医院的人提出疑问。CT室的人解释说"这么热的天，机器不停地转，开盖是为了散热。"这次参观应该是比较成功的，朝阳医院的人多数流露出对机器的认可，只是赵科长没吭声。

过了一周我又出差去石家庄，医院内两种意见仍没有得到统一。在这关键的情况下我采取了傻乎乎的等待。不管医院最后选中哪一家的产品都是很正常的事，本来两家的产品都是世界一流的，很难说谁比谁的好到哪里去。但事情的结局确实有点戏剧性。我打长途电话向朝阳医院放射科询问事情的进展，主任回答我："今天上午已经决定要买B公司的产品，就要签合同了。""如果方便的话能告诉我主要原因吗？""昨天赵科长又带我们去北京考察八二八医院，正巧他们的CT又坏了。今天上午院里开会赵科长说你们的机器一台开着后盖运行，一台连着坏两次，维修又不及时，用户反映很差，结论是明摆着的。我觉得他讲得有道理，花这么多钱买来机器出问题谁也负不起这个责任。"是的，尽管哪家的机器都会出问题，如果我是朝阳医院的人，在这样的情况下我也会做出与朝阳医院相同的决定。可是事情会这么简单吗？我想去维修部问问情况。算了吧，大公司组织结构复杂，维修部、销售部各自独立核算，中间还隔着个商务部，平时闹的矛盾就够多的了，还是自己去八二八医院看看吧。进了医院直奔CT室，迎面一块很大的破纸板上用粉笔写着"机器故障停止检查"。真糟糕，把气都撒到病人身上了，反正我也管不了维修部，走人吧！我突然想到，石家庄的人怎么就知道机器坏了？一定是我的朋友勤快。

几年后我和那位朋友都已离开各自所在的公司，碰到一起聊天，我提起朝阳医院的事。"你可够勤快的啊，八二八医院的机器一坏你就把人招来看。""绝对没有这回事，我的前任对这个项目已经做了很深的工作，可惜他与公司闹翻了，甩手就辞职了，形势对B公司很不利。我接这个项目时一点信心也没有，觉得我要当替罪羊了。但我知道赵科长对A公司印象不好，你也得罪过他。卫生局的工作你也没做好。八二八医院对A公司的售后服务也很有意见。A公司把客户得罪的够可以的，让我捡了个便宜。"简单总结经验，自我反省一下，我既骄傲又愚蠢。没与朝阳医院的赵科长搞好关系，反而怠慢了精明能干的关键人物。赵科长是个责任心强很强的人，当然对售后服务很关心。八二八医院的CT出故障，A公司售后服务又较差，使得赵科长有机会导演了"现场参观"一出戏。

【案例启示】

在该案例中，CT进医院失败，既有销售人员本身的原因，又有公司方面的产品出现问题时售后服务不及时方面的原因，竞争对手的存在和销售活动同样影响着客户的决策。作为销售人员，必须成功地做好客户与组织之间的沟通桥梁，既要维护公司的利益，又要代表客户的利益。

第一节　推销要素

推销要素是指构成推销活动过程必须包含的基本要素，主要包括三项：推销主体即推销人员，推销客体是指推销品，而推销对象是指推销人员面对的客户。推销人员必须运用各种推销方法，说服客户接受适合其自身需求的推销品。

一、推销人员

（一）推销人员的含义

推销人员在推销活动中居于主体，必须主动向客户销售商品，是商品推销活动能够成功的关键因素。推销人员有广义和狭义之分，广义的推销人员是指在企业中从事与产品销售相关工作的人员，既包括直接从事产品销售的人员，也包括参与销售管理的人员和其他与销售业务相关的人员。而狭义的推销人员仅指直接与潜在顾客接触、洽谈、说服顾客，促使客户采取购买行为的推销人员，一般包括推销人员和营业人员，本书的推销人员指狭义的推销人员。

【销售箴言】

销售是一项报酬率非常高的艰难工作，也是一项报酬率最低的轻松工作。所有的决定均取决于自己，一切操之在我。我可以是一个高收入的辛勤工作者，也可以成为一个收入最低的轻松工作者。销售就是热情，就是战斗，就是勤奋工作，就是忍耐，就是执著地追求，就是时间的魔鬼，就是勇气。

——原一平

这是日本推销之神原一平的座右铭。他告诉推销员销售能够充分发挥自主性和表现性，可以靠智慧和坚毅的精神取得成功，并赢得自由的职业。销售是不断地迎接挑战，又是投资小、见效快、收益高等各种因素综合在一起的工作。销售还是助人为乐、能使自己在精神上得到满足、不断完善自我的工作。

要成为一个好的销售人员，必须具备这样几种人的素质和长处。
- ◆ 宗教家：传教士的精神。
- ◆ 哲学家：穷理致知，求知求真。
- ◆ 科学家：有系统、有条理、有步骤、有组织能力。
- ◆ 运动家：设定目标并打破纪录。
- ◆ 社会改良家：永远要做最棒的。

（二）推销人员应具备的素质与能力

超级推销人员的销售业绩是一般推销人员业绩的 300 倍。销售主管在招聘销售人员时，必须考虑到"什么样的人员才能够胜任销售人员的工作岗位"这个重要的问题。"客户不是购买商品，而是购买销售商品的人"。说服力不是靠强而有力的说词，而是仰仗销售人员言谈举止散发出来的人性与风格。

合格的推销人员必须具备的素质与能力包括以下几点。

1. 思想素质

推销人员必须在自身、客户和公司三方面的共同发展中找到结合点，绝对不能为了某方面的利益而牺牲另外两方的利益。推销人员必须具备的思想素质包括：敬业精神，推销人员必须对推销工作充满热情，有高度的责任感，喜欢推销所带来的个人成就感和对客户的帮助，而不能仅仅把推销作为一种赚钱的途径；诚信观念，推销绝对不是把客户不需要的产品强行售卖给客户，而是把最适合客户需求的产品卖给客户，诚信是推销的第一原则，销售人员必须树立诚实正直的形象，真正赢得客户的信任等。

2. 理论知识素质

推销人员在推销工作开展时，必须熟悉自己的公司和推销品，必须对客户有一定的把握，对行业有一定的认知等。认识内容包括以下方面。

产品知识：产品结构、原理、型号、用途、使用方法、维修、保养等。

企业知识：历史、文化、制度、竞争能力、销售政策、营销策略等。

用户知识：消费者行为分析、消费者购买心理与动机等。

市场知识：顾客购买力、消费者分布状况、目标市场及其环境变化等。

社会知识：市场范围内的风俗、宗教信仰、社会群体心理等。

3. 技能素质

销售工作是一种实践性的工作，每天接触不同的客户，在推销活动中借助于口头语言和身体语言来推销商品，激发客户的购买欲望，最终促使客户在信任推销人员自身、信任公司和产品的价值的情况下，实现购买行为。推销人员需要具备以下几种能力素质。

沟通能力：包括语言艺术、表达能力、理解他人、逻辑思维指导下的语言链条等。

观察能力：包括对人、物和环境的全面观察能力。

社交能力：包括推销礼仪，如拜访礼仪、迎送利益、宴请礼仪、服饰礼仪等，给客户留下良好的个人形象和印象；人际交往的能力，如可以与不同年龄、性别、职业、地位的人打交道，寻找对方感兴趣的话题、理解对方禁忌等。

应变能力：即推销人员在面对不同客户、在面对客户的问题时，具有灵活的思维，冷静、果断地处理问题，在不失原则的情况下，灵活应对客户需求。

【案例2-1】 一名推销员正在向一大群顾客推销一种钢化玻璃杯，他首先是向顾客介绍商品，宣传其钢化玻璃杯掉到地上是不会坏的，接着进行示范表演，可是碰巧拿到一只质量不合格的杯子，只见他猛地往地下一扔，杯子"砰"地一下全碎了，真是出乎意料，他自己也十分吃惊，顾客更是目瞪口呆，面对这样尴尬的局面，假如你是这名推销员，你将如何处理呢？

这名富有创造性的销售员急中生智，首先稳定自己的心境，笑着对顾客说："看见了吧，这样的杯子就是不合格品，我是不会卖给你们的。"接着他又扔了几只杯子，都获得了成功，博得了顾客的信任。这位推销员的杰出之处，就在于他把本来不应该发生的情况转变成事先准备好的推销步骤，真是做得天衣无缝。

创新能力：作为销售人员必须具有创新销售的意识，在推销中出新招、出奇招，才能吸引客户注意力或兴趣，从而激发客户的购买欲望。

【案例2-2】 有一个销售安全玻璃的业务员，他的业绩一直都保持在整个区域的第一名，在一次顶尖业务员的颁奖大会上，主持人说："你有什么独特的方法来让你的业绩持续第一呢？"

他说："每当我去拜访一个客户的时候，我的皮箱里面总是放了许多截成15厘米见方的安全玻璃，我随身也带着一个铁锤子，每当我到客户那里后我会问他，'你相不相信安全玻璃？'每当客户说不相信的时候，我就把玻璃放在他们面前，拿锤子往桌上一敲，而每当这时候，许多客户都会因此而吓一跳，同时他们会发现玻璃真的没有碎裂开来。然后客户就会说，'天哪，真不敢相信。'这时候我就问他们，'你想买多少？'直接进行成交的步骤，而整个过程花费的时间还不到1分钟。"当他讲完这个故事不久，几乎所有销售安全玻璃的公司的业务员出去拜访客户的时候，都会随身携带安全玻璃样品以及一个小锤子。

但经过一段时间，他们发现这个业务员的业绩仍然保持第一名。在第二年的颁奖大会上，主持人又问他："我们现在也已经做了同你一样的事情了，为什么你的业绩仍然保持第一呢？"

他笑一笑说："我的秘诀很简单，我早就知道当我上次说完这个点子之后，他们会很快地模仿，所以自那以后我到客户那里，唯一所做的事情是我把玻璃放在他们的桌上，问他们，'你相信安全玻璃吗？'当他们说不相信的时候，我把玻璃放到他们的面前，把锤子交给他们，让他们自己来砸这块玻璃。"

4. 心理素质

通过对销售人员的调查研究发现，销售业绩优秀的人群与销售业绩一般的人群之间的平均智商是差不多的，反差最大的是心理素质。被客户拒绝是销售人员每天都遇到的工作现象，没有良好的心理素质，是很难坚持下去的。良好的心理素质首先是充分的自信，还有积极向上的人生信念、追求事业的进步、永不放弃的工作精神、在面对客户的不同问题时都能够控制自我的情绪，努力、耐心地帮助客户成功等。

【案例 2-3】 一个很有经验的销售代表连续两个季度没有完成任务，业绩甚至比不上刚进公司的新人。他的销售报表中始终只有几个一成不变的销售机会。他出了什么问题？怎么才能帮助他提高业绩呢？

一个部门来了两个销售代表。一个是新招进来的销售代表，另一个是已经进入公司一年的销售代表。新销售代表从来没有做过电脑硬件的销售，也没有很好的销售经验，另一位销售代表年龄比她大六七岁，在一家很著名的 IT 行业公司做过多年的销售。部门销售主管在与他们进行面谈的时候，发现那位年长一些的销售代表在经验上和销售技巧方面都远远超过新销售代表。

第一个季度过去了，两个人都没有完成任务。这可以理解，因为他们刚开始接触新的客户，需要时间与客户建立联系。但是新销售代表的业绩居然比那位经验丰富的销售代表的好一些，这使得经理非常奇怪。在接下来的季度里，经理有几次与他们一起去拜访客户，很明显，年长的销售代表表现得更好。经理认为上个季度的成绩是一个巧合，下个季度他的业绩一定能上去。一个季度渐渐过去了，新销售代表完成了任务，年长的销售代表的销售额还与上个季度差不多，依然没有完成任务。

经理承担着巨大的压力，必须完成团队的销售任务，因此必须要提高这个年长的销售代表的业绩。销售主管首先要找到原因，销售业绩取决于两个方面，一个是销售代表见客户时的表现，另外一个是销售代表与客户在一起的时间。老销售代表的销售技能不错，说明问题不在销售技能上，经理就开始注意他有多少时间在客户身上。经理每周与他一起讨论他的销售报表中每一个订单时，发现这些订单没有进展并且没有新的机会加到销售报表中来。为什么没有找到新的机会呢？销售主管开始仔细地与他一起讨论他手中每一个客户的情况，结果发现他根本不了解他的客户，这说明他几乎没有花时间和客户在一起。

当经理发现这一点时，就找他谈话，并向他了解他的每一个客户的具体情况，例如，客户有多少电脑，买电脑用于哪些方面，哪些部门负责哪些方面，他们的应用系统的现状，每个客户的信息中心的负责人的名字是什么，信息中心当年的主要任务是什么。经理后来问销售代表："你最近去见过这些客户吗？"他犹豫了一下承认没有。经理询问原因，他终于将原因说了出来，他进入公司以后的第一个季度，他们部门的经理离开了，新的经理上任以后调整了他的客户，因此，他的业绩受到了影响。他的心态受到了打击，所以觉得即使每天去见客户并与客户建立了良好的关系，客户也可能被分走。

销售主管立即将一份准备好的业绩提高计划（performance improvement plan）拿出来，要求他必须在两个月的时间内完成本季度任务的百分之六十，并且百分之百地完成本季度任务。销售主管告诉他："我理解你为什么会有这样的想法，但是我不能原谅你拿着公司的薪水，却不履行自己作为销售代表的职责。"销售代表在业绩提高计划上签了字，如果他不能在限定的时间完成规定的任务，意味着他可以开始找新的工作了。

签完以后，销售代表的态度和工作方法开始变了，他开始要求与经理一起去见客户并且经常与经理讨论项目的情况。这个季度结束的时候，他超额完成了销售任务，拿到了往常没有拿到的销售奖金。

5. 身体素质

推销人员需要经常去拜访客户，随时准备出差，并携带样品、产品说明书等资料，有时还要日夜兼程、周末开展促销活动等。因此健康的身体是推销成功的基础和重要保证。

二、推销品

（一）整体产品概念

推销品是推销活动中的客体，即推销人员向客户推销的各种有形与无形商品的总称，包括实体商品、服务、观点、创意等。推销员向顾客推销的是整体产品，即向顾客推销的应是一整套解决方案。根据营销学大师菲利普·科特勒的观点，市场竞争中的商品至少分为三个层次：核心产品、形式产品和附加产品。核心产品即产品能够提供给客户的基本利益或功能，如水的功能是为了解渴。形式产品也称实体产品，是核心产品的外在表现形式，包括式样、特征、品质、商标和包装等。附加产品也称延伸产品，是指顾客购买产品时所得到的各种附加利益的总和，如咨询服务、产品介绍、提供信贷、送货服务、安装调试、技术培训、售后服务等。作为推销人员，需要持续充分了解自身所推销的商品及能够给客户带来的各种利益，以便针对性地向客户推销。

（二）推销品质量和使用价值

产品质量是客户购买时的一个很重要的考虑因素，但绝不是唯一的。产品质量就是产品的适用性，即产品在使用时能成功地满足用户需要的程度。用户对产品的基本要求就是适用，适用性恰如其分地表达了质量的内涵。这一定义有两个方面的含义，即使用要求和满足程度。人们使用产品，总对产品质量提出一定的要求，而这些要求往往受到使用时间、使用地点、使用对象、社会环境和市场竞争等因素的影响，这些因素变化，会使人们对同一产品提出不同的质量要求。因此，质量不是一个固定不变的概念，它是动态的、变化的、发展的；它随着时间、地点、使用对象的不同而不同，随着社会的发展、技术的进步而不断更新和丰富。

用户对产品的使用要求的满足程度，反映在对产品的性能、经济特性、服务特性、环境特性和心理特性等方面。因此，质量是一个综合的概念。它并不要求技术特性越高越好，而是追求诸如性能、成本、数量、交货期、服务等因素的最佳组合。

推销人员在推销产品的过程中，必须强调产品的使用价值，强调产品对客户的实际问题的解决能力。在推销过程中，推销人员必须首先自身认识到产品的使用价值，也必须使顾客认识到产品的使用价值；推销人员同样也必须使产品的经销商认识到产品的使用价值，因为经销商需要的是成功销售，是赢得顾客和获取最大利润的办法；客户购买的并不是一种产品，而是一种有助于改善自身的生活、工作或友情的一种解决方案，或改善组织运营效率的一种方案。

【案例 2-4】 NTS-2000 肌电诱发电位仪（上海诺诚电气有限公司）

一、肌电诱发电位仪产品主要用途

（1）临床检查　根据应用的科室对象，为临床疾病诊断提供检查。

（2）临床监护　神经重症监护、术中监护。

（3）功能评价　跟踪评价病人的感觉与运动功能状态及其他健康指标（以神经及肌肉系统为主）。

（4）有法治疗　将诱发技术应用于脑功能恢复性治疗。

（5）运动研究　用于运动生理研究（大学和体育运动员）。

二、临床应用方式

（1）综合医技应用　面向全部科室，提供全方位服务，包括：诊断检查/监护/预后估计/治疗及康复效果评价。

（2）专科应用　以本科室为主，提供更专业的临床服务，包括：诊断检查/病情跟踪/床边或术中监护、驾驶员体验、内分泌科等。

（3）监护应用　主要用于神经重症监护与手术监护使用。

三、临床应用科室及对应检查项目

（1）神经内科　肌电图/诱发电位/MCV/SCV/NICU。

（2）神经外科　诱发电位/术中监护。

（3）骨科　肌电图/MCV/SCV/体感/术中监护/SSR。

（4）眼科　视觉诱发电位系列/视网膜电图/视野分析。

（5）耳鼻喉科　听觉诱发电位/耳蜗电图/耳声发射/客观听阈分析/听力分析/听觉 P300。

（6）精神科　事件相关电位 P300 系列/MMN/CNV。

（7）内科　SSR（皮肤反应）/心率变异性。

（8）儿科　肌电图/BAEP/40HZ/客观阈值分析/体感诱发电位/P300。

（9）康复科　肌电图/诱发电位系列/MCV/SCV/F 波/H 反射。

（10）麻醉科　麻醉深度监护。

（11）内分泌科　F 波/MCV/SCV 等。

（12）泌尿科　EMG/SEP/MCV/SCV/MET 等。

四、临床主要适应证

（1）神经内科及其他内科　周围神经疾病/脊髓病/头疼头晕/中枢神经感染性疾病/脑血管病/锥体外系疾病/神经系统侵害/脱髓鞘病/神经系统先天性及遗传性疾病/神经肌肉接头疾病/各类疾病/神经系统并发症。

……

（5）精神科：精神分裂症/情感性精神病/神经症/老年性痴呆/酒精及药物依赖/孤独症和唐氏综合征/注意力缺损障碍/五官科视神经炎与多发性硬化/前视路的压迫病变/弥散性神经系统病变/后视路病变/新生儿及婴幼儿听力筛选/器质性耳聋和功能性耳聋的测定/听觉中枢系统疾病/客观听力及残余听力分析。

五、NTS-2000 的主要技术指标

计算机部分：P4/512MB/80GB

主系统部分：A/D 转换分辨率 24Bit　　　采样率 200kHz
　　　　　　分析时间 5～5000Ms　　　　刺激频率 0.1～50Hz

放大器部分：2-4-8-16 通道　　　　　　灵敏度 0.05μV-20MV/格
　　　　　接地噪声≤1μV（Vpp）　　　　共模抑制比≥100Db
　　　　　50Hz 陷波设置　　　　　　　　低伪迹消除电路
　　　　　最高上限滤波频率 50kHz　　　最低下限滤波频率 0.1Hz

刺激器部分……
图像……
闪光……

六、NTS-2000 的主要优势

（1）前置放大器与主放大器之间采用光纤传输，抗干扰能力更强。
（2）模块化设计，设备维护升级方便快捷。
（3）传统台式机上可选配便携式，台式便携两用，方便用于术中监护。
（4）多通道，可达到 2-4-8-16 通道，方便升级，满足不同客户的需求。
（5）主放大器与电脑之间采用 USB 传输信号，更加快捷，确保数据不失真。
（6）采用贴片电路生产，以及部分进口元器件，保证产品的可靠与稳定。
（7）直观简洁的控制面板，专业的快捷操作键盘和脚踏开关，为医生做检查时提供方便。
……
（8）帮助系统：详细快捷的帮助能渗透在各个检查环节，对医生在应用过程遇到的困难提供实时、动态的帮助。

七、与国内外其他厂家同类产品的比较（仅供参考）（表 2-1）

表 2-1　各厂家同类产品比较

品牌	上海诺诚	A（中国）	C（丹麦）	D（美国）	E（日本）
机型	P4 以上	P4 双主机	P4	P4	专用系统
采样速率/kHz	200	50～100	200	200	200
最大数组阻抗/MΩ	1000	100	200	200	200
通道	2-4-8-16	4	4	4-8	2-4-8
操作系统	WINXP	DOS	WIN98	WIN98	DOS
环境要求	普通	普通	屏蔽室	屏蔽室	屏蔽室
主要优势	●USB/双光纤/无需专用地线●扩充项目●丰富事件相关电位●快速提取算法,大大提高检查效率●操作灵活多变	肌电图	硬件稳定性	软件包	加工工艺
主要问题		●诱发电位检查及分析●抗干扰能力●技术支持●可靠性及稳定性	英文操作,医生操作不方便●价格昂贵●维护成本高	英文操作,医生操作不方便●价格昂贵●维护成本高	●软件分析功能差●检查项目有限●维护成本高●技术支持不足
价格水平/万元	10～30	8～23	≥35	≥35	≥20

三、客户

客户是推销对象，是购买推销品的个人或团体，没有客户的购买，推销品就卖不出去。

根据顾客所购推销品的性质及使用目的，一般可将推销对象分为个体购买者和组织购买者。购买医疗器械产品的客户分为采购并使用家用医疗器械的消费者个人或家庭和医疗器械经营性公司、各种医疗机构等。个体购买者和组织购买者在购买行为上呈现出很大的不同。

（一）个体购买者

个体购买者包括个人或家庭购买者，即消费者，购买产品或服务是为了供自己或家庭消费使用，在购买时呈现出购买者数量大、购买对象广泛、单次购买量少、购买频率高、购买流动性大、购买专业性不强、购买分散的特点，很容易受到情景因素的影响。在购买决策中，家庭成员或亲友可能会扮演以下的一种或几种角色：如发起者、影响者、决定者、购买者、使用者等。而购买决策过程一般包括：确认需要、搜集信息、评估选择、做出决策和购后行为等。家用医疗器械购买者的购买心理和购买行为分析放在后续的章节中有更为详细的阐述。

（二）组织购买者

组织购买者是指购买某种推销品，然后将这些产品和服务销售、租赁或供应给其他组织的购买者，通常有营利或维持正常业务活动的动机，如一般的生产者、中间商、非营利组织和政府等。组织购买者在购买产品时，呈现出购买是派生需求、购买者数量少、单次购买量大、购买次数少、购买专业性强、熟悉市场行情、与供应商之间的关系比较紧密等。在向组织购买者推销时，推销人员面临的客户决策更为复杂。组织的购买决策过程一般包括：确认需求、描述基本需求、确定产品性能和进行价值分析、寻找供应商、提出方案、选择供应商、制定常规的订货手续并签订合同、检查运行情况等。

【案例2-5】 一个客户内部与采购相关的人非常多，怎么能了解清楚？这里有个窍门，销售代表只要了解以下六类客户是谁，那么基本上就会知道他们的需求了。

(1) 高层主管 是客户机构内的领导者。例如电信局和电力局的局长、副局长和总工程师，银行的行长和副行长，学校的校长和副校长，企业的总经理和副总经理。在销售中，他们的职责通常是大型项目的立项审批和最终的采购决定。他们关心的是项目的投资回报率、项目在企业或者机构的整体经营中的作用。因此，高层行政主管关心采购的宏观结果和影响。销售代表应该尽早与客户的高层行政主管建立互信的关系。

(2) 使用部门管理层 是指所采购设备所在部门的管理者。客户机构内部会有很多使用部门，这些部门的管理者确定项目的需求，参与评估和比较，管理安装和实施，负责计划内和授权内小订单的采购。因此，使用部门管理层关心系统对日常工作的帮助，系统给具体的工作带来什么益处，以及系统是否好用。销售代表必须找到客户中所有的潜在使用部门，根据他们的采购潜力制定销售计划。

(3) 技术部门管理层 包括负责系统设计和采购设备维护的部门管理者。技术部门了解系统和产品，因此他们往往参与系统的设计，根据使用部门的要求将需求变成采购指标。设备投入使用以后，技术部门负责设备和系统的维护。技术部门管理层的主要职责是参与系统设计、评估和比较、管理安装和实施以及服务。技术部门关心设备能否达到项目的要求以及采购以后的售后服务问题。

(4) 采购部门 企业内部往往建立采购部门来管理采购，他们建立和管理采购流程，负责商务谈判和比较，参与到评估和比较中。而且，当客户与一个厂家建立了长期和稳定的关系之后，他们会直接向厂家采购。采购部门往往对零散采购的订单有很大的影响。

(5) 使用者 是直接使用设备的人员，是设备好坏的最终和直接评估者。有时一些使用者作为工作人员参与到系统设计、评估和比较中。他们虽然不能做出采购决定，但往往可以提供有价值的资料，并且他们的意见影响采购的决策。由于使用者众多，他们的体验决定了下一次购买的方向。决策者会根据他们的体验做出采购判断。

（6）技术人员　是设备的维护者，并经常参与到设计、评估和比较中。当技术人员参与到采购中，他们往往承担重要的角色，他们负责了解各个厂家的产品细节，设计系统方案，制定具体的招标书。参与采购的技术人员是十分重要的角色，与他们建立良好关系之后，他们甚至可以向你提供有价值的资料。

除了六类客户之外，还有很多人与采购相关，建议每个销售代表首先要画出客户的组织结构图。客户的采购往往发生于不同的部门，有不同的采购流程，因此上述的角色也不是一成不变的。例如，报社要建立一个大型的采编系统，要采编部和信息中心制定采购指标，由社长做出决定。但如果新来一个记者需要一台笔记本，可能采编部主任就可以决定。所以，针对不同的采购，销售代表应该相应地调整销售策略。

第二节　推销模式

推销模式是根据推销活动的特点和顾客购买活动各阶段的分析归纳总结出的一套程序化的标准推销形式。世界著名的推销专家海因兹·姆·戈德曼根据自身推销经验，在《推销技巧——怎样赢得顾客》一书中介绍了爱达模式、迪伯达模式等著名的推销模式。台湾中兴大学商学院院长郭昆漠教授总结出了非常实用的费比模式。作为推销人员，必须认识到推销过程中带有规律性的东西，并将这些规律运用于销售活动中。销售人员还必须认识到，在实际的销售活动中会面临各种不同的客户和各种可能的情况，不能完全照搬照套推销模式，而应该根据客户和环境的具体情况，善于灵活地采取创新性的销售技巧，以提高推销绩效。

一、销售旧观念与销售新模式

1. 销售的旧观念

销售的旧观念如图 2-1 所示。

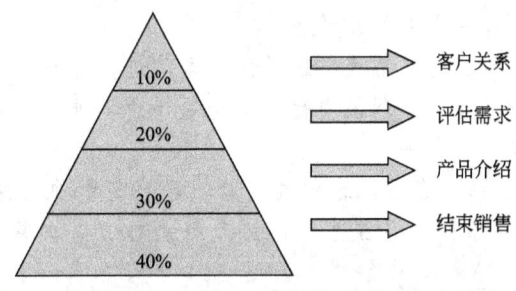

图 2-1　销售的旧观念示意图

2. 销售的新模式

销售的新模式如图 2-2 所示。

从以上两图的比较中可以看出，旧的销售观念把客户的关系摆在最次等位，重点就是怎样把生意做成，所以花了 40% 的时间，产品介绍只占了 30% 的时间，需求评估只占了 20%

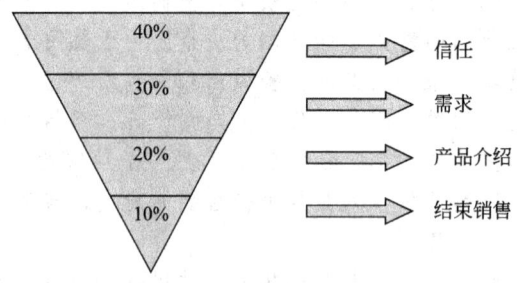

图 2-2 销售的新模式示意图

的时间,而客户关系却几乎被忽视,所占的时间只有 10%。新的销售模式与销售的旧观念恰恰相反,结束销售只占 10%,产品介绍占 20%,需求占 30%,信任占 40%。相信客户买东西之前一定会问:"这个人我对他了解吗?"或者"我要买什么?""我对他相信吗?"……所以必须先赢得客户的信任,这是新销售模式中的首要环节。

二、爱达模式

(一)爱达模式的含义及适用

根据消费者心理学的研究,顾客购买的心理过程可以分为"注意—兴趣—欲望—行动"四个阶段。爱达模式据此把推销活动概括为四个步骤:引起消费者的注意(attention)——唤起消费者的兴趣(interest)——激发消费者的购买欲望(desire)——促使消费者采取购买行动(action),简称 AIDA 模式。爱达模式的具体内容概括为:一个成功的推销人员必须把顾客的注意力吸引或转移到自身或所推销的商品上,使客户对产品产生了一定的兴趣,促使消费者相信自身购买产品能够获得一定的利益,从而激发其购买欲望,再结合推销员的成交技巧,使得顾客采取购买行为,促成交易的达成。

爱达模式比较简单,适合于顾客被动的情况,如柜台推销、展销会推销;适用于一些易于携带的日常生活用品和办公用品的推销;适用于新的推销人员在面对陌生客户时的推销。

【案例 2-6】 推销员:您好,我是喜乐公司的王涛,我带来了一种新型的调料盒,您看,就是这种。

顾客:调料盒?我家有,不买!

推销员:那您的调料盒一定有好几件喽?

顾客:那当然。你看,这是花椒盒,这是味精盒,这是……

推销员:真不少,看来您对烹调很内行啊,光调料盒就排了这么一大溜,挺占地方吧?

顾客:为了吃得可口,没办法。

推销员:(开始示范产品)您看,这种调料盒,能分装十种调料,可以挂起来,对,就挂这。您看,既卫生,又好看,不占地方,使着特别方便,如果用它,您的厨房就更利索了。

顾客:是不错,多少钱?

推销员:5元钱,一种调料盒仅5元钱,挺便宜的。

顾客:确实不贵。

推销员:那就把这套给您留下吧?

顾客:好。给你钱。

(二) 爱达模式的推销步骤

1. 引起消费者的注意

"一开口就谈生意的人,是二流推销人员"。作为推销人员,工作的第一个目标就是引起顾客对自身或推销行为的注意,这是决定推销能否成功的前提,尤其是面对陌生客户时更是如此。根据心理学的研究结果,人们在接触最初的 30 秒内获得的刺激信息,比在此之后 10 分钟里获得的要深刻得多。因此,推销人员必须在特定的场所、空间和时间的限制下,用极短的时间和最有效的手段,将顾客的注意力集中到你所说的每一句话和每个动作上。引起顾客注意的因素有物,也有推销人员的语言、态度和行为等。以下方式都很容易引起顾客的注意。

(1) 从顾客最感兴趣的问题入手　每个人都只关心跟自己有关的事物。作为销售人员,必须尽快发现顾客关心的话题,如对方的兴趣、爱好、成功史;问一些人类共同关心的问题,如时事、食品安全、环境污染、工作压力、教育等;核实听来的问题;唤起客户好奇心的问题;提一些与顾客切身利益有关的问题等。提问的目的是为了把顾客的注意力集中到自己身上,所以一旦提出的话题顾客很有兴趣,推销员应立刻从说改为听,尽量让顾客多说,然后适时转移话题,引到推销上来。销售大师崔西认为,聚光灯在客户身上停留的时间越长,推销员获得订单的可能性就越大。

(2) 把推销品中与顾客利益有关的方面迅速地告知顾客　与自己利益越相关的事物,顾客注意力越集中。

【案例 2-7】销售人员的电话约见:"沈主任,我是飞时达钟表公司的推销员,今天冒昧打扰,想向你介绍我公司新近研制成功的一种考勤打卡钟,它的特点是走时准确、精巧可靠,在广东试销时返修率不到万分之一,价格也比进口的同类产品便宜三分之一,很适合贵单位使用。我打算明天上午 10 时或明天下午 3 时去您办公室拜访,好吗?"

(3) 紧紧抓住"先入为主",充分利用"首因效应"　所谓首因效应,即人与人第一次交往中给人留下的印象,在对方的头脑中形成并占据着主导地位的效应。推销员的仪态、仪表、第一句话、第一个动作、态度等都会对客户产生很大的影响。

2. 唤起消费者的兴趣

唤起消费者的兴趣是指推销人员通过推销活动使顾客了解了推销品所拥有的优势,认知到购买该商品给自身带来的特殊利益,从而对推销人员和推销品产生了一定程度的兴趣或信任。在每单销售中,都有一个客户在寻求的关键利益,只有确保了,客户才可能购买。推销员的工作就是揭示这一关键的利益,进而说服客户。

【案例 2-8】一位售楼小姐带一对夫妇去看一栋老房子。一进入院子,太太便发现后院有一棵美丽的正在开花的樱桃树,很高兴地对丈夫说:"你看,院子里这棵樱桃树真漂亮!当我还是一个小女孩时,我家的后院也有一棵开花的樱桃树,我总想住在一个有开花的樱桃树的房子里。"

而当这对夫妇进入客厅时,却对陈旧的地板表现出不满意,认为需要更换地毯。售楼小姐对他们说:"是的,没错。不过从这里,只需一瞥,你就能穿过餐厅看到那棵漂亮的开花的樱桃树。"那位妇女立刻从后窗看出去,看着那棵樱花树,微笑起来。销售人员知道买房子的时候,主妇才是主要的决定者。所以,她把主要精力放在了她的身上。

他们走进厨房,先生说,厨房有点小,而且管子什么的有点旧。销售代表说:"是的,不错。但是当你做饭的时候,从这里的窗子望出去,就可以看到后院那棵美丽的开花的樱桃树。"然后，不管这对夫妇指出这栋房子有什么缺点，售楼小姐都一直强调："是啊，这栋房子是有一些缺点，但有一个优点是其他房子所没有的，那就是从任何一个房间的窗户向外望去，都可以看到那棵美丽的樱桃树。"

看完房子，那位妇女对樱桃树是如此钟情，以至于她不再看任何别的东西。最终，这对夫妇花了50万美元买下了"那棵樱桃树"。

找到客户心中的那棵"樱桃树"，就成为激烈竞争中胜出的关键。常唤起顾客兴趣的方法是示范。示范是通过产品性能、性质、特点的展示，以及使用效果的示范表演等手段，使顾客看到购买产品后所能获得的好处和利益。在示范时，推销人员必须尽可能做到：推销任何产品都要进行示范。越是复杂的产品，越要通过示范使其具体化；当产品不能随身携带时，推销人员可利用模型、样品、照片和图片做示范。在产品使用中做示范，尤其是让客户亲自参与到产品使用或操作中；在送给客户宣传印刷品时，需简要进行解释；帮助客户从示范中得出正确的结论。

3. 激发消费者的购买欲望

激发消费者的欲望是爱达模式的关键阶段。当顾客通过前期的示范、参与，相信了推销品的购买可以让其获得某种需要的利益，就会激发客户的购买欲望。博恩·崔西认为，有两个主要动因分别导致人们购买或不买，这就是希望获益和害怕损失。希望获益就是希望改进某方面的条件，希望过得好一点。作为销售人员，必须让客户明白，购买了你的商品，他的生活或工作会比现在改善多少。害怕损失就是客户害怕买错东西，害怕缠上自己不想要、不需要、不能用和买不起的东西。并且，客户害怕损失比希望获益的动力高2.5倍。所以，销售人员让客户认识到不买会失去什么更能激励客户做出产生购买的欲望。

激发顾客的购买欲望有以情感人法、针对性介绍产品法、提高顾客参与感受法、提供例证法等，巩固和激发客户的购买欲望。

【案例2-9】 比较两个销售人员的说法，哪种效果更好？

甲："使用这种机器，可以大大提高生产效率、减轻劳动强度。它受到用户们的好评，订货量与日俱增。"

乙："××钢铁厂使用了这种机器，生产效率比过去提高了40%，工人们反映机器操作方便，使用效率高，非常受欢迎。现在，该厂又追加了订货10台。"

4. 促使消费者采取购买行为

推销人员必须运用一定的成交技巧来促使顾客采取购买行动。这是推销工作的最终目标。当顾客对推销品产生了兴趣并有意购买，也会处于犹豫不决的状态。这时，销售人员不能等客户主动提出成交要求，而应该不失时机地促进客户进行购买的实质性思考。例如可以再次总结产品的优点，突出产品的特定功效，强调客户的明智决策，强调购买的难得机会，满足顾客的某些特殊要求，给客户提供多种选择方案等，坚持多次向顾客提出成交要求。据调查，推销员每获得一份订单平均需要向顾客提出4.6次成交要求。

三、迪伯达模式

（一）迪伯达模式的含义及适用

"先谈顾客的问题，后谈推销的产品"是该模式最主要的特点。该模式认为，推销人员在推销过程中必须首先准确发现顾客的需要和愿望，然后将推销品与顾客的需要相结合，并用证据来证明推销品的价值，才能使顾客认可自己的商品，进而实现购买。这是一种创造性的推销模式，体现了以顾客需求为核心的推销理念。迪伯达（DIPADA）模式分为六个步骤，即：准确发现顾客的需求（definition）；把推销品和顾客的需求和愿望结合起来（identification）；证实推销品符合顾客的需要与欲望（proof）；促使顾客接受推销品（acceptance）；刺激顾客的购买欲望（desire）；促使顾客采取购买行动（action）。

迪伯达模式比较适合于组织客户的购买，适合于生产资料产品推销和咨询、信息、劳务与人才中介、保险等无形产品。

（二）迪伯达模式的推销步骤

1. 准确发现顾客的需要和欲望（definition）

需要和欲望是顾客购买行为的根源。顾客购买商品的目的不在于商品，而在于商品能够给自身带来的实际利益，正如露华浓的创始人所言，"我们不是出售口红，我们出售的是梦想。"好的推销员不会一见顾客就开始喋喋不休地叙述推销品的特征和优势，而是通过与顾客的交谈，挖掘顾客深层次需求，针对性地寻找解决顾客问题的方案。这种做法体现了以顾客为中心的推销准则，有利于与顾客之间建立良好的相互信任关系，为推销的成功奠定基础。

【案例2-10】 鲍勃·卡文是一名化学工程师出身的在南非卖化工产品的推销人员。他对冶金工艺特别感兴趣。有一天他参观了一家冶金工厂。金是用氰化物从低品质的金矿石中提取的，把石块碾碎研磨之后，加入氰化钠溶液，金就溶解在溶液中，再滤去石粉，得到融有金的液浆。然后加入乙酸镍，提高金的萃取速率和总量。乙酸镍是用带被子的浆轮（有点像水车）旋转着舀出再倒进黄金浆液中。最后加入锌粉，得到的沉淀物就是黄金。这次，这位推销人员看了一眼装乙酸镍的杯子，发现这些杯子从没清洗过，而这些化学物质过后会结成块，搞得每个杯子（有点像常见的咖啡杯）都污渍肮脏，且结满了乙酸镍块，这使得杯子里实际上只能装所需乙酸镍的一半。

参观完冶金工厂，他和工厂经理共进晚餐。工厂经理问卡文感想如何，卡文问了一个问题："你有没有了解过，在氰化过程之后，剩下的浆液中还有多少本应该萃取出的金子呢？"

"我不清楚"，对方颇为犹豫，"你为什么问这个？"

"我刚刚在想，浆液里面倒入的乙酸镍是不是足量。如果不够，又会如何？"卡文继续问。

"哦，萃取速率会减慢，很可能析出的金也会很少。"

"加锌粉后，最后沉淀出的金就会更少，是吗？"卡文乘胜追击。

卡尔告诉工厂经理，这个小问题会造成工厂每年丢失价值500万美元的黄金。要解决这个造成巨大损失的问题，只需定时清洗那些杯子。

在这个例子中，卡尔明白，仅仅告诉客户存在的问题，产生不了影响，因为"人们更希望自己得出结论，而不愿被人告知应该得出什么结论"。他运用自己对氰化流程的知识和细心检核整个过程，为客户带来了非同一般的价值，赢得了客户的宝贵信任。

2. 把推销品和顾客的需求和愿望结合起来（identification）

这一步骤是由探讨需求的过程向开展实质性推销过程的转移，是迪伯达模式的关键环节。推销人员向顾客展示产品的优势、邀请顾客参与产品体验等，使顾客意识到获得该商品对自身所带来的益处，对产品和销售人员产生了一定的好感。

3. 证实推销品符合顾客的需要与愿望（proof）

顾客可能认识到推销品符合自身的需求，但还是需要推销人员提供强有力的证据证明他的购买选择是正确的。证实不是简单地重复产品的特征、优势,而是推销人员使用多种证据,如认证、物证、例证、生产现场的证据或其他老客户提供的证据等。

4. 促使顾客接受推销品（acceptance）

顾客经过前三阶段,虽然可能已经认可与欣赏推销品,但不意味着他已经愿意购买推销品了。所以这一阶段的主角是顾客。推销人员需要通过各种方式了解顾客的真实购买想法。如询问法,通过提问,了解顾客对推销的接受程度;总结法,总结前期三阶段双方已经达成的共识;试用法,使顾客能够亲身体验产品,增强对产品效果的感知;部分接受法,让顾客在部分内容上接受产品,以少积多;示范检查促进法,在示范商品或顾客体验的过程中,发现顾客还未完全理解或接受的问题,立即进行解释或补充等。如果顾客非常配合推销人员的这些做法,则证明顾客对推销品的信任度非常高。

5. 刺激顾客的购买欲望（desire）

当顾客接受了推销品后,推销人员需要积极主动地刺激顾客的购买欲望,给顾客提供各种诱因或刺激因素,例如最后的优惠期、量大优惠、退货保证、购买返还奖励等,并进行充分的说理来激发顾客欲望。

6. 促使顾客采取购买行动（action）

它要求推销人员在前面工作的基础上,不失时机地劝说顾客做出购买决定,圆满地结束推销。据调查,有71%的推销员未能适时地提出成交要求,使推销功败垂成。

【案例 2-11】 某手表生产商对一些手表零售商店的销售状况进行了调查,发现商店的售货员对推销该厂的手表不感兴趣,手表零售商的销售策略也有问题。厂方决定开办一所推销技术学校,并派出厂里的推销代表（包括萨姆纳·特伦顿在内）到各手表零售商店进行说服工作,目的是使他们对开办推销技术学校产生兴趣和积极配合,如,安排人员参加学习等。特伦顿来到了一家钟表店,运用迪伯达公式对表店的负责人进行了成功地推销。下面是特伦顿与表店负责人迪尔的对话。

特伦顿:"迪尔先生,我这次来这里的主要目的是想向你了解一下商店的销售情况。我能向你提几个简短的问题吗?"

迪尔:"可以。你想了解哪方面的情况?"

特伦顿:"你本人是一位出色的推销员……"

迪尔:"谢谢你的夸奖。"

特伦顿:"我说的是实话。只要看一看商店的经营状况,就知道你是一位出色的推销员。不过你的职员怎样?他们的销售业绩与你一样吗?"

迪尔:"我看还差一点,他们的销售成绩不太理想。"

特伦顿:"完全可以进一步提高他们的销售量,你说呢?"

迪尔:"对!他们的经验还不丰富,而且他们当中的一些人现在还很年轻。"

特伦顿:"我相信,你一定会尽一切可能帮助他们提高工作效率,掌握推销技术,对吗?"

迪尔:"对。但我们这个商店事情特别多,我整天忙得不可开交,这些,你是知道的。"

特伦顿:"当然,这是难免的。假如我们帮助你解决困难,为你培训商店职员,你有什么想法?你是否愿意让你的职员学习和掌握怎样制定销售计划、赢得顾客、增加销售量、唤起顾客的购买兴趣、诱导顾客做出购买决定等技巧,使他们像你一样,成为出色的推销员?"

迪尔:"你们的想法太好了。谁不愿意有一个好的销售班子。不过如何实现你的计划?"

特伦顿:"迪尔先生,我们厂为你们这些零售商店的职员开办了一所推销技术学校,其目的就是训练这些职员掌握你希望他们掌握的技能。我们特别聘请了一些全国有名的推销学导师和高级推销工程师负责学校的培训工作。"

迪尔:"听起来很不错。但我怎样知道他们所学的东西正是我希望他们学的呢?"

特伦顿:"增加你的销售量符合我们的利益,也符合你的利益,这是其一。其二,在制定训练计划时,我们非常希望你能对我们的教学安排提出宝贵的意见和建议。"

迪尔:"我明白了。"

特伦顿:"给,迪尔先生,这是一份课程安排计划。我们把准备怎样为你培训更好的销售人员的一些设想都写在这份材料上了。你是否把材料看一下?"

迪尔:"好吧,把材料交给我吧。"(特伦顿向迪尔介绍了计划)

特伦顿:"我已经把你提的两条建议都记下来了。现在,你还有什么不明白的问题吗?"

迪尔:"没有了。"

特伦顿:"迪尔先生,你对我们这个计划有信心吗?"

迪尔:"有信心。办这所学校需要多少资金,需要我们分摊吗?"

特伦顿:"你只需要负担受训职员的交通、伙食、住宿费用。其他费用,包括教员的聘金、教学费用、教学工具等,由我们承担。我们初步计算了一下,每培训一个推销员,你最多支付45英镑。为了培养出更好的推销员,花费45英镑还是值得的。你说呢?假如经过培训,每个受训职员的销售量只增加了5%的话,你很快就可以收回所支付的这笔费用了。"

迪尔:"这是实话。可是……"

特伦顿:"假如受训职员的推销水平只是你的一半……"

迪尔:"那就很不错了。"

特伦顿:"迪尔先生,我想你可以先派两个有发展前途的职员参加第一届训练班。这样,你不就知道训练的效果如何了。"

迪尔:"那也是。"

特伦顿:"你准备先派哪两位去受训呢?"

迪尔:"我初步考虑派……不过,我还不能最后决定。需要我马上做出决定吗?"

特伦顿:"不,你先考虑一下,下周一告诉我,好吗?我给你留两个名额。"

迪尔:"行,就这么办吧!"

四、费比模式

FABE模式是由美国奥克拉荷大学企业管理博士、台湾中兴大学商学院院长郭昆漠总结出来的。FABE推销法是非常具体、操作性很强的利益推销法。它通过四个关键环节,极为巧妙地处理好了顾客关心的问题,从而顺利地实现产品的销售。

(一)向顾客介绍产品特征(feature)

产品特征是指产品的性能、结构、用途、使用方法、用料和加工技术等,回答了"它是什么"的问题。每一个产品都有其功能,否则就没有了存在的意义。对一个产品的常规功能,许多推销人员也都有一定的认识。但需要特别提醒的是:要深刻发掘自身产品的潜质,努力去找到竞争对手和其他推销人员忽略的、没想到的特性。当你给了顾客一个"情理之中,意料之外"的感觉时,下一步的工作就很容易展开了。

(二)分析产品的优点(advantage)

产品优点指产品所具有的特征或独特特征究竟发挥了什么功能。产品优点回答了"它能做到什么……"的问题。这一步是要向顾客证明购买的理由，与同类产品相比较，列出推销品的比较优势。

（三）产品优点可能带来的顾客利益

这一步介绍推销商品的优势能够带给顾客的好处，回答了"它能为顾客带来什么好处？"的问题。利益推销已成为推销的主流理念，在推销中需要一切以顾客利益为中心，通过强调顾客得到的利益、好处激发顾客的购买欲望。这才是与顾客最切身相关的利益。

（四）用证据说服顾客购买

讲过前面3个步骤，顾客基本上已经产生了一定的购买欲望，此时推销员使用强有力的证据坚定顾客的信心，达成交易。这一步回答了"怎么证明推销员讲的好处"。证据（evidence）包括技术报告、销售数据、顾客来信、报刊文章、照片、示范等。证据具有足够的客观性、权威性、可靠性和可见证性等。

费比模式的标准句式是："因为（特点）……从而有（功能）……对您而言（好处）……您看（证据）……"例如，某推销人员在推销欧姆龙原装进口腕式电子血压计时，他说："这个品牌的电子血压计是国际知名品牌，采用核心生物传感技术，确保精准测量和储存（特征）。它可以精确测量血压，并实现存储90次测量值，可显示每三次测量的平均值（功能）。您可以随时关注自身血压的变动情况，检测心脏的异常情况，使您不再时时刻刻提心吊胆自己的血压，又可以随时保持对自己健康的精确了解（利益）。您看这是欧姆龙品牌电子血压计产品的一些资料，您看一下，符合美国自动电子血压计测量的高标准的要求（证据）"。

【本章小结】

任何商品推销活动得以实现必须具备三个基本要素，即推销人员、推销品和客户。其中推销人员是推销活动的主体，必须承担开发潜在顾客、传递商品信息、销售企业产品、提供多种服务和维护客户关系等职责。推销人员为成功承担销售职业，必须具备职业道德素质、心理素质、理论知识素质和推销技能素质等能力。

推销品是推销活动的客体，包括各种有形和无形商品等。今天的推销品是为顾客提供整套的解决方案，质量是推销品的基础，但在推销过程中，产品对顾客的适用性更加重要。顾客是推销活动的对象。不同的客户其个性行为特征、心理需求和购买行为特征都具有很大的差异。一般把客户分为个体消费者客户和组织市场客户两大类。

推销模式就是根据推销活动的特点对应顾客购买活动各阶段的心理演变应采取的策略归纳出的一套程序化的标准推销形式。具体包括：爱达模式、迪伯达模式和费比模式等。在推销实践中，推销人员应努力发现掌握推销活动的规律，从而提高推销效率。

【讨论与思考题】

1. 什么是推销要素？他们之间的相互关系如何？
2. 推销人员要想胜任推销工作必须具备哪些素质和能力？
3. 如何理解推销品？
4. 爱达模式包括哪些步骤？试以某种日常生活用品为例，应用爱达模式应如何向消费者推销？

5. 迪伯达模式包括哪些步骤？尝试用迪伯达模式向产业用户推销办公用的计算机。

6. 费比模式包括哪些步骤？它的优点是什么？

【案例分析】

推销产品利益介绍

地点：总经理办公室。

销售人员小王：陈总，谢谢您拨出这么长一段时间，听了我们推荐的普通纸传真机的产品说明，刚才我们也看了实际的操作演示，我们可以以贵企业目前实际使用的需求状况、以贵企业的立场评估这台传真机的优点与缺点，如果您不介意的话我们在纸上描述出来。

（取出一张纸，在中间画一条线，左边写上优点，右边写上缺点，等待陈总的许可。）

您提到过普通纸接收能让您很容易地在收到的资料上进行批示；您也希望一定规格的输出纸张，便于归档，又不易遗失；30张A4的记忆装置，让您不用担心缺纸而遗漏讯息；它的速度比您目前的传真机速度要快，能节省许多的长途电话费；纸张容量是200张，不需要经常换纸；况且纸张是放在外盒，一眼就能发现是否缺纸；普通纸的成本还不到热敏纸的四分之一，纸张成本也大大节省；这些都是您使用后立刻能获得的好处。当然，这台机器还有一些功能，目前贵企业使用的可能较少，但相信随着贵企业业务的成长，这种需求一定会日渐增加。

此外，您也提到体积较大、价格较高等两个缺点。是的，这台传真机的确比您目前的那台要大一些，如果我们把它同一般的桌上型个人电脑比较起来，它还是要小很多，个人电脑在贵企业几乎人手一台，您就把它当成是多装了一台电脑。本机的价格是比一般的热敏纸机器要高，但如果我们以使用五年来看，相信陈总您立刻可以发觉您在每月的国际电话费、传真纸上所省的费用，早就可以再买一台机器了。

陈总，您看（将优点、缺点分析表再次递给陈总看）。

优　点	缺　点
◆ 普通纸接收的传真，容易在上面书写	◆ 体积稍大
◆ 一定规格的输出纸张，易于存档	◆ 价格较高
◆ 30张A4的记忆装置，不会遗漏商机	
◆ 速度快，有利于节约电话费	
◆ 不需要经常换纸，且缺纸时一眼就可以发现	
◆ 节省纸张成本	

您选择的这台普通纸传真机，不但能提升工作效率，费用方面还能节省，愈早换机愈有利。陈总，是不是明天就把机器送来？

分析讨论题：

1. 销售人员小王在推销时做了哪些事？

2. 运用所学推销模式分析该销售人员成功的原因。

第三章

推销沟通

【案例导读】

奇妙的转折

曾经有一位中年妇女走进乔·吉拉德的汽车展销厅,说她只想在这儿看看车,打发一会儿时间。她说她想买一辆福特轿车,可大街对面的那位推销员却让她一小时以后再去找他。另外,她告诉乔·吉拉德她已经打定主意买一辆白色的双门箱式福特轿车,就像她表姐的那辆。她还说:"这是给我自己的生日礼物,今天是我55岁生日!"

"生日快乐,夫人!"乔·吉拉德说,然后,他找了一个借口说要出去一下。不到30秒的时间,乔·吉拉德回到了展销厅,然后对那位中年妇女说:"夫人,既然您有空,请允许我介绍一种我们的双门箱式轿车——也是白色。"

大约15分钟后,一位女秘书走了进来,递给乔·吉拉德一打玫瑰花。"这不是给我的,"乔·吉拉德说,"今天不是我生日。"他把花送给了那位妇女,"祝您福寿无疆,尊敬的夫人!"

显然,她很受感动,眼眶都湿润了,"已经很久没有人给我送花了。"她告诉乔·吉拉德。闲谈中,她对乔·吉拉德讲起她想买的福特轿车,"那个推销员真是差劲!我猜想他一定是因为看到我开着一辆旧车,就以为我买不起新车。我正在想车的时候,那个推销员却突然说他要出去收一笔欠款,叫我等他回来。所以,我就上你这儿来了。"你一定猜得到她最终并没有去街对面买福特轿车,而是从乔·吉拉德这里买了一辆雪弗兰轿车,并且填了一张全额支票。

【案例启示】

经常会有销售人员问,面对客户时我如何才能打动他们,让他们愿意购买我们的产品?抱着要打动客户的心理,有些销售人员总是使尽浑身解数,旁征博引,在客户面前喋喋不休。但最终却发现客户对你的话并不感兴趣,而且过于冗长的谈话已使他产生了厌恶情绪,你很难再预约到下一次的见面机会。优秀的销售人员理解客户关注的并不是所购产品本身,而是关注通过购买产品能获得的利益或功效。同样,优秀的销售人员懂得让客户满意只是第一步,更重要的是让客户感动。如果能让客户感动,那么它就会将自己良好的感受通过一切能够传播的手段或途径传播到它能够传播或影响的人那里,这样做的结果就相当于免费让客户为我们做活生生的广告。要达到此目的,销售人员就要成为一个人际沟通专家,把各种人情关系都理顺理通,成功的销售就会在眼前了。

第一节　推销沟通及其方式

一、推销沟通的内涵

沟通是人与人之间、人与群体之间思想与感情的传递和反馈过程,其目的是使思想达成一致和感情通畅。销售人员与客户之间最宝贵的是真诚、信任和尊重。而沟通是销售人员和客户之间的桥梁。懂得倾听客户的话语,从客户的话语中可以得知对方是否真正的理解销售人员说话的意思;懂得如何说,使客户的尊严得到了维护,并且拉近了与客户之间的距离。所以,推销沟通是推销员与购买者之间传递和领会口头、形体信息的行为。沟通强调的是买卖双方信息互动及反应的过程。

掌握并善于使用沟通的技巧,对于销售人员来说具有莫大的助益。首先,成功地促使他人改变态度和行为的原则是既要解决问题,又要不伤害双方的关系或对方的自尊。因此,是否采用了恰当的语言措辞是非常关键的;其次,在积极交流的过程中,要善于"换位"思考,即销售人员和客户角色互换,积极鼓励对方将想说的说出来,当客户表述的时候,销售人员要仔细倾听,给客户提供一个畅所欲言的场所;当客户准备倾听时,销售人员又要尽快转而阐述自己的思想、观点和情感;最后,积极的沟通还要求销售人员在销售前主动与客户接触,在销售后主动与客户保持联络。

按沟通的表达方式划分,沟通可分为语言沟通和非语言沟通。

语言沟通是指建立在语言文字基础上的沟通方法,包括口头沟通和书面沟通。口头沟通就是交谈,是人们最常见的交流方式。书面沟通包括信件、电子邮件、传真、备忘录、会谈记录等。非语言沟通是指通过非语言的媒介来传达信息的沟通方式,包括身体语言沟通、语调沟通、空间距离和物体的操纵等多种形式。

各种方式在沟通中所占比例如图 3-1 所示。

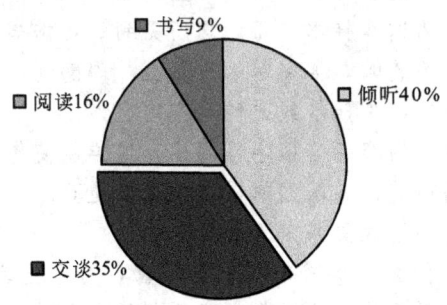

图 3-1　听、说、读、写在沟通中所占比例

二、语言沟通

在推销中,语言有助于推销人员清楚、准确无误地表达个人和推销品的基本情况,能够有效展现推销策略和技巧,同时有助于和客户建立良好的人际关系。销售人员的语言沟通能力和技巧主要体现在倾听、提问和表述上。

（一）学会倾听

成功的谈判者50%以上的时间是用来听的。推销人员必须记住：倾听是通往合作的阶梯，不要让听和说同步进行；控制全局的最好办法是聆听；"谈"是任务，"听"是一种能力，是获取对方信息的最佳办法。但多数人想当然地认为倾听是一种与生俱来的技能，错将听见某人说话当做倾听行为。

当推销员做到有效地倾听时，就会对听到的东西进行消化、综合、分析，并理解其中的真实意思。良好的倾听，意味着对客户所说的内容获得了完整、准确的理解。倾听的目的，不仅在于知道真相，而且在于推销员能够自己理解出所有事实，并且评估事实之间的相互联系，进而努力寻找信息所传达的真正含义，这样的倾听才是富有意义的。推销员自我设定倾听的目标，有利于自己专心倾听。有组织的倾听，有助于推销员快速而完全地从客户那漫无边际、毫无章法的谈话中跳出来，抓住客户谈话的重点，达到自己倾听的目的。

要想实现有效倾听，必须努力注意以下事项。

（1）以谦虚、宽容、好奇的心胸来听；要实现和客户的换位思考，积极倾听客户的想法。

（2）点头、微笑、身体前倾、记笔记；和说话者的眼神保持接触，鼓励对方继续讲下去。

（3）不可凭自己的喜好选择收听，耐心听完谈话者的想法，必须接收全部信息，不可随意打断。

（4）提醒自己不可分心，必须专心一致，同时不要表面倾听，急于表达自己的观点。

（5）积极预期，但避免先入为主的倾听。

【案例3-1】 百科全书推销的败笔

伍德夫妇是一对年轻夫妇，住在亚利桑那州凤凰城郊区。他们都受过高等教育。他们有两个孩子，一个九岁，一个五岁。伍德夫妇非常关心对孩子的教育，并决心让他们接受当地最好的教育。随着孩子们长大，伍德夫人意识到该是让他们看一些百科读物的时候了。一天当她在翻阅一本杂志时，一则有关百科读物的广告吸引了她，于是她电话通知当地代理商要求见面谈一谈。以下为二人有关此事的谈话摘录。

伍德夫人：请告诉我你们这套百科全书有哪些优点。

推销员：请您看看我带的这套样本。正如您所见到的，本书的装帧是一流的，整套五十卷都是这种真皮套封烫金字的装帧，摆在您的书架上，那感觉一定好极了。

伍德夫人：我能想象得出，你能给我讲讲其中内容吗？

推销员：当然可以，本书内容编排按字母顺序，这样能使您很容易地查找资料。每幅图片都很漂亮逼真，比如这幅南美洲各国国旗图，颜色多逼真。

伍德夫人：我看得出，不过我更感兴趣的是……

推销员：我知道您想说什么！本书内容包罗万象，有了这套书您就如同有了一套地图集，而且还是附有详尽的地形图的。这对你们这些年轻人来说一定很有用处。

伍德夫人：我要为我的孩子着想。

推销员：当然！我完全理解，由于我公司为此书特制有带锁的玻璃门书箱，这样您的小天使们也许就无法玩弄它们，在上面涂花生酱了。而且，您知道，这的确是一笔很有价值的投资。即使以后想出卖也绝不会赔钱的。何况时间越长收藏价值还会增大。此外它还是一件很漂亮的室内装饰品。那个精美的小书箱就算我们白送了。现在我可以填写订单了吗？

伍德夫人：哦，我得考虑考虑。你是否留下其中的某部分比如文学部分，以便让我进一步了解了解其中的内容呢？

推销员：我真的没有带文学部分来。不过我想告诉您我公司本周内有一次特别的优惠售书活动，我希望您有好运。

伍德夫人：我恐怕不需要了。

推销员：我们明天再谈好吗？这套书可是给你丈夫的一件很好的礼物。

伍德夫人：哦，不必了，我们已经没兴趣了，多谢。

推销员：谢谢，再见。如果你改变主意请给我打电话。

伍德夫人：再见。

（二）有效提问

在推销沟通中，提问是进一步掌握客户需求状况的主要手段。精心设计的问题能帮助推销员探测顾客的需求，分析已经掌握的过去信息与现实信息之间的差距，从而有针对性地为客户设计解决问题的方案，最大限度地满足客户的需求。

1. 提问的价值

（1）通过提问，引导客户的思考思路。一般的销售人员都在吹嘘自己的产品有多么的优秀，说教很多，易引起客户的反感。

（2）通过提问，表达对客户的企业运营、利润和个人的关心等，取得客户的好感和信任。

（3）通过提问，转移推销沟通焦点。提问是以顾客为中心的表现，焦点在顾客，而不是在自身，这样的行为受顾客欢迎。

（4）通过提问获得资讯。成功的销售是建立在充分的资讯上的，提问可以从顾客身上获得无偿的回报。在需求探询阶段，用提问来展示专业的销售素养，赢得顾客的信赖。

2. 有效提问的方式

销售人员在进行提问时，必须要思考两个问题。

一是我提问的目的是什么？也就是我为什么要提出这个问题，想得到什么样的结果，不能毫无目的地对客户进行提问，浪费双方的时间。

二是我采用什么样的方式进行提问，也就是如何表达问题，不同的表达方式，得到结果可能会是截然相反的。

成功的销售人员，往往都会充分意识到这两点，把提问做到恰到好处，让结果得到满意答复。

有效提问的方式有很多种，如请教式提问、引导式提问、限制式提问、建议式提问、探究式提问、肯定式提问等。

（1）请教式提问　人人都有虚荣心，人人都喜欢被尊重。如电话销售员："是这样的，李总，经常有许多公司向我们打来电话，向我们公司咨询关于库存管理、产品分类管理，以及账务管理方面的问题，还请求我们给他们提供这方面的人才。李总，不知您在这方面有什么更好的观点与意见？"

（2）引导式提问　从字面理解就是要学会借力打力，先通过陈述一个事实，然后再根据这个事实发问，让对方给出相应的信息。

【案例3-2】 销售员：早晨好，刘先生，见到您很高兴。

客户：你好，找我有事情吗？

销售员：（首先要切入话题）刘先生，我是××公司的刘明，我今天拜访您的主要原因是我看到了《节能行业》上有一篇关于您公司所在市场的介绍。

客户：（好奇）真的吗？都说了什么？

销售员：（变现自己对行业的了解）这篇文章谈到您所在的节能行业将一定有巨大的市场增长，预计今年全年增长幅度为80%，总市场规模将达到500亿，像您这样的一家大型公司对此应该很感兴趣吧？

客户：是啊，前几年市场一直不太好，这两年由于国家提倡建立节能型社会，所以我们认为未来的市场应该是不错。

销售员：（开始转入正题）刘先生，在如此的市场背景下，相信贵公司的内部压力一定不小吧？

客户：对啊，我们的销售部、生产部都快忙死了。

销售员：（再次提出问题）是吗？真的是不容易啊。刘先生，我发现您们打出了招聘生产销售人员的广告，是不是就为了解决这个问题呢？

客户：对啊。如果不这样的话就忙不过来了。

销售员：（进一步提出问题）的确这样，那么刘先生，相对于人均每日制作500台元件的这个平均数，您们的人均生产是高还是低啊？

客户：差不多，人均也是500台左右。

销售员：（进一步提出问题）那么目前来说还有没有提高生产效率的方法呢？

客户：基本不可能。

销售员：（进一步提出问题）那么您用的设备是什么品牌呢？使用的又是什么型号的呢？

客户：（话题被打开）……

结果：谈话一直继续，顾客对销售代表即将推出的产品充满了期待。

(3) 限制式提问　即把答案限制到一个很窄的范围内，无论客户回答哪一个，都是对提问者有利的。

【案例3-3】　在推销界有个非常常见的例子。在某个国家，有些人喜欢在咖啡中加鸡蛋，因此咖啡店在卖咖啡时总要问：加不加鸡蛋。

后来有个专家建议咖啡店把问话改动一下，变为：加一个鸡蛋还是两个鸡蛋？

结果，咖啡店的鸡蛋销售大增，利润上升。

这里同样都是限制性提问法，但所问的效果却不同。前者给顾客留下太多选择的余地，后者却是直奔主题，缩小了选择的范围，从而更有利于自己的选择。

(4) 建议式提问　销售员在与客户销售沟通的过程中，可以时常采取一些主动性的建议式提问，进而了解客户的真实信息，探求客户的真实反映，而且还能坚定客户的购买信心。但是在进行主动性建议式提问时，最好语气不要过于僵硬，仿佛是一种商讨，语气平和，让对方感觉到你在为他们考虑或为他们着想，关心他们，才提出如此问题。这样即使对方没有接受你的意见，交谈的气氛仍能保持融洽。例如，推销人员说："是的，您在护肤品选择方面认识得非常深刻，您是希望选择保湿效果明显些的，这样有利于滋养皮肤，我说得对吧？"或 "您看，我们是应该赶快确定下来，您认为呢？"

(5) 探究式提问法　就是通常采用我们常说的6W2H的原则，向客户了解一些基本的事实与情况。6W2H指的是英文 what（什么）、why（为什么）、how（如何）、when（何时）、who（谁）、where（在哪里）、which（哪一个）、how much（多少、多久）的缩写。探究式提问可以帮助我们获取那些让客户愿意主动从正面回答的提问的答案。在提问时一定要把握语言语气的运用,不要弄巧成拙,最好结合请教式提问的方法一起运用。如:"我可以请教您几个问题吗?"、"我可以向您咨询一些情况吗?"、"我可不可以这样理解您的意思……"等。

(6)肯定式提问法　销售人员在提出问题时采用一种肯定型的语气,往往能够有效帮助对方做出正面的回答,做出按照自己指引方向的回答。如"我们现在正联合国内数家知名企业共同举办关于企业人才管理方面的论坛,您一定愿意参与进来,共同探讨关于人才管理方面的问题吧?"、"您一定愿意接触更多的企业家,扩展自己的人脉,是吧?"、"子女的成长现在已经成为我们家长最为关注的问题,您说是吧?"等。

(三)表述

推销人员在提出问题、仔细倾听客户的回答后,必须识别客户的需求,准确有效地传递信息以实现成功销售。因此在表述中必须注意方式、技巧和顺序等。

(1)利用图片、证书、推销品等把语言信息视觉化,引起顾客的参与和接受。
(2)向顾客解释图片等视觉化的促销工具,以促成客户对信息的理解和记忆。
(3)把推销品的效能具体化,不要使用专业术语去表达。
(4)按照逻辑顺序组织材料,直接对着顾客说话。
(5)将产品、优势和概念宣传纳入沟通过程中。
(6)在表述过程中,针对不同的对象、不同的事情,在不同的时机,采用不同的说话表达方式。

【案例3-4】　销售员"见人说人话,见鬼说鬼话"

销售代表小张和客户王老板沟通渠道奖励的事情。

(1)如果遇到客户像"鬼",就用"鬼"的方式来对待他。

小张:"你小子最近忙什么?好久不见,也不给我电话。"

王老板:"你小子怎么不给我电话?我整天帮你卖货,我是为你打工,你要知道。你很滋润,和老婆享福,也不关心贫下中农的死活,嘿……"

小张:"谈正经的,我们公司最近要做一个渠道奖励。"

王老板:"快点,有话快说,有屁快放。我这里忙。"

小张:"你小子急什么?是这样的……"

(2)如果遇到客户像"人",就用"人"的方式来对待他。

小张:"王总,您好。我是小张。"

王老板:"你好,最近忙吗?很久不见,最近有什么新政策?"

小张:"公司最近出来了一个渠道奖励计划,要和您谈谈。"

王老板:"还要你多关照呀,具体怎么操作呢?"

小张:"是这样的……"

如果客户是一个绅士,就要用绅士的方式来对待。"到什么山上唱什么歌,见什么人说什么话",只有这样,销售人员才能和客户沟通到位。

三、形体沟通

在推销人员开展工作的过程中,顾客首先感受到的是推销员的外表形体,如外表、服装及装饰等,这是构成推销员形象的重要方面;其次是顾客形体揭示出来的信息。形体信息比语言信息在沟通中发挥着更大的影响力。在我们接收到的信息构成中,听到的占比38%;

看到的或感觉到的如面部表情、饰物、姿势等占比55%;文字仅占比7%。

1. 副语言

副语言是指说话的语音、语调、语气等,比如语音低沉、稳健或激昂、高亢等,语调的高低、语气的轻重、节奏的快慢等,它们伴随着语言表达信息的真正含义,因而副语言与语言之间的关系非常密切。研究发现,副语言尤其能表现出一个人的情绪状况和态度,影响到人们对信息的理解以及交流双方的相互评价。如果要使声音有表情,说话时就应保持抑扬顿挫,在说明产品的过程中,还要刻意强调一些关键词眼,即使只是回答顾客最简单的问题,也要让声音传出热情。比如打电话时看不到打电话的人,但表情却影响传过来的声音,没有哪一个人能以愤怒的表情说出优美和蔼动听的问候语。

2. 表情

表情是人类在进化过程中不断丰富和发展起来的一种辅助交流手段。表情不仅能够传递个人的情绪状态,而且还能够反映出一个人的喜、怒、哀、乐等内心活动。

笑有很多种,其中微笑是世界上最美的语言。微笑是指不露牙齿,嘴角的两端略提起的笑。微笑是社交场合中最富吸引力、最令人愉悦,也最有价值的面部表情。它可以与语言和动作相互配合起互补作用,它不但表现着人际交往中友善、诚信、谦恭、和谐、融洽等最美好的感情因素,而且反映出交往人的自信、涵养与和睦的人际关系及健康的心理。不仅能传递和表达友好、和善,而且还能表达歉意、谅解,可以说成功从微笑开始。一个大公司的人事经理经常说:"一个拥有纯真微笑的小学毕业生,比一个脸孔冷漠的哲学博士更有用。"

譬如沃尔玛的创始人山姆·沃尔顿生前用一句话概括了他成为亿万富翁的秘诀:低买低卖,微笑攻势。还有日本推销之神原一平也练就了一副号称"价值百万美金的笑容"。

【案例3-5】微笑后面是财富

一个下雨天的下午,有位妇人走进匹兹堡的一家百货公司,漫无目的地在公司内闲逛,很显然是一副不打算买东西的样子。大多数售货员只对她瞧上一眼,然后就自顾自地忙着整理货架上的商品。

这时,一位年轻的男店员看到了她,立刻微笑着上前,热情地向她打招呼,并很有礼貌地问她,是否有需要他服务的地方。这位老太太对他说,她只是进来躲雨罢了,并不打算买任何东西。这位年轻人安慰她说:"即便如此,我们仍然欢迎您的光临!"并主动和她聊天,以显示自己确实欢迎她。

当老太太离去时,这位年轻人还送她到门口,微笑着替她把伞撑开。这位老太太看着他那亲切、自然的笑容,不禁犹豫了片刻,凭着她阅尽沧桑数十年的眼睛,她在年轻人的那双眼睛里读到了人世间的善良与友爱。于是她向这位年轻人要了一张名片,然后告辞而去。

后来,这位年轻人完全忘记了这件事。但是,有一天,他突然被公司老板召到办公室去,老板告诉他,上次他接待的那位老太太是美国钢铁大王卡耐基的母亲。老太太给公司来信,指名道姓地要求公司派他到苏格兰,代表公司接下装潢一所豪华住宅的工作,交易金额数目巨大。老板祝贺年轻人:"你的微笑是最有魅力的微笑!"

微笑代表友善、亲切、礼貌和关怀,是人际关系中最重要的润滑剂,微笑可以在推销过程中产生重要作用,是推销的基本技能之一,推销人员如果能在顾客面前表现出真诚友好的微笑,可以缩短双方的距离,使顾客有一种亲切感,减少顾客抗拒和防范的心理。

3. 目光

目光是非语言沟通的一个重要通道,"眉目传情"就是一种很好的说明。事实上,在人际交流沟通中,有关沟通双方的许多信息都是通过眼睛去收集和接收的。作为一种非语言信号，销售人员使用目光可以向沟通对象传递肯定、否定的态度，质疑或认同等情感信息。在人员销售的沟通中，销售人员要善于使用目光，如用目光来表示赞赏或强化客户的语言或行为，用目光来表示困惑等。一般来说，对使自己感到愉悦的人，人们更愿意注视；比起同性来说，对异性的注视可能更多些。交谈时，有些人眼睛看着地面或者房顶，或者脸侧向一方，这会显得不礼貌，对对方不够重视。有些人则是死死地盯住对方的眼睛，这样会使对方感到窘迫，甚至透不过气来。有些人则把目光在对方身上左右乱扫，甚至看对方身后，弄得对方惶惑不安。当对方讲话时，如果听者把目光随意移向一旁，会让对方感觉到听者没有认真倾听，便会产生不安、不被信任的想法，心灵的大门可能会关闭。目光注视应该注视对方的哪些部位呢？一般来说，目光大体在对方的嘴、头顶和脸颊两侧这个范围活动为好，给对方一种舒适的、很有礼貌的感觉，并且表情要轻松自然。目光范围过小会使对方有压迫感，而目光范围过大则会显得太散漫、随便。

4. 体姿与手势

所谓体姿，就是指人们在交流沟通过程中所表现出来的身体姿势。比如前倾、后仰、托腮沉思等状态或姿势。研究表明，无论多么老练、深沉的沟通，人们对待他人的态度都很难在体姿上给予掩盖或隐藏。虽然体姿不能完全表达个人的特定情绪，但它能反映一个人的紧张或放松程度。因此，销售人员若能准确识别并判断不同体姿透露出来的不同信息，对于促成销售，提升销售业绩具有极大的帮助。

手势是人们交往时不可缺少的动作，是最有表现力的一种"体态语言"，俗话说："心有所思，手有所指"。

（1）在交往中，手势不宜过多，动作不宜过大，切忌"指手画脚"和"手舞足蹈"。

（2）打招呼、致意、告别、欢呼、鼓掌属于手势范围，应该注意其力度的大小、速度的快慢、时间的长短，不可过度。

（3）在任何情况下都不要用大拇指指自己的鼻尖和用手指指点他人。谈到自己时应用手掌轻按自己的左胸，那样会显得端庄、大方、可信。用手指指点他人的手势是不礼貌的。

（4）一般认为，掌心向上的手势有诚恳、尊重他人的含义；掌心向下的手势意味着不够坦率缺乏诚意等。攥紧拳头暗示进攻和自卫，也表示愤怒。伸出手指来指点，是要引起他人的注意，含有教训人的意味。因此，在介绍某人、为某人引路指示方向、请人做某事时，应该掌心向上，以肘关节为轴，上身稍向前倾，以示尊敬。这种手势被认为是诚恳、恭敬、有礼貌的。

（5）有些手势在使用时应注意区域和各国的不同习惯，不可以乱用。如在某些国家认为竖起大拇指、其余四指蜷曲表示称赞夸奖，但澳大利亚则认为竖起大拇指、尤其是横向伸出大拇指是一种污辱。

5. 服饰与发型

个人仪表，尤其是销售人员的服饰和发型是其沟通风格的延伸与个性的展示。有研究显示，服饰的重要性，甚至成了销售人员通向成功之路的决定性因素之一。人们普遍认为，着装正式不仅是职业化的表现，更是对客户的尊重。此外，销售人员还需要关注自己的发型，来自对客户的抽样调查认为，销售人员的发型不宜过于个性化与时髦、前卫，否则会给客户留下一个过于超前而显得不太稳重的印象。因此，销售人员通过其服饰与发型等外表所传递的非语言信息应该是积极、进取、热情、开朗、沉稳、健康的，这样才容易获得客户的认同。

6. 肢体语言

对消费行为的深入研究发现，销售沟通过程中，客户一般会通过三种肢体语言来传递非语言信息，表明对销售人员传递的信息持反对、犹豫还是接受的态度。这三种肢体语言就是面部表情、身体角度和动作姿势。

需要强调的是，虽然大多数肢体语言的含义明显且明确。但销售人员务必需要分清楚的是客户的肢体语言是其沟通过程中的一个组成部分，且是伴随着客户一连串的语言沟通中的一部分非语言暗示，销售人员切勿断章取义，但也不能熟视无睹。销售人员需要随时捕捉这些微小的非语言信号，并结合整个沟通过程进行正确地"翻译"或"解码"。

四、推销沟通方式模型❶

根据推销人员所面对的客户的控制欲望和社交能力，可以把对客户的沟通方式分为四种类型，如图3-2所示。控制欲望是想掌握或超越他人的一种倾向，控制欲弱代表愿意合作，渴望别人帮助，控制欲强表示具有挑衅性，喜欢给人提意见。社交能力表示在社会交往中对自身情感表达方面的控制程度。社交能力强的人喜欢与人打交道，社交能力弱的人喜欢在单独的环境下工作，控制其感情。

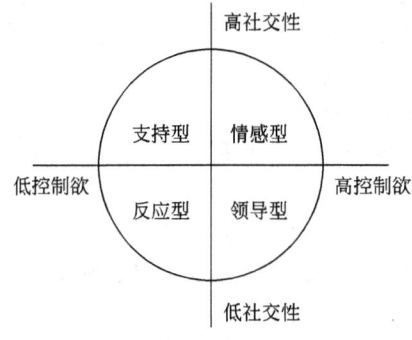

图 3-2 沟通方式模型

（一）情感型客户

1. 主要表现

(1) 显得特别活跃，感觉非常忙，总是闲不住。
(2) 讲话时节奏很快，伴随有很强的手势动作。
(3) 社交场合表现主动，通常首先与人打招呼、握手。
(4) 喜欢在非正式的环境下交流。
(5) 不喜欢隐瞒自己的感情，强烈地、激动地表达自己的观点。

2. 对情感型客户的沟通要点

(1) 非常热情，不要过于呆板。
(2) 花时间与其建立良好的关系，不要太注重一些事实和细节。
(3) 让自己的行动去迎合顾客的观点、主意和梦想。
(4) 交流过程中，保持眼神的接触，做一个好的听众。

（二）领导型客户

1. 主要表现

(1) 显得特别忙，不愿意浪费时间，喜欢开门见山地进入交谈的主题。

---

❶ 吴健安. 现代推销理论与技巧. 第二版. 北京：高等教育出版社，2008.

(2) 在许多场合讲的比听的多，给人以不喜欢倾听的感觉。
(3) 表情严肃，缺乏热情。
(4) 总是希望控制会谈的局面和进程。

2. 对领导型客户的沟通要点
(1) 高效、守时。
(2) 提供合适的数据资料，陈述成功的可能性。
(3) 努力发现他们的需求，提供各种方式来支持和帮助他们实现目标。
(4) 保持商业关系，而不是个人友情关系。

（三）反应型客户

1. 主要表现
(1) 控制自身的感情，极少公开表现热情。
(2) 习惯于按部就班，不喜欢意料之外。
(3) 表达的观点经过反复思考，不会有过激的言行。
(4) 社交场合显得刻板，过于冷淡，给人难以接触的感觉。

2. 对反应型客户的沟通要点
(1) 会前要做充分的准备，出席洽谈要准时。
(2) 多数情况下，无需花大量时间来建立社会关系。
(3) 直接提一些要求顾客说明意图的问题，采用没有废话的、商业性的人员推销方法。
(4) 掌握潜在客户需求信息后，要用深思熟虑的方法来表达你的建议，不要急于成交，也不要给反应型的人快速决定的压力。

（四）支持型客户

1. 主要表现
(1) 可以很容易地表达其想法和意见，但不是很坚定，显得内向和保守。
(2) 专注地听别人讲话。
(3) 依靠友好的劝告而不是权力去完成任务。
(4) 作决定时，花比较长的时间进行考虑。

2. 对支持型客户的沟通要点
(1) 用一点时间了解支持型的人的家庭、消遣和兴趣爱好，仔细倾听他们的观点，与之建立良好的社会关系。
(2) 在了解他们的技术和商业需求时，应研究他们的感情需要。
(3) 表现出充分的自信，同时支持他们的观点。
(4) 不同意支持型的人的观点时，也要极力克制自己，因为支持型的人不喜欢冲突，留足够的时间给他们理解你的推销建议。

五、提高推销人员沟通能力的常用办法

1. 提高自己的行业知识和产品知识
常言道：干一行就要爱一行，做一行就要专一行。在与客户沟通时有一定的行业知识和产品知识，才能使沟通言之有物，言之有理，说服力强，才能赢得客户的信任。

2. 增强自己待人接物的能力，不断向生活学习，使自己成为杂家
一个具有丰富知识的人，一个懂得人情世故的人，必然会在沟通上占有优势，也会拉近与客户的距离。

3. 围绕目标，清晰简捷明了地表达自己的意图，同时避免过于夸大

我发现有许多销售员在和客户沟通时，口若悬河，滔滔不绝，可不是离题千里就是漫无目的，不能把自己的意图表达明白，结果造成沟通的失败。因此让对方明白你的意图成了沟通成功的关键。销售员要抱着真诚的态度，养成尊重每一个人的习惯。

4. 平心静气地倾听对方的表达，为沟通找到共同点，注意把握客户感兴趣的话题

沟通的高手往往会目不转睛地看着对方的眼睛，不时地点头示意自己在认真倾听对方的叙述，不会随便打断对方的讲话。这是赢得沟通成功的必要准备。销售人员同客户沟通的时候，能够激起他兴趣的最好办法莫过于谈论他最感兴趣、最在意的事情。兴趣是促成沟通延续的原动力，而激发客户兴趣的重要途径在于销售人员发觉客户的需求，这个需求有利益、爱好、奉承或赞美等。

【案例 3-6】 一次成功的推销

圣诞前夕，一对夫妇在服装商场的拐角处看到时装模特披着件非常好看的毛皮大衣，两人停下来欣赏、抚摸着那漂亮的大衣毛皮，妻子还抓住袖口查看价格标签。这时，一位女推销员走过来凝望了一下那位妻子，很快说："夫人，这是一件非常好的大衣吧？"妻子说："当然了。"推销员说："夫人一定只看了价格标签啊，我把看什么地方才好的方法教给你。"说罢已撩开大衣里子，"请看这个埃利奥特商标，真正的名牌。这件大衣用料好，做工细，且款式很长时间都不会过时。它可是又美观、又暖和。"接着，她从时装模特身上取下那件大衣说："请试穿一下，看看大小是否合适，其他尺码的我们也有，不过我看这种最合适夫人的身材。"

妻子轻松地披上那件大衣，丈夫左瞧瞧右瞧瞧地审视着。推销员说："先生觉得怎么样？夫人穿上去显得华贵大方吧。这种大衣无论怎样说，高贵的夫人穿起来都很美观得体。"稍停顿了一下，她接着说："别以为这件毛皮大衣贵，比买毛呢大衣还合算。"说完，她表情充满微笑地望着做丈夫的，手在轻轻抚摸着大衣的毛皮。此时，妻子也把目光投向丈夫，丈夫连声说"不错、不错"。推销员又一边看着做妻子的，一边说："夫人，您真幸运，许多夫人们光顾这里都对这件大衣感兴趣，不幸的是她们的丈夫不像您那位那样与您和谐一致，没有人把这件非常漂亮的大衣给夫人买下来。"

结果可想而知，丈夫决定买下这件毛皮大衣给妻子作为圣诞礼物。

5. 要懂得何时坚持，何时退让，为成功学会牺牲小利益

沟通的目的就是求同存异，因此，退让是为了更好的进取。中美的世贸谈判堪称是沟通的典范，有所失才能更好的得。

第二节　推销人员的商务礼仪

有人说："无论我们认为从外表衡量人是一种多么肤浅和愚蠢的观念，社会上的每个人却无时无刻不在根据你的衣着、言语、神态、举止对你做出判断。无论你愿意与否，你已经在别人眼中留下了某种印象。它们在清楚地为你下着定义，无声而准确地讲述你的故事——你是谁，你的社会地位，你如何生活，你是否有发展前途。"一个成功的形象，展示给人们的是自信、尊严、能力，它能得到他人的尊重，也让你对自己的言行有了更高的要求，能立刻唤起你内在沉积的优良素质，让你浑身都散发出一个成功者的魅力。

对于推销员来说，推销员是企业的外交官，是联系企业与顾客的桥梁，他不仅仅代表自己的形象，更代表着企业的形象，并影响顾客、竞争对手、供应商和经销商等各种微观环境。为了树立良好的形象，销售人员必须注意推销的基本礼仪，包括个人的推销形象和社交礼仪。

一、推销形象礼仪

良好的推销整体形象是由仪表、服饰、举止等形体语言和非形体语言所构成的完整印象。对销售人员来说，第一印象犹如生命一样重要，给顾客的第一印象往往会决定交易的成败，顾客一旦产生好感，自然会对推销员和推销品有了好感。如何把握与顾客初次见面短暂的时机，创造一个良好的第一印象呢？

（一）仪容

仪容是一个人精神面貌的外观体现。清洁卫生是仪容美的关键，是礼仪的基本要求。不管长相多好，服饰多华贵，若满脸污垢，浑身异味，那必然破坏一个人的美感。男性推销员一般无需化妆，但必须保持健康、整洁的仪容；胡须、头发都应保持干净；发型以简洁、流畅、自然为好，给人以健康舒适的感觉。女性在仪容上需要体现出"雅"，成熟、干练而又亲切的职业形象，让顾客感觉值得信赖；用亮丽的仪容和高雅的气质感染顾客。

（二）服饰

服饰反映了一个人文化素质之高低，审美情趣之雅俗。具体说来，它既要自然得体，协调大方，又要遵守某种约定俗成的规范或原则。服装不但要与自己的具体条件相适应，还必须时刻注意客观环境、场合对人的着装要求，即着装打扮要优先考虑时间、地点和目的三大要素，并努力在穿着打扮的各方面与时间、地点、目的保持协调一致。

1. 男性着装修饰细节

（1）正式场合男性应着西装，颜色以稳重的深颜色为佳，款式为流行款式；所穿西装应合体，方能显示潇洒风度，领子应贴近衬衫领口而且低于衬衫领口1～2厘米；西装应熨烫笔挺，第一颗纽扣要扣住；西装上衣的长度宜于垂下手臂时与虎口相平，并且上衣口袋不要插着笔，两侧口袋最好不要放东西，特别是容易鼓起来的东西，如香烟和打火机等。

（2）衬衫要及时更换，注意袖口及领口是否有污垢。衬衣袖口可长出西装外套0.5～1厘米，不能过长，否则会显得格外局促，束手束脚。

（3）在正式场合，穿西装应打领带；西装上衣领子最好不别徽章，饰物以少为佳；非正式场合，可不打领带，但此时衬衫最上面的一颗扣子应该不系，而且里面不应穿高领棉毛衫，以免衬衫领口敞开露出一截棉毛衫来，有碍观瞻。

（4）裤子应与上衣相配合，上下服装搭配合理，西装应穿套装；裤子要烫直，折痕清晰；裤型不紧不松，很合身；裤子不可露出脚，要盖住鞋子，裤条明显；腰带的皮质要好，腰带扣不要过于花哨。

（5）鞋袜须搭配平衡，两者都不要太华丽；应选择那些素雅、深色的袜子，避免穿白袜子，因为它很可能分散客户的注意力；皮鞋应该保持清洁、光亮、无破损并符合工作要求，鞋底与鞋面两侧同样保持清洁，不要留有碰擦损痕，鞋面的颜色应该与西服相互匹配；鞋子上不小心粘上的泥土要及时清理，否则当你进入会客场所时会让客户降低对你的好感。

2. 女性着装修饰细节

（1）套装是目前最适合职业女性的服装，过分花哨、夸张的款式绝对要避免；极端保守的式样，则应掌握如何配饰、点缀使其免于死板之感。

（2）女性夏装不应过分暴露。

（3）首饰对于女性来说可以起到装饰美化的作用，但在佩戴时要掌握分寸，不宜戴得太多，不能珠光宝气、香气逼人，也不能戴太大的耳环、造型"很酷"的戒指；要端庄大方，以淡雅为主，佩戴项链或者其他饰物（如护身符）不能露出制服。

（4）丝袜是女性衣着必不可少的一部分，只考虑衣服、首饰、鞋帽、手袋的搭配，但因为这些与丝袜搭配不当，也会影响整体效果。因此，作为销售，在衣着上也应注意穿丝袜的细节：丝袜要高于裙子下摆（最好穿连裤袜），无论是坐是站，都不能露出大腿来，否则会给人轻浮的感觉，让人不信任；不要穿有走丝或破洞的丝袜，可以在随身包里备一双丝袜等。

（三）举止❶

在行为举止方面，推销人员应注意养成良好的习惯。以下准则可供参考。

（1）推销员进门前，无论门是关闭还是开启，都应先敲门，然后站在离门稍远一点的地方。

（2）看见顾客时，应点头微笑示意。

（3）顾客未坐定之前，推销员不应先坐下。

（4）用双手递送和接受名片。

（5）绝对不能随意玩弄桌上的物品，也不能玩弄客户名片。

（6）用积极关心的态度和语气与顾客谈话。

（7）落座要端正，身体稍往前倾。

（8）认真听取顾客意见，并善于倾听。

（9）不卑不亢，不慌不忙，举止得体，彬彬有礼。

（10）顾客起身或离座时，应该同时起立、示意，遵守一般的进退礼节，避免各种不礼貌不文明的习惯。

（11）站立时上身稳定，双手安放两侧，不要背手或将双手交叉在胸前。

（12）回答顾客时，以"是"为先。

（13）当与顾客告辞时，应向对方表示打扰的歉意，感谢对方的交谈与指教。

【案例 3-7】 推销大师马里奥·欧霍文说："我曾遇见一个推销员，在我们的谈话中，他居然朝办公室门后旁若无人地吐了一口痰，我对这位推销员的好感顷刻之间荡然无存，为了尊重他，我并没有流露责怪的表情，只是提醒他注意卫生。谁知过了一会，他拿起桌下的一块桌巾蹭了蹭满是灰尘的鞋子。我忍无可忍，立即毫不客气地把他请了出去。"

【案例 3-8】 最好的介绍信

某公司登报招聘一名文职人员，大约有 30 多人前来应聘。入选的是一位既没有带一封介绍信，也没有任何人推荐的小伙子。人问其故，经理解释说："他带来了许多介绍信。他神态饱满，服饰整洁，在门口蹭掉了脚下带的土，进门后随手轻轻地关上门，说明他做事有条不紊、仔细认真；当他看到有位残疾人时，就立即起身让座，表明他心地善良、体贴别人；进了办公室，其他人都从我故意放在地板上的那本书上迈过去，而他却很自然地俯身捡起它并放到桌子上，并且回答我提问时简洁明了、干脆果断，证明他既懂礼貌又有教养，难

---

❶ 吴健安. 医疗器械推销理论与实务. 第二版. 北京：高等教育出版社，2008.

道这些不就是最好的介绍信吗?"

(四)谈吐

作为一名销售人员,说话清楚流利是最起码的要求,而要成为一名合格而优秀的销售人员,必须要掌握一些基本的交谈原则和技巧,遵守谈吐的基本礼节。在拜见顾客和其他一些交际场合中,销售人员与顾客交谈时态度要诚恳热情,措词要准确得体,语言要文雅谦恭,不要含糊其辞、吞吞吐吐、信口开河、出言不逊,要注意倾听,要给顾客说话的机会,"说三分,听七分",这些都是交谈的基本原则,具体体现在以下几个方面。

(1) 说话声音要适当,交谈时,音调要明朗,咬字要清楚,语言要有力,频率不要太快,尽量使用普通话与顾客交谈。

(2) 与顾客交谈时,应双目注视对方,不要东张西望、左顾右盼。谈话时可适当用些手势,但幅度不要太大,不要手舞足蹈,不要用手指人,更不能拉拉扯扯、拍拍打打。

(3) 交际中要给对方说话机会。在对方说话时,不要轻易打断或插话,应让对方把话说完。如果要打断对方讲话,应先用商量的口气问一下:"请等一等,我可以提个问题吗?"或"请允许我插一句",这样避免对方产生你轻视他或对他不耐烦等误解。

(4) 要注意对方的禁忌。与顾客交谈,一般不要涉及疾病、死亡等不愉快的事情。在喜庆场合,还要避免使用不吉祥的词语。顾客若犯错误或有某种生理缺陷,言谈中要特别注意,以免伤其自尊心。对方不愿谈的话题,不要究根问底,引起对方反感的问题应表示歉意,或立即转移话题。

人际交往中常用的交际用语如表3-1所示。

表3-1 人际交往常用交际用语

初次见面应说	幸会	请人解答应用	请问
看望别人应说	拜访	赞人见解应用	高见
等候别人应说	恭候	归还原物应说	奉还
请人勿送应用	留步	求人原谅应说	包涵
对方来信应称	惠书	欢迎顾客应叫	光顾
麻烦别人应说	打扰	老人年龄应叫	高寿
请人帮忙应说	烦请	好久不见应说	久违
求给方便应说	借光	客人来到应用	光临
托人办事应说	拜托	中途先走应说	失陪
请人指教应说	请教	与人分别应说	告辞
他人指点应称	赐教	赠送作品应用	雅正

二、推销社交礼仪

推销社交礼仪是指推销人员在与客户交往的过程中如打电话、写信、会见客户、吸烟喝茶和宴请客户等必须注意的言行方式及行为规范等。

(一)打电话

打电话约见顾客是现代推销中常用的约见方法,据统计,至少有75%的商务往来都是从打电话开始的。

电话约见顾客的优点是方便、经济、快捷,很容易被广泛采用;能在短时间内接触更多的潜在客户，或与客户快速沟通相关的工作事项，保持与客户的及时联络等。但缺点是容易遭到客户的拒绝。一般在电话约见客户时，必须做到：语气平稳、语言简明精练、口齿清楚、用词恰当、语调亲切、理由充分、目的明确、重点突出、态度诚恳、认真倾听等，切忌打电话时间过长，在电话里啰嗦，情绪烦躁等。推销人员必须学会善于打电话、善于听电话。

1. 打电话前必须准备好相关工作

（1）明确打电话的目的与目标，切忌在电话里谈论细节问题，也不能在电话里和客户讨价还价。

（2）了解客户可能的需求，明确能够给客户提供针对性的产品和服务。

（3）精心设计与客户要谈的话，尤其是开场白要简明扼要，留个好印象。

（4）设想客户可能提到的问题并提前准备答案。

（5）对打电话过程中可能需要的资料提前准备，以便查阅，避免含糊不清。

2. 打电话过程中的步骤以及注意的细节

（1）对客户发自内心的诚恳而又礼貌的寒暄及亲切的问候。

（2）以最快的速度向客户简要介绍自己及公司的业务，声音适度。

（3）简要说明打电话的目的。

（4）主动提出约见客户的时间及地点等，并在电话旁准备专用的笔、小本子等，随时记录电话内容。

（5）处理客户拒绝的异议时，切记不可马上挂掉电话，一定要继续谈下去，争取有所获。最好的办法是要求客户给自己一两分钟的时间。

（6）感谢对方，强调约定的时间和地点，并快速结束电话。

【案例3-9】 推销员打电话

电话：丁零！丁零！

顾客：喂，您好！

销售人员：您好，麻烦您，能请尤根·克拉莫布先生亲自接电话吗？

顾客：我就是！您有什么事吗？

销售人员：您好，克拉莫布先生！我叫格拉索，海尔曼·格拉索！是"宝卡"公司的专业咨询师，我们的公司位于富里达，是专门从事办公室以及仓库资源合理化业务的。克拉莫布先生，有关你扩大卡塞尔仓库面积的计划，我们"宝卡"公司早有耳闻了。所以我想给您看一些东西，这也许能够帮助您在新仓库里节省空间和人力消耗！您觉得咱们的这次见面安排在什么时候最合适？是下周二上午10：20好，还是周三下午好？

顾客：那好吧，您星期二上午过来吧！

销售人员："我记一下时间，克拉莫布先生。您记住我的名字了吗？我叫格拉索！拼写是G—L—A—S—O—W！那咱们下星期二上午10：20见了，克拉莫布先生！真高兴能有机会和您见面！"

（二）信函或电子邮件

商业信函、电子邮件写作的礼仪主要包括以下内容。

（1）写清楚收件人的通讯地址或电子邮件地址。

（2）简明扼要地提炼主题，避免空白和冗长。

（3）恰当地称呼收件者，尽量按职务尊称对方。

（4）注意 E-mail 的论述语气。根据收件人与自己的熟络程度、等级关系，邮件是对内还是对外性质的不同，选择恰当的语气进行论述，以免引起对方不适。尊重对方，"请"、"谢谢"之类的语句要经常出现，不要动不动使用":)"之类的笑脸字符。

（5）正文应简明扼要地说清楚事情；如果具体内容确实很多，正文应只作摘要介绍，然后单独写个文件作为附件进行详细描述，不要出现让人晦涩难懂的语句。

（6）尽可能避免拼写错误和错别字，注意使用拼写检查。

（7）合理提示重要信息，合理利用图片、表格等形式来辅助阐述。不要动不动就用大写字母、粗体斜体、颜色字体、加大字号等手段对一些信息进行提示。合理的提示是必要的，但过多的提示则会让人抓不住重点，影响阅读。

（8）信尾写上祝福语，留下落款（发信人的姓名）和时间。

（三）会见顾客

会见顾客时，一般包括握手和递接名片等事项。

1. 握手注意事项

（1）一般握手要用右手，由主人、年长者、身份地位高者及女性优先。

（2）当两个人握手时，眼睛要看着对方，主动热情，自然大方。

（3）握手的时间一般维持在 3~6 秒，力度要适度。

（4）握手时要脱掉手套，以示礼貌。

（5）握手时不能出现交叉握手的行为。

2. 递接名片注意事项

（1）名片夹应该放置在西服的插袋里，而不是从西裤的后兜中掏出。

（2）如果是坐着，尽可能起身接受对方递过来的名片。

（3）双手接过对方名片，勿用左手递接名片或用手指夹着名片，仔细阅读名片内容，并口头确认，不要边接对方名片边递自己名片。

（4）妥善放置收到的名片，不要在收到的名片上记录与之无关的信息。

（5）勿将名片背面朝向对方，勿将名片高举超过胸部。

（6）接名片不要看也不看弃在桌上，或交予他人，或在手上把玩。

（四）吸烟喝茶礼节

（1）客户不吸烟时，不要在交谈时吸烟。

（2）客户吸烟时，可以主动递上一支烟，要是客户先拿香烟招待时，推销员应赶快取出自己的香烟，并说"先抽我的"，要是已经来不及，应起身双手接烟并致谢。

（3）抽烟时要把烟灰弹进烟灰缸。

（4）拜访客户时，主人端来茶水，应起身接过杯子，并有礼貌地说声"谢谢"。

（5）招待顾客喝水或饮料时，首先要询问顾客要喝什么，双手递到顾客手中；如果顾客要白开水或刚沏的茶，则把杯子放在茶几或桌子上，告诉顾客杯子的位置。

（五）宴请客户

推销人员邀请客户进餐，诚意是很重要的。所谓诚意，是一种坚持、耐心、毅力、百折不挠的混合物。宴请客户必须遵循以下原则。

1. 确定邀请对象

必须根据交际的目的而定。应当精心安排，选择邀请的对象，要根据交际的性质、需要，及宴会规模的大小等，遵循先主后次、先亲后疏的原则，来划定邀请范围，依次确定邀请名单。此外，还要适当考虑邀请对象相互之间的关系等，以防破坏邀请对象间的关系和谐，给你的交际带来不便和麻烦。

2. 采取恰当的宴请方式

要具体问题具体分析，根据交际的性质、对象而定。学者、专家、领导等，大多工作忙、时间紧，对他们最好提前相约，以便他们做好工作调整、时间安排；闲暇时间多、工作容易调度的则也可以临时而请；对某团体的要人，公开邀请，甚至借助媒介，就能体现公正无私、光明磊落，又利于引起关注、促进宣传、扩大影响；而朋友密谈则悄悄地进行更利于避开旁人的视线，保证交往活动的隐蔽性；一般重要的工作联系、业务关系、公关事务等就必须采用相应的公文格式，如发书信、寄请帖等，或专人传达、亲自登门等，以示重视、郑重和尊重。总之，邀请的方式要因事而异。

3. 注意"行"、"明"、"便"

"行"即邀请的可行性。即确定可以对某人发出邀请。"明"就是明确、明白。邀请前一定要明确宴会的时间、地点、活动内容、邀请对象等，"便"就是尽可能地为邀请对象着想，为其提供来往、交通等方面的便利。

【本章小结】

　　沟通是传递和领会推销员与购买者之间口头、形体信息的行为，是一个买卖双方信息互动反应的过程。沟通是销售人员和客户之间的桥梁，销售人员必须不断提升自身的沟通技巧，并注重自身的形象和商务交往的礼仪。

　　沟通包括语言沟通和非语言沟通，语言沟通的能力主要体现在推销员会倾听，与客户思想同步，想客户所想；在沟通中，精心设计问题，通过有效提问方式，探测客户的需求；在表述内容时，必须注意表述的方式、技巧和表述的顺序等。非语言沟通同样很重要。销售人员必须重视副语言、表情、目光、体姿与手势、服饰与发型和肢体语言所传递给客户的信息。推销员必须根据客户的类型设计相对应的沟通方式。

【讨论与思考题】

1. 什么是推销沟通能力，对推销的重要性表现在什么方面？
2. 语言沟通技巧主要体现在哪些方面？每一方面都有什么技巧？
3. 推销员个人形象应该如何塑造？
4. 结合所学推销形象和社交礼仪知识进行社会交往礼仪细节的实践演练。

【案例分析】

销售代表小陈与客户的电话沟通

XF冰箱销售代表小陈被领导安排负责S市，他想先给S市最大的客户周总打个电话，一来表示尊重；二来争取给他留个好印象，有利于以后工作的开展；三来显示自己的专业形象。

小陈拿出手机，打起电话来了："您好，周总，我是XF电器新调来的区域经理小陈，公司最近人事调整，我现在负责管理S区域的业务开展。我现在已经到达S市，能否约您下午3点钟见个面呢？主要谈一下本月的产品订货、回款工作、库存处理以及您卖场临促问题，您看怎么样？周总！"

周总:"噢,你是新来的陈经理啊,真不好意思,我这两天有几个会议要开,事情特别多,你看改天吧!"

小陈:"怎么会这样呢?那您说个具体时间吧!"

周总:"这样吧,你没事就到我办公室门口来看看,如果我在你就进来和我谈谈吧!"

小陈一听就火上心头,心中暗骂:"刚来就给我个下马威,看我以后怎么整你。"但又怕和周总因"话不投机半句多"而影响以后的相处。小陈强忍着不满说:"好的,周总,谢谢你,那我准备三顾茅庐了,呵呵。"

小陈随后两天在周总的卖场、办公室附近溜达,希望来个"瓮中捉鳖"。可是总看不到周总的身影,心中不免急躁。

他又给周总打个电话:"周总啊,真不好意思,又打扰你了,会开得怎么样啦?"

周总:"陈经理啊,恐怕还要有一天。"

小陈:"哎呀,周总啊!您总不能让我天天等您吧!周总,这怎么行呢?您得抽个时间,我刚来这里也有很多的事情要做,这已经是月中了,你的货款如果再不办出来,这个月的促销政策可能真没什么指望啦,我也要考虑一下你的忠诚度了!"

小陈还想再表述什么,发觉对方已经把电话挂了。

小陈在朋友的指导下,意识到自己话语专业味道太重,拉开了与客户间的距离,形成沟通的障碍。终于,在第三天下午,小陈和周总在其办公室进行一次零距离的会面。

小陈:"周总,拜会您这商业圈的老大哥真不容易啊!在公司里经常听到您的大名,一直就想着向您这位老大哥取经学习,现在终于有机会了。"

周总:"哈哈,小兄弟闻其声不如见其面啊,没想到你比电话中会讲话多了。"

小陈一惊,原来自己遭遇他的冷落的确是因表达方式不对,双方产生误解。

小陈:"真对不起,电话中太急躁,表达不清,主要想把我们这个月的促销政策通知您一下,不想越急越表达不清。"

周总:"是吗?小兄弟,真感谢你们公司一来就给我们提供大力支持,有何促销政策?"

小陈:"这两天我在附近几家商场溜达,发觉只有您的商场人流量最大,销量最大。"

周总:"这个不用你说,搞起活动来,销量将会更大!"

小陈:"您讲得对,所以,我决定向公司申请在每个双休日再增派两名促销员,还有……"小陈故意停顿了一下。

周总不动声色地看着小陈,他一定知道小陈在卖关子。

小陈:"还有本月我为您做了60台冰箱的进货计划!"

周总:"60台冰箱,你没搞错吧?"

小陈:"周总,先别生气,您先看下计划,里面的特价机很有冲击力的,这是我送给您的见面礼!"

周总看着进货计划,说:"这还差不多,凭我对你们公司的支持,20台独家买断型号的特价机还能说得过去。"

小陈:"您对我们公司支持,我们公司一直感激不尽,领导还千叮嘱万嘱咐,要我一定配合好周总的工作。"

周总:"我明天把款子打过去,你一定要确保这款机型是我卖场独家经销。"

分析讨论题:

1. 小陈与客户的电话沟通为什么遭到了客户的拒绝?
2. 小陈与客户面对面时,采用了哪些有效的沟通技巧?

第四章

医疗器械客户购买心理及行为与销售模式分析

【案例导读】

九安医疗：医疗器械如何做成消费品——到超市卖血压计

在九安的历史里，几款最具代表和影响力的产品有语音血压计及大屏幕血压计，也就是在原有电子血压计的基础上增加了语音及大屏幕功能。从技术角度来说，这不是件难事，但却满足了人性的需求，很多老年血压计消费人群，可能同时患有眼疾、耳疾，这一创新方便了他们的使用。以语音产品为例，该产品推出后，很快在德国大获成功，并成功抢占德国40%的市场份额。

九安医疗董事长刘毅认为，九安医疗发展的宗旨就是提供满足消费者需求的产品；把它卖出去。2004年，刘毅第一次将电子血压计带进了超市，在国内的血压计厂商中这是首创。之前，欧姆龙等公司的渠道主要在自建专卖店和连锁药店。这两个渠道目标精准，符合血压计是满足特殊条件人群需求的医疗器械这一自我定位，但进入超市却打破了这一固定的消费认知。"量血压不仅是高血压患者的事，而且是每一个关注健康的人的生活必备。"

在九安医疗看来，中国60岁以上的老龄人口超过1.6亿，他们都是潜在客户，但与美国、欧盟等市场相比，人均血压计拥有量还很低，消费观念还在培育中。在欧美成熟市场，连锁超市和连锁药店一样并列成为电子血压计主流消费渠道。

不过，业内刚开始并不认同这样的策略，他们觉得这太大胆。"我们曾在超市做过调研，得出的结论是有可能亏损"，一位业内人士称。这样的担忧并非毫无道理。尽管电子血压计面世多年，但过去相当长一段时间里，以鱼跃为代表的水银血压计是医院等机构的标配，这已在消费者心中形成根深蒂固的意识。

九安在建设渠道的同时，还要完成对消费者的教育。在人头攒动的大型商超，促销人员摆起对比测试的擂台，顾客同时使用电子血压计和水银血压计测量血压，并当场揭晓结果，由此打消顾客"电子血压计不准"的潜在顾虑。

经过几年的培育，在沃尔玛、家乐福等大型连锁商超贡献的销售额已经占到九安国内年销售额的20%，与连锁药店的销售额持平，是自有门店销售额的两倍。

如果你认为电子血压计是医疗器械，那医院和药店是最佳销售渠道；如果你认为他是人人皆需的消费品，超市就是不可或缺的渠道。

如今年轻的时尚用户已经发现，在凡客诚品最近重点打造的V+网站上，血压计已经和护肤品、童装等出现在一起。为了俘获年轻消费者的心，九安专门推出了一款迷你炫彩电子血压计，设计精巧、美观。

在拉手、美团、24券等快速成长的团购网站上，九安也不时出现，"不同的渠道我们都在尝试。"刘毅说。来自线下、线上的这些拓展，已经使九安医疗成功抢占国内20多个主要城市，并在部分三线城市赢得了相当的市场份额。

这些看似简单的做法为九安赢得了口碑，也赢得了用户，至今仍被同行不断提起。2008年，九安医疗市场占有率跃居国产品牌第一，在国内市场，仅次于欧姆龙。

【案例启示】

医疗器械行业及产品相对于快速消费品具有自身的某些独特性，如产品的"技术型"特征，顾客购买和使用的目的在于检测与治疗疾病，促进自身的健康，故在购买和使用时非常看重质量，且很容易受权威人士、身边的亲朋好友口碑的影响等。作为推销人员必须了解医疗器械行业的客户的消费心理和购买行为，明确选购医疗器械产品的常见影响因素，这样才能根据客户需求进行针对性产品推销。

第一节 个体消费者购买家用医疗器械行为分析

一般而言，医疗器械都是具有一定治疗功能或者存在一定潜在危险的产品，使用要求严格，大多数医疗器械只能在医院由专业医生或人员进行操作，不宜自行购买作为家用。当前，随着老百姓健康意识的提高，人们生活水平的不断改善，自我保健意识的不断增强，疾病预防胜于治疗的观念已经深入人心，如何自我治疗、自我保健越来越受到人们的关注；而对于那些出院的患病群体来说，也迫切需要在出院后使用各种家用医疗器械进行持续性康复治疗；更为现实的是国内目前的医疗体制不同程度地存在看病难、看病贵等问题。因此，越来越多的家用医疗器械被广大老百姓所接受。

一、我国家用医疗器械市场总体发展状况

家用医疗器械主要适于家庭使用，相对于医院使用的医疗器械而言，其具有操作简单、体积小巧、携带方便等特征。从功能上划分，家用医疗器械可分为治疗仪类、检测类、保健类和康复类等4大类。比较常用的家用治疗仪包括家用高电位治疗仪、中低频治疗仪、温热理疗床、牵引器、助听器、制氧机、体温计、血压计、血糖仪等。

从全球来看，美国《财富》杂志将家用医疗器械列为未来10年增长最快的行业。统计显示，美国家用医疗器械产值已达140多亿美元，年增长率为14.80%。欧美国家的平均消费中，保健产品的消费占了总支出的25%以上，而我国现在仅为0.07%，其中人均保健品消费仅为31元，是美国的1/7，日本的1/12。在第五届生物医学与健康工程高峰论坛上，有专家认为，中国有接近2亿的高血压患者和6000万的糖尿病患者，如果我国与慢性病相关的家用医疗器械达到发达国家的水平，那么，中国每年在该领域的规模就可达到几十亿元。同时中国医疗器械市场每年的增长率更是达到了15%～18%，2005年销售额已逾730亿元，2006年全行业利润总额同比增长30.05%，远高于医药行业的平均发展水平，据预

测，到 2010 年，中国医疗器械行业总产值达到 1500 亿元。这一系列数据表明，家用医疗器械市场成长迅速、潜力巨大。

二、家用医疗器械消费者购买行为的主要影响因素

家用医疗器械消费者购买行为是指消费者个体和家庭怎样选择、购买、使用和处置家用医疗器械商品的行为。所有购买家用医疗器械的最终消费者构成了医疗器械消费者市场。

一般消费品的消费者购买行为受文化、社会、个人和心理特征的强烈影响。多数情况下，营销人员不能控制这些因素，但必须考虑这些因素。对于个体消费者购买家用医疗器械产品存在的主要影响因素包括以下几点。

(一) 文化和社会因素对我国消费者购买医疗器械产品的影响

1. 中国的传统养生观念对消费者购买和使用家用医疗器械的促进

养生学在我国有着悠久的历史，早在春秋战国时期的经典著作《黄帝内经》就全面地总结了先秦时期的养生经验，明确地指出"圣人不治已病治未病，不治已乱治未乱"的养生观点。数千年来，民间不断地积累和总结的养生保健经验为医疗器械产业的发展提供了消费基础。

2. 公众健康需求持续稳步增长

现阶段，公众对健康的关注度越来越高，主要表现为家用医疗器械（包括家用保健器材）热销、健康类图书畅销及健康类节目热播等；健康消费支出在个人消费支出中所占比例逐步提高；医疗器械产业发展将逐步由疾病产业向健康产业过渡，家庭诊断、治疗、康复、保健类产品将成为未来市场新的快速增长点。人们健康观念的不断延伸，要求我们必须将健康需求上升为科学问题，这对今后中国医疗器械产业特别是家用医疗器械产业的发展提出了新的更高的要求。

3. 我国传统文化中具有尊重长辈、孝敬长辈的传统美德

随着人们生活的富足、保健意识的增强，儿女们孝敬父母和长辈已经由以前送吃的喝的穿的改为保健、护理、理疗功能方面的产品。

4. 当前社会中存在的啃老现象使老人资金转移，减少了自己购买家用医疗器械产品的资金

据有关数据统计，市场上用于家用医疗器械购买的能力大约达到 8000 多亿，但目前消费在家用医疗器械、康复保健服务方面的购买力只有 1000 多亿，主要原因就是传统的观念使得中老年人将资金花在子女的教育、结婚和住房上了。

(二) 个人因素对消费者购买行为的影响

1. 中国老龄化人口的庞大以及老人对疾病和死亡的恐惧心理

到 2020 年我国 65 岁以上老龄人口将达 1.67 亿人，约占全世界老龄人口 6.98 亿人的 24%，全世界 4 个老年人中就有一个是中国老人。而实际上截至 2008 年年底，我国 60 岁以上的老年人口就已达到 1.6 亿，约占全国总人口的 12%，无论从增长速度和比重都超过了世界老龄化的速度和比重。老年人的医疗保健问题除高血压、冠心病、糖尿病、脑血管病等慢性疾病患病率高之外，老年性白内障、早老性痴呆、血管性痴呆和帕金森病等"老年性疾病"也严重影响老年人的生活质量，而现有条件难以满足老年人的治疗护理康复。美国在家用医疗器械这块的市场份额有 140 多亿美金，但我国目前只有 100 多亿人民币。

老人对自身的健康非常重视，凡是对身体有益处、能够预防某些疾病发生的药、保健器械、保健食品，老人即便不舍得吃，也舍得往这些方面投资。

2. 职业因素

我国的劳动力人口达到 7.64 亿,受到职业病危害的劳动者约占总数的 47.65% 左右,其中 2.26 亿为农民工,职业病危害已成为威胁劳动力人口的重要因素。尽管医疗器械新技术使得医疗成本大大增加,是造成医疗费用快速增长的原因,但大部分高技术医疗器械确实解决了诸多以往难以解决的问题。

三、个体消费者购买家用医疗器械关注的主要因素

(一) 产品的使用价值非常重要

大多数消费者投资医疗器械,是为了保障健康。

消费者在购买医疗器械的时候更注重商品的使用价值,而不像购买生活用品那样更多考虑的是形象、品位等问题,而且在价格及使用价值上,更重视使用价值。因为尽管价格便宜,到时候不能使用或是不能提高生活质量也是没有任何意义的。

这种消费,一旦没有达到消费者之前的目标,他们就会受到其他家庭成员的指责。若出现这种情况,对产品品牌的树立、口碑的形成都是非常不利的。

(二) 个体消费者对家用医疗器械购买关注的主要因素

1. 关注价格,要求性价比合理

消费者购买任何产品都会关注产品的价格,尤其是部分家用医疗器械产品的价格不菲。根据市场调查反馈的数据,消费者在购买医疗器械时,37.3% 的受访者认为性价比是他们选择购买家用医疗器械的重要因素,价格合理、质量有保证是每一个消费者购买东西时最基本的要求,产品的疗效以及发挥作用的快慢都是消费者评价医疗器械产品性价比考虑的重要因素。

【案例 4-1】 销售情景展示

顾客:我头疼病犯了,想买点药。

店员:你以前吃过什么药?

顾客:去痛片。

店员:试试必理通。必理通止痛快,药效好,而且比去痛片更安全。去痛片含非那西丁,这种成分早已被国家药监局淘汰了。

顾客:多少钱一盒?

店员:4.5 元一盒,价格在合资品牌中最低。

2. 家用医疗器械产品的质量必须有保证

20.7% 的受访者认为医疗用品的质量是他们选择该商品的主要考虑因素,医疗产品不像其他日用商品,质量安全还是非常重要的。许多人宁可选择贵一点的商品也希望保证产品的质量。同时家用医疗器械产品一般使用的时间比较久,产品能够在一段时间持续保持其宣传的功能对于消费者而言非常重要。

3. 品牌产品有保证

17.3% 受访者比较看中商品的品牌知名度。一个好的商品如果没有广泛的知名度,光有好的性价比也是不够的,尤其是像医疗用品这样品类关心程度高的产品,企业必须对其产品进行广泛宣传,打响自己的知名度。在医疗器械这样一个大的行业中,如何赢得消费者的青睐,较高的品牌知名度是必不可少的。

4. 售后服务很重要

16% 的受访者认为商家是否提供售后服务或售后服务的质量好坏、时间长久是他们购买

医疗器械前要考虑的主要因素。毕竟部分家用医疗器械使用时间又长，又具有一定的技术含量，如何正确使用、出现问题时厂家肯不肯及时解决问题都是消费者很看重的因素。

四、个体消费者购买家用医疗器械的购买类型及企业营销策略

消费者在购买一管牙膏、一副网球拍、一架照相机或一辆汽车时，行为之间存在很大的差异。越复杂的购买决策，购买者的考虑会越慎重，而且会包含越多的购买决策参与者。阿塞尔1987年根据购买者的参与程度和品牌间的差异程度，将消费者的购买行为归结为四种：复杂的购买行为、寻求变化的购买行为、寻求平衡的购买行为和习惯性的购买行为。

根据家用医疗器械产品不同品牌间差异的大小和消费者对购买程度的参与，大部分家用医疗器械的购买属于表4-1中的复杂购买行为类型和寻求平衡型购买行为。

表 4-1 消费者四种购买行为

品牌差异＼参与程度	高度介入	低度介入
品牌差异很大	复杂型购买行为	多变型购买行为
品牌差异很小	寻求平衡型购买行为	习惯性购买行为

（一）复杂型购买行为

当产品很昂贵、购买不频繁、购买有风险且有很好的自我表现作用时，消费者参与购买程度一般较高，尤其是消费者对此类产品不太熟悉时，例如消费者在购买家用医疗器械中的中低频治疗仪、温热理疗床、牵引器、助听器、制氧机和轮椅等。个体消费者在购买贵重的家用医疗器械时，购买周期拉长，首先要经历一个学习过程，例如通过提前体验医疗器械，对产品和商家产生信任，然后逐渐形成态度，最后做出慎重的购买决策。

针对复杂型的购买行为，营销人员必须了解消费者收集信息并加以评价的行为；有必要采取一些创新性的营销战略，以便协助购买者学习有关产品类别属性以及这些属性的重要程度；还必须突出自身品牌的特性，区别其品牌特征，突出品牌的影响力，利用一些主要的印刷媒体和内容叙述较长的广告文稿来描述产品的优点。

（二）寻求平衡的购买行为

当消费者参与程度较高、购买的产品很昂贵、购买不频繁、购买有风险，但品牌差别不明显时，消费者的购买行为表现为寻求平衡的购买行为。例如，购买鱼跃电动轮椅系列和上海互邦电动轮椅系列，消费者参与程度很高，不过购买者往往认为一定价格幅度内的各种品牌的电动轮椅都差不多。因此购买者可能到处看看，并进行体验，了解相关特性，但品牌差别并不明显，由于非常需要，购买就会非常迅速。购买者主要关心的可能是价格合适或购买的便利程度。

消费者在购买后，容易产生不协调的感觉，因为他可能注意到了轮椅的部分缺点。在这种情况下，营销沟通工作就显得非常重要，因为营销的目的是让消费者真正满意，以培养顾客的忠诚度。营销沟通的主要目的在于增强信念，以帮助购买者对他选择的品牌有一种满意的感觉，并且做好承诺的售后服务。

五、家用医疗器械的营销模式

（一）传统的营销模式

家用医疗器械的营销模式基本分为三种：一种是社区定点或不定点销售，俗称"跑腿

式"，低价产品通常采用跑腿式的销售；第二种是会议营销，其中单一型会议营销主要是社区药店＋会议营销的模式，中端产品常常契合会议营销；第三种是体验中心模式，特点是购买周期拉长，注重营销细节，顾客满意度较高，高端产品则往往采取体验式营销方式。体验营销是家用医疗器械销售目前经常采用的销售模式。主要是让顾客通过现场体验，增加对医疗器械类商品的了解，让顾客亲身体验实际的使用效果。如果顾客感觉良好，便会自发主动购买。这有别于以往依靠店员推荐，说服顾客被动式购买的销售方式。

（二）体验式营销的工作重点

"让产品自己说话"是家用医疗器械营销的核心，它包含两个方面：一是产品本身，二是免费体验。"酒香不怕巷子深"，任何叫卖声都比不上产品的疗效。消费者真正需要的是长期使用并能累积疗效的器械，而不是包装完美的东西。第二是免费体验。任何时候，免费体验都会是最佳的营销手段。免费体验是建立在产品良好疗效的基础之上的。实际应用免费体验时，应该使免费体验的内容具有高附加值，具有神秘感，这样免费体验者才有足够的兴趣。具体到操作细节上，就要根据产品特色确定吸引消费群的价值诱因、免费体验的时间长度、对顾客的每个接触点提供同质服务、人多人少时候的不同体验方案应用等。

1. 选对品类，择好人群

做体验式销售，要得到顾客的回应是不容易的，必须注意以下因素。

（1）有的顾客对先体验后变相推销的方式有所顾虑甚至抵制，医疗器械的体验式销售先要努力消除这些消极影响。

（2）要慎重选择体验类的商品，不是所有的医疗器械类商品都适合进行体验，适合体验的商品主要是保健按摩、使用比较安全的检测类仪器和物理康复设备等。顾客体验首先是要注意安全，其次才是功效。

（3）体验类的商品最终目的是要带来人气和销售，在选择适合顾客体验的商品时，应注意品种的数量和预计的销售量，若用于体验的商品品类太少，则不能吸引足够的顾客。由于体验用的商品不能再销售，还要注意这种商品如果通过体验不能带来明显的销售额，就会得不偿失。

（4）体验过程中的一些细节要特别注意：比如器材的清洁卫生、顾客在体验时的私密性、在体验时要指导顾客正确的使用方法、在体验时不要打断顾客的体验过程转而介绍商品等。

（5）对于针对性人群的选择，由于是体验式的销售，大多数顾客对此不是十分熟悉，所以要进行宣传和市场推广活动，而市场推广活动首先要选择这些有兴趣深入了解的受众。

2. 注重宣传，做好培训

在实际筹备过程中，我们需要做好以下工作。

（1）注重宣传和市场推广，毕竟顾客习惯了过去在卖场直接购买，对体验式的销售缺乏了解，顾客对医疗器械也所知不多，所以要唤醒这个市场，宣传和市场推广是首先要做的工作，重点介绍其和传统销售模式的区别，以及体验医疗器械给顾客带来的实际健康利益。

（2）注重卖场的布置，由于是体验式销售，所以要注重与传统销售卖场的区别，在卖场中注意按照不同的体验需求来进行明确的分区管理，在色彩、灯光、通道、用具等方面更倾向于生活场景化的布置，同时注意卫生清洁和热茶等生活化的细节，制造温馨、舒适、轻松的体验环境。

（3）注重对员工的业务培训、服务流程和服务细节的设计，首先让店员熟练掌握各种医疗器械的使用方法和一些相关的健康知识，其次注意服务流程和传统销售的区别，重点是要让顾客能放心、舒适、轻松地进行体验，充分感觉给自己带来的健康感受，让功效说话，严禁店员进行商量。

(三) 连锁经营成为家用医疗器械营销新趋势

一直以来家用医疗器械都是由药店、商场代售,销售渠道看上去井然有序,但常出现三个弊端:一是顾客无法得到专业的服务,因为药店、商场不是医疗器械专业营销商;二是产品种类少,选择空间小,无法"积累"顾客;三是药店经营属于多级供货商代理,存在利润返点的潜规则,导致产品被层层加价。而这些弊端导致的最终结果就是消费方和销售方的买卖需求都无法提升。

家用医疗器械市场必须打破药店"散兵游勇式"的经营模式,采用直营连锁的经营模式,即实行三级简短流程,把"厂家——办事处——批发商——零售商——顾客"的模式,转变为"厂家——直营连锁店——顾客"的简短模式。只有砍掉中间多余的环节,企业才能谋求跨越式的发展,并且使产品价格实现平价常态化。

康复之家的迅猛发展说明直营连锁模式能使产品的价格比药店中同类产品的价格低得多。以血糖仪为例,连锁店的价格就比市场同类产品价格低40%。而减少的40%正是原来经营模式中被零售商、批发商、办事处等环节拿走的利润。家用医疗器械连锁店的商业模式将销售渠道简化缩短,其优势是从厂家直接进货,缩短进货渠道的同时也降低了物流成本,既有足够的让利空间,又至少比竞争对手的产品优惠10%以上。

直营连锁的更大优势是在产品生产厂家和消费者之间架起了一座相互沟通的桥梁。在通常情况下,生产者对消费者具体需求的变化无法准确、及时地掌握,有时会盲目生产,导致产品销售不畅,造成大量库存。而采用直营连锁的经营模式后,销售方直接从厂家进货,又直接和消费者接触,对消费者的需求非常了解,可把这些需求准确、及时地传递给生产者,使其能生产出更适应市场需求的产品,从而更好地服务消费者。

第二节 医疗器械批发商购买行为及销售模式分析

一、一般产业市场的特征

医疗器械产业购买者购买医疗器械原材料、半成品或产品进行生产、销售、租赁或供应给其他组织。产业购买者行为包括了零售和批发商的行为。

从制造商到消费者的常见渠道途径如下。

1. 制造商——经销商/代理商——分销商/一级代理……——零售商——消费者
2. 制造商——总代理商——医院——消费者
3. 制造商——医院——消费者

在产业购买过程中,产业购买者首先决定需要采购什么样的产品和服务,然后从可选的供应商和品牌中进行识别、评估和选择。

在某些方面,产业市场与消费者市场是相似的,都包括承担购买任务的人员和为满足需要而决定购买的人员。然而产业市场在需要方面与消费者市场存在差异,主要的差别在于市场结构和需求、购买单位的性质和决策过程。

(一) 市场结构和需求

(1) 相对于个体消费者的购买而言,产业市场中的购买者数量较少,但购买数额和金额非常大。例如,九安医疗销售血压计给最终消费者时,其潜在市场包括成千上万个家庭,但其公司在产业市场的命运却取决于从有限的经销商和代理商处获取大额的订单。

(2) 产业市场的需求是派生需求。代理商销售西门子公司的大型医疗器械是因为医院的病人等着使用医疗器械设备进行疾病的检测、诊断和治疗。没有个体消费者的根本需求,也就没有了产业市场的需求。

(3) 产业市场的需求比较缺乏弹性,在短期内受价格变动影响比较小。即对产业产品的总需求不会因价格变动而发生太多变化,在短期内更是如此。如医疗器械耗材价格上升不会导致医院使用较少的医疗器械耗材。

(二) 购买单位性质

与消费者购买相比,产业采购涉及更多的决策成员和更专业化的采购工作。产品购买通常由训练有素的采购人员来执行,他们一直在学习如何更好地购买。采购越复杂,参与决策的人越多。购买重要的货物时,采购小组由技术专家和高层管理者组成是很常见的事情。

【**案例 4-2**】 民航企业的消费者市场和产业市场的不同

民航企业没有建立起现代的营销制度。航空公司之间依赖价格进行竞争而没有考虑客户的真正需求。其实,航空市场可以细分成两类完全不同的市场,一类是消费者市场,另一类是商业市场。我们来看看这两类市场有何不同。

购买者不同。消费者市场的客户是家庭或者客人;商业市场的购买者是机构,例如企业、政府、军队等各种团体。在中国,乘飞机旅行的主要是公务人员,所以超过一半的机票是被大客户买走了。根据购买者的不同,每个公司开始运营之前都要设置不同的销售系统。

采购金额不同。因为普通消费者财力有限,在一年之内的采购的金额也十分有限。大客户则根据业务的需要,会有很多的采购。例如,一个普通消费者一年顶多花几千元买机票,可是大型的公司可能一年会买几千万元的机票。IBM 有上千个销售代表,每个销售代表平均一年出差十次,一年就要采购两万张机票,IBM 需要花费大约两千万元购买机票。

广告宣传方式不同。消费者受广告影响很大,而企业因为经常采购,所以他们根据自己的经验来购买。例如,宝洁公司请一些女孩子在电视上甩一甩秀发来给洗发水做广告,消费者见到广告就想去试一下。一个银行的信息中心主任不会根据广告来采购,因为客户的机构使用了数以千百计的电脑,信息中心对产品的质量、服务和价格清清楚楚,他们更依据自己的体验来采购。

销售方式不同。大客户对产品和方案要求严格,他们本身就有设计和维护的专家,他们需要和厂家的销售代表面对面的讨论方案。由于大客户的大量采购,厂家值得也愿意派销售代表上门销售。消费者只是需要的时候才去采购,他们希望家旁边的便利店就可以买到,这时销售代表往往是商店或者营业厅人员,他们在固定的地点等待客户来购买。

服务要求不同。如果家里的电视机坏了,只要厂家给修而且不用付钱,消费者就已经满意了。可是银行的数据库服务器、电信局的电话交换机、航空公司的飞机就不能有半点含糊。哪怕一点点故障,厂家都必须立即进行维修,工程师必须上门,客户不可能将产品送回厂家。

由于购买者、采购金额、广告宣传方式、销售方式和服务要求这些方面的不同,造成了两类市场的巨大差别,形成了两种不同的营销模式。对于消费品,厂家采用分销模式进行销售,厂家下面往往有总代理或者批发商,总代理和批发商销售给区域性的代理或者二级批发商,然后产品才能进入商场、零售店与消费者见面。由于电子商务的发展,大型连锁店利用网络带来的便利,直接向厂家订货,例如沃尔玛或者家乐福。对于大客户,厂家组织专业的销售队伍直接与客户建立采购联系，有时客户需要完整的解决方案，一家承包商或者集成商直接对客户负责，但厂家也需要直接与客户见面，最终选择厂家的权利还是在客户手中。另有一些产品既适合家用又适合商用，所以公司往往设置不同的销售队伍。

民航市场是一个消费者和大客户混合的市场，但是航空公司还是只采用针对消费者的销售体制。如果航空公司成立大客户部，向大型机构提供大客户应该享受的服务和优惠，这家航空公司一定可以在市场中胜出。大客户销售与消费者销售是不同的领域，但是对于销售代表而言，销售技能是相同的。

而且，现在许多公司把其采购职能上升到供应管理和供应商开发职能的高度。产业市场现在面对许多高水准、受过更好培训的供应经理。因此，产业市场必须有受过良好培训的营销人员和销售人员去应付这些高层次的购买者。

（三）决策类型和决策过程

产业购买者通常面对比消费品购买者更复杂的购买决策。购买常涉及大量的资金、复杂的技术、准确的效益评估，以及购买者组织中不同层次人士之间的人际关系，因此购买决策过程很长。产业购买过程更加正式，大宗产业购买通常要求详尽的产品说明书、书面购买订单、对供应商的仔细寻找和证实批准。

另外，在产业购买中，买卖双方相互依存。消费者市场的营销者与顾客之间有一段距离，而产业市场的营销人员则在购买过程中的所有阶段，从发现问题到解决问题，一直到售后服务，都会卷起袖子和客户一起干。他们常针对产业客户的不同需求提供个性化的服务。产业买卖双方之间业务联系紧密，并且能够建立长期密切的关系。

二、医疗器械经销商和代理商的采购行为特征

1. 关注的是进价和售价的差价，而不在乎产品价格的高低

无论是医疗器械经销商，还是代理商，其采购医疗器械的目的在于赢利，价格的高低都是相对的，关键是对于医疗器械经销商而言，能够把产品快速销售给医院或零售商。

2. 关注产品的质量和售后服务

医疗器械经销商虽不使用医疗器械产品，但其长期的利润能否有保证、资金能否实现快速回笼，取决于医院或消费者是否认可医疗器械产品的疗效。同时，医疗器械使用的时间比较久，又带有一定的技术性，专业的售后服务对于医院和消费者而言都非常重要。代理商代理销售某品牌的产品，肯定需要企业的产品技术先进，质量过硬，轻易不发生质量故障问题。代理产品质量不过关，不仅容易引发一系列售后问题，而且影响到代理商在当地的口碑和后续销售，所以代理商对于挑选产品也是非常谨慎的。在发生质量故障和售后问题时，代理商希望获得来自上游企业的大力支持和帮助，而不仅仅是一个事前的口头承诺。现代营销中，服务质量的好坏已经越来越成为市场竞争的一大核心指标。

3. 单次购买量大

经销商单次购买量大是因为可能用于批量的销售，同时价格折扣比较大。

4. 购买时间比较固定，呈现理性的购买特点

医疗器械产品的采购必须更加规范，更加专业化，决策必须理性，既要和制造商之间相互信任，又要保证利润的获得。

5. 往往和当地的经济条件、政府政策有关

6. 经销商对医疗器械行业比较熟悉，在当地有良好的人脉关系和地缘关系

医疗器械能够进入大型的医院，需要与当地的医院主管单位、医院内部的科室主任、分

管院长、采购部门有很强的关联。而代理商在当地往往有着丰富的人脉关系和资源。

三、医疗器械的直销和经销商制或代理制的优劣分析

营销渠道是促使产品或服务顺利地被使用或消费的一整套相互依存的组织，它们组成一个产品或服务在产成以后的一系列途径，经过销售到达最终用户手中。主要作用之一就是将潜在的顾客转换成有利润的订单，它不仅仅能服务于市场，也可以创造市场。

营销渠道对于品牌而言，要解决的问题有两个，一是最终用户认可和接受，二是经销商支持和信赖。一个成功的品牌必须让最终用户和经销商共同获益，必须实现最终用户、经销商和自己的共赢。这也是西门子、GE等大型医疗器械制造公司能够在中国大型医院有着较高的产品占有率的重要原因。

西门子公司采用了直销制和代理制相结合的销售渠道。

（一）直接营销渠道

直接营销渠道是由生产者直接销售给顾客。营销人员发挥着向目标顾客确定和传递高质量产品和服务的重要作用，这就要求营销人员首先能正确识别顾客的需要和要求，同时有能力将顾客的要求正确地传达给产品的设计者。另一方面，营销人员要确保顾客的订货准确而及时地得到满足，检查客户在产品使用方面是否得到了适当的指导、培训和技术性帮助。最为重要的是，营销人员应在产品售后依然与顾客保持良好的接触，收集顾客的意见和建议，进一步反映给公司的相关部门，以确保顾客满意，并使满意能持续下去。

大型医疗设备属于高技术产品，产品专业性很强，而且由于它的目标客户是医院，购买的参与者如院长、科室主任、设备处（科）长均是专业人员，对产品和市场有着较高的认知，因此营销人员必须首先具有专业产品知识、简单的产品应用知识和市场知识。另外，由于大型医疗设备的购买参与者均是层次较高的知识分子，因此与这种高层次的客户群打交道，就必须具有较高的营销技能，如较高的讲演技巧、较强的沟通能力、较强的协调能力和较强的业务把握能力等。

对于最终用户，西门子医疗强调在零售终端建立"一对一"交流机制，即更多的是在销售现场通过业务代表与最终用户进行直接的沟通，从而能够有的放矢地满足最终用户的需求。在交流的过程中，西门子认为，一个品牌必须把最终用户切实地看作平等的交流对象。强调这一点，主要是因为企业与最终用户之间对于产品所拥有的信息量是不对称的，即生产经营者总是拥有比最终用户更为专业、更为丰富的产品知识，这使得最终用户在做出购买选择时，通常会较多地依赖生产经营者传递的信息。基于这个前提，生产经营者更应该在推介产品的过程中树立责任意识，向最终用户传递的信息力求准确、真实、全面并专业化。对西门子而言，公司的业务代表在产品方面受过较好的训练，他们的未来与公司的成功密切相关，因此更可能全力以赴，获得成功。

这种一对一的传播方式，不仅可以将传播对象直接锁定在目标用户，增加沟通效率，降低沟通成本，而且为建立CRM数据库提供了真正可靠的依据。另外，从最终用户的角度来考虑，也许他们更喜欢直接与公司打交道。所以，虽然从经济性标准来衡量，直接销售渠道的交易成本是所有营销渠道中最高的，公司还是使用庞大的业务代表来致力于本公司的产品销售。

直销部门销售西门子高端和部分中端产品，这类产品技术复杂且先进，价格昂贵，销售数量较少，目标客户基本上是年收入在1亿元左右甚至更高的医院，购买者对产品的相关技术和市场较为了解，对设备的先进性要求较高，要求设备不仅能满足临床应用的要求，而且

能满足其科研教学的需要。购买者基本分布在中心城市，这类产品的采购一般必须通过正规招标。正是由于上述特点，要求直销队伍必须具有较高的素质、较丰富的产品和市场知识和较强的销售技能。

（二）经销商/代理商制度

一般情况下，大型产品尤其是面向单位用户的高技术产品，大多以直销为主。然而，医疗设备所独有的项目特性使得代理商参与的积极性较之一般商品更高，这是因为代理商不仅可以获得分销收益，还可以获得项目收益。在与客户交易的过程中，代理商的关系资源往往成为成败关键，而这正是企业所缺乏的。因此分销之所以必要，不仅是因为争夺渠道阻断竞争，也确实因为代理商具备企业所缺乏的优势。

公司要求代理商销售人员针对具体客户提供销售报告，并在培训和市场支持方面与企业销售人员一视同仁，有效的管理能够及时监测市场变化，而不是单纯通过销售指标考核。通过代理商进行产品的销售，销售的产品一般是部分中端产品和低端产品，产品的技术先进性不高，价格适中或较低，销售数量较多，目标客户群一般是年收入在5000万元左右及以下的医院，购买者对相关产品和市场了解较少，对产品的先进性要求不高，主要看重其性价比和实用性，并且主要分布在中小城市和县城。由于这类产品多数在国内生产，医院购买可以不通过正规招标，因此购买过程相对简单一些，这类产品的目标客户的购买决策模式相对简单。采取经销商或代理商分销方式，主要是其较直销方式具有独特的优势。

（1）代理商关系资源丰富

中国医院的购买行为很大程度上还是非理性的，尤其是当各公司的产品相差不多时更是如此，人际关系在购买决策中起较大的作用。代理商往往在其负责销售的区域有着较直销人员更多的关系资源。

（2）扩大销售队伍，提高市场覆盖率，有利于品牌的传播

我国幅员辽阔，只以一种营销模式很难在全国范围内以较低成本扩大市场，并且医疗器械对售后服务水平要求较高，将全国区域分块，保留适当的直接销售，同时建立战略合作伙伴代理商关系，在距公司较远的区域更多地采取与战略合作伙伴代理商合作的模式。一个代理公司往往有几个甚至几十个销售人员，而一个区域往往有2～5家代理商，因此一个区域的代理商的销售人员总数就可以达到十几个、几十个，而若单纯采取直销，则一个区域的直销人员数量最多也超不过十个，因此分销人员数量多了，市场覆盖率自然就提高了，市场占有率也会随之提高，品牌宣传的广度、深度也会大大提高。

（3）降低企业经营风险，加速资金流动

由于企业对具体区域的人文了解较少、关系资源较少等原因，企业在某些区域的经营存在着失败的风险；企业直销不称职的销售人员又会带来直接和间接的损失风险，企业直销必须采取的分期付款等灵活策略存在较大的回款风险且使企业面临较大的现金流的压力，存在由于资金问题而使企业不能正常运转的可能。分销模式恰恰回避了上述风险，很多代理商的经济实力是较强的，他们可以对客户购买产品进行融资，如分期付款、租赁、合作分成等，同时代理商一次性付款从生产企业提货，也解决了生产企业的资金问题。

（4）降低公司管理难度，同时降低经营成本

采用直销方式，销售人员多，费用高，使得直销的经营成本较高，分销则可以避免这部分经营成本。只需给代理商留出适当的利润空间，余下的事就是公司如何管理和支持代理商的发展。

小资料

渠道管理中对中间商的评估考核从七方面进行

1. 对销售额的贡献

(1) 在前一年，分销商是否已成功地为厂家实现新的销售量、确定其市场领域的竞争地位和经济增长率？

(2) 跟这一领域内的竞争对手相比，此分销商是否已经为厂家争取了一个较高的市场渗透率？

(3) 上一年度，此分销商从厂家获得的收益是否比其他竞争性分销商在同领域获取的收益高？

2. 对利润的贡献

(1) 确定厂家为分销商服务的成本花费是否合理，并确定此分销商从厂家获取的业务总量。

(2) 分销商的持续要求是否已经导致厂家的利润不充足？

3. 分销商的能力

(1) 分销商是否具备成功经营业务的经营才干？

(2) 分销商是否对厂家的产品和服务的特色有充分的了解？

(3) 分销商和其下游成员是否对竞争者的产品和服务有充分的了解？

4. 分销商的顺从度

(1) 分销商在参与厂家各项计划及活动方面是否经常遇到困难？

(2) 分销商是否总是服从厂家的各种安排？

(3) 分销商是否频繁地违反与厂家达成的协议中的条款？

5. 分销商的适应能力

(1) 分销商能否把握其范围内的发展趋势，并及时调整其经营活动？

(2) 分销商是否有较强的创新能力？

(3) 分销商是否积极参与其范围内的各种竞争活动？

6. 对增长的贡献

(1) 分销商是否已经成为或将成为厂家的主要收益来源？

(2) 前一年，该发销商能否为厂家提供比其他竞争分销商更多的收益？

(3) 该分销商的业务是否一直平稳增长？

7. 顾客满意度

(1) 厂家是否经常受到顾客对该分销商的投诉？

(2) 分销商是否争取尽可能地让其顾客满意？

(3) 分销商能否代表厂家向顾客提供良好的产品和服务的支持？

第三节 医院采购行为分析

一、医院医疗器械的采购程序

（一）组织结构

在销售医疗器械之前，先了解客户的组织结构和工作程序，可以帮助我们理顺工作顺序和工作重点。

医院里申请采购的部门是使用科室或者使用的人;申请方式有口头要求或书面陈述,填写采购申请。决策部门是院长(分管院长)或者是院长会。执行部门是器械科,少数是科室自己采购,到器械科报账。

(二)采购程序

1. 低值易耗医疗器械采购

对正在使用的耗材,使用人做计划,报给器械科(处或设备科/处,以下简称器械科)采购。如果其他品牌的耗材进入,需要使用人建议,使用人所在科室领导同意,报给器械科或者呈报到院长那里,由院长批准后,小批量采购试用。

2. 常规使用的小设备采购(万元以下的设备)

由科室做消耗计划,报设备科采购。

3. 大设备的采购

通常是由科室医生、主任提出需要,由医疗器械采购部门列入计划,由主管院长审批,经过招标采购。

基本程序如下。

科室主任根据临床诊断治疗和科室经营的需要,对新项目进行论证和制定计划,判断临床价值和经济价值;决定因素是经济和临床价值以及科室能否开展这个项目。销售人员必须把相关的内容传导给主任,并帮助主任制定一个合理的方案。如果科主任认为上这个项目可以获得临床和经济价值,并认可你公司的价值观和服务,以及对你个人的信任和认可,就会按照程序填写申请购买表,递到器械科(特殊情况是递给院长);或者先与院长沟通以后,获得许可才书写申请。

医院根据当年采购计划,按照常规处理;或者根据你的工作力度,进行相应处理。由院长批准或院长会或采购办批准后,交器械科采购。

器械科长会根据产品情况选择一家或多家供应商进行多次谈判。如工作做得好,很快就会和院长或医院谈判委员会进行谈判,确定合同细节。

还有一个情况,当医院采用其他途径的资金来购买,会把项目提供给出资单位或组织,由他们和供应商谈判。比如政府拨款,外国政府或社会捐赠,企业医院由上级部门拨款,还有许多外国政府贷款。不同的资金来源决定你的成单时间和方式以及回款。

【案例4-3】 盐田区人民医院医疗设备购置管理部分规定

为进一步规范医疗设备的购置管理,不断提高设备投资的绩效,充分发挥设备对提高我院医疗技术水平的促进作用,特制定本规定。

本规定所指医疗设备为取得医疗器械注册证且用于医疗用途的仪器设备。凡涉及该类设备的购置申请、招标要求的拟定、招标文件的确认、招标评标人员的委派、招标结果的确认、合同的签订、设备的验收等各个环节,均按本规定办理。

使用科室根据医院发展规划和科室业务发展需要,提出购置医疗设备的书面申请。申请购置的设备如为单价万元以上设备,必须进行必要的论证,内容包括设备投入所能产生的社会效益和经济效益、设备安装场地的落实情况、操作使用人员的安排及其进修培训的落实情况等。

根据所申请购置设备单价的不同,采用不同的审批流程。如为单价万元以下设备,则由使用科室提出购置设备的书面申请;设备科针对科室申请,根据该科室业务工作需要及现有同类设备拥有量等情况签署意见后,报业务副院长审批;业务副院长视情况进行审批,必要时递交院长审批。如为单价万元以上设备,则由使用科室提出购置设备的书面申请;设备科针对科室申请,根据该科室业务工作需要及现有同类设备拥有量等情况签署意见后,报业务副院长审批;业务副院长视情况直接审批或报院长审批或递交院长办公会议集体决定。

医院自筹资金购置的医疗设备,一般为单价十万元以下设备。

单价十万元以上医疗设备,原则上争取政府投资购置。政府投资项目在医院申报年度政府投资计划时,由科室提出申请,经院长办公会议研究确定拟申报项目后,上报政府投资管理部门审定。

(来源:http://www.szyt-hosp.com/article.asp?mode=art&id=256.)

二、医院配置医疗器械的主要特征

(1) 医疗器械购置主体是医院。销售员要了解国家的政策和我国当前的现实状况。国家政策必然影响医疗设备市场。等级医院的评定、中西医结合、检查价格下调、设备配置的许可限制、大病统筹、医疗保险、商业思想对学会或协会专家们的冲击、有偿新闻的泛滥等直接影响设备销售。医疗仪器生产销售者的任务不是对此评论是非曲直,而是面对现实合法盈利。

(2) 采购人员是花单位的钱为医院买器材。这与向个人或私人企业推销大不相同。从根本上讲,医院确立采购项目的依据是医疗需要。但科室创收、科研项目、论文发表,甚至特殊个人的需要也可成为采购立项的动因。一旦立项,采购人员必须把采购设备作为一项任务。为单位采购产品,圆满完成任务是一切的首位。

(3) 正常情况下,医院医疗器械的采购不是由一个人说了算的。决策是由一个群组做出的,群组的每个成员都居不同的地位,有各自思考问题的角度和目的。成员之间很可能存在各种复杂的矛盾。同时每个成员都要承受不同的思想压力。内部协调有困难时还要外请专家组。专家组成员同样各有各的看问题角度。无论怎样选型都有一定的规律可循。经验尚不足的销售员可以有意识地多看电视新闻,电视节目往往向你展示这些规律。

(4) 多投入一些资金,买先进设备,几年之内不落后的观点是正确的。少投入一些资金买实用设备的观点也是正确的。买A公司的产品的观点是正确的。买B公司的产品的观点也是正确的。销售员的任务是把适合自己产品的观点变成正确的。

(5) 医疗设备是高技术,高利润,低销量,长项目。培养一个项目不容易,一年两年不奇怪。赢得一个项目,可能会增加另一个项目的成功机会。反之亦然。

(6) 精彩的产品介绍、随时解答客户对技术细节的提问是必要的,但无论是在医院里还是在业内人士的交际场所,与客户交流远比介绍产品重要得多。过多的纠缠、喋喋不休的介绍只会导致客户的厌烦。

三、医院的购买中心分析

(1) 使用科室主任 有一定的医疗技术和学术水平,希望解决工作中的困难,开展新的工作或科研项目,提高科室的能力和地位。考虑科室的创收。新上任的主任最容易接受访问,要抓住机会向他们介绍。这类人对设备在应用方面有一定的水平,但在技术上不一定具备足够的知识。对维修服务不太关心。有时会向院外专家咨询。一般情况下,使用科室是选型决策的关键人物。当然这还要取决于医生的水平和在医院中的威望。

(2) 医疗采购部门的负责人 在不同的医院里,医疗工程部门的负责人的水平和地位差别很大。了解医院的采购计划,但其观点和意见的分量更是因人而异。他们对售后服务很关心,很在意维修工作给自己带来麻烦。这类人中,越是说话有一定分量的人工作越忙,越不容易接受访问。但往往从他们那儿能了解到医院的采购程序和人员之间的关系,从而得到解决问题的关键。

（3）院长　采购的最终决策人，又从事医疗又从事管理，不可能对仪器了解那么多。好院长总希望以有限的资金解决医院最希望的项目，有时会向院外专家咨询。慎重全面的考虑，希望自己的决策能得到大多人的支持。销售员应该及时地向他汇报相关人员对自己推销品的看法。他也会及时地直接或间接指示销售员该做哪些工作。在全过程中必须很尊重他。

（4）上级机关有关负责人　有的地区，有的项目，卫生局、卫生厅、或其他上级主管机构的相关人员会起很大作用的，甚至在办理批件、资金分配方面起决定性作用。一般情况下他们并不具备足够的技术实力，凡是上级参与强的项目，技术以外的因素越多，越复杂，更要按技术以外的非常规办法考虑和处理。

（5）院外专家　可能对项目医院有一定的影响。这些人都有一定的脾气，哪家厂商得罪了这些人就会遭到强烈的反对。

（6）可供参观的老用户　老用户说好话是很重要的，一般情况下谁也不愿意表示自己选错了厂家，多数老用户会实事求是地介绍情况。得罪了老用户是十分糟糕的事。可能的原因是你所在公司的指导思想有问题，售后服务太差，没有长远观点，没认识到长期合作的重要性。有的公司甚至用售后维修来要挟客户。

作为推销人员必须不断地学习，不断地提高个人素质，从而寻找适合自己的销售方式，这样才能将适合医院的商品针对性推销给医院。

四、医疗器械进入医院常见销售模式分析

传统销售方式是生产厂家整合代理商的资源把设备卖给医院，其不足在于成单周期长（要经过科室主任、设备科、副院长、院长、招标等环节）、费用高、竞争激烈、利润空间低，并不适用于所有医院和医疗设备的销售，因为各级医院采购医疗设备的情况差异很大，1000多万元的大型医疗设备和几万元、几千元的小设备采购流程也不相同，由此延伸出以下销售方式。

1. 合作分成

有些医院想采购医疗设备，但一时拿不出钱，医疗设备供应商会采取合作分成的形式。如50万元的设备，医院先支付10万元，然后按五五分成，当供应商的分成金额达到40万元时，合同终止，设备归医院所有。

这种销售方式有利于规避恶性竞争，无需招标，不足在于风险大，资金压力大，供应商签订这种合同很谨慎，通常合同价格是经销价的2.5倍，且供应商要和医院上下都有良好的关系。最重要的是，在合同有效期内，医院高层人员没有变动。

2. 医疗项目打包

2005年以后，随着医疗设备销售竞争愈来愈激烈，一些医院为了评级或新大楼落成，需要购进一批设备。有的医疗设备经销商开始转型，试水"医疗项目打包"，把科室需要的设备集中在一起打包卖给医院。

这种销售方式对医院的议价能力强，成交金额大，由于模式简单、高效，一些医院比较愿意接受。在北京、上海、江苏、安徽等地，做"医疗项目打包"的经销商已经形成规模。

3. 设备租赁

随着医学科学以及生物工程技术的发展，医院对高端医疗设备，如MRI、CT、PET、伽玛刀等高科技成像设备和放射治疗设备的需求激增，但这些设备往往需要几百万元、甚至上千万元的资金。医院一时拿不出这么多钱，怎么办？引入融资租赁公司。它是一个多方共赢的销售方式。在国外，融资租赁已经是非常成熟而广泛的金融工具，但对很多国内用户，尤其是医院来说，还是相对新鲜的事物。目前，全球近1/3的投资通过融资租赁完成，其与

银行、保险、信托、证券并列为五大金融支柱。据悉，2003年全球租赁总额达4616亿美元，美国、日本、德国分别以2040亿美元、621亿美元、388亿美元位居前三名，中国的租赁额只有22亿美元。

4. 医疗设备投资

医疗设备投资不同于合作分成，区别在于合作分成依然停留在卖设备的层面上，医疗设备投资提供的是一体化、完整的、全方位的解决方案。它不仅提供医疗培训、产品维护等配套服务，为了更好、更快地实现产品价值，还将提供市场推广、项目管理、宣传促销等相关性服务，让客户在新项目运营时没有后顾之忧。

这种模式提供增值性销售，让所提供的相关服务价值得以体现，以实现增值性销售目的，后期还能引进其他设备，升级成"医疗项目打包"。

5. 卖高价耗材送设备

这种模式普遍用于生物试剂的销售，即先送设备给医院用，让医院采购配套的生物试剂，待生物试剂使用达到一定消耗量时，设备归医院所有，这实质上是一种排他的销售方式。

6. 卖高价耗材不卖设备

卖高价耗材不卖设备是NovaSure技术在中国市场推广采取的销售方式。先和医院联系好，如果医院愿意开展NovaSure技术，先购买高价耗材，然后把设备拿过来做手术，手术做完后，设备拿走。这种销售方式和上述几种都不一样，设备不在医院，做手术时由厂家提供。这种模式在实际操作过程中并不顺利，市场前景不明朗。

以上几种医疗器械销售方式各有优势和不足，要根据具体情况选择合适的销售方式。只有合适的，才是最好的。

第四节 医院的招标与投标管理

根据我国财政部令《政府采购货物和服务招标投标管理办法（全文）》，货物服务采购项目达到公开招标数额标准的，必须采用公开招标方式。货物服务招标分为公开招标和邀请招标。公开招标，是指招标采购单位依法以招标公告的方式邀请不特定的供应商参加投标；邀请招标，是指招标采购单位依法从符合相应资格条件的供应商中随机邀请三家以上供应商，并以投标邀请书的方式邀请其参加投标。

医疗器械采购管理是规范采购行为、降低采购价格、保障医疗器械质量的有效手段，也是改进和加强医疗机构管理工作、促进医疗机构进一步降低医疗成本、减轻患者医疗费用负担、改善医疗服务质量、提高医疗服务水平的重要措施。

因此，医院大型设备的采购通常必须采用招标形式。招标与投标需要经过招标、投标、开标、评标与定标等程序。

一、招标

医院可以依法委托采购代理机构办理货物服务招标事宜，医院必须与采购代理机构签订委托协议，确定委托代理的事项，约定双方的权利和义务。医院也可以自行组织开展货物服务招标活动。

（一）公开招标公告

医院在采用公开招标方式采购医疗器械时，招标公告必须通过报刊或其他媒介发布，其中属于政府采购而公开招标的，必须在政府部门指定的政府采购信息发布媒体上发布招标公告。目前，财政部指定的政府采购信息发布媒体是：中国政府采购网、中国财经报和中国政府采购杂志。

公开招标公告应当包括以下主要内容。

（1）招标采购单位的名称、地址和联系方法。
（2）招标项目的名称、数量或者招标项目的性质。
（3）投标人的资格要求。
（4）获取招标文件的时间、地点、方式及招标文件售价。
（5）投标截止时间、开标时间及地点。

（二）资格预审

采用邀请招标方式采购的，招标采购单位应当在省级以上人民政府财政部门指定的政府采购信息媒体发布资格预审公告，公布投标人资格条件，资格预审公告的期限不得少于七个工作日。

资格预审公告通常应载明下列事项。

（1）招标人的名称、地址和联系方式。
（2）招标项目的性质和数量。
（3）招标项目的地点和时间要求。
（4）获取资格预审文件的办法、地点和时间。
（5）对资格预审文件收取的费用。
（6）提交资格预审申请书的地点和截止日期。
（7）资格预审的日程安排等。

（三）招标文件及编制注意事项

投标人必须在资格预审公告期结束之日起三个工作日前，按公告要求提交资格证明文件。招标采购单位从评审合格投标人中通过随机方式选择三家以上的投标人，并向其发出投标邀请书。自招标文件开始发出之日起至投标人提交投标文件截止之日止，一般不少于二十日。招标采购单位应当根据招标项目的特点和需求编制招标文件。

1. 招标文件包括以下内容

（1）投标邀请。
（2）投标人须知（包括密封、签署、盖章要求等）。
（3）投标人应当提交的资格、资信证明文件。
（4）投标报价要求、投标文件编制要求和投标保证金交纳方式。
（5）招标项目的技术规格、要求和数量，包括附件、图纸等。
（6）合同主要条款及合同签订方式。
（7）交货和提供服务的时间。
（8）评标方法、评标标准和废标条款。
（9）投标截止时间、开标时间及地点。
（10）省级以上财政部门规定的其他事项。

2. 编制招标文件必须注意的事项

招标人应当在招标文件中规定并标明实质性要求和条件，应制作纸质招标文件，也可以在财政部门指定的网络媒体上发布电子招标文件，并保持两者的一致。电子招标文件与纸质招标文件具有同等法律效力。招标文件规定的技术规格应当采用国际或国内公认的法定标准，不得要求或者标明特定的投标人或者产品，以及含有倾向性或者排斥潜在投标人的其他内容。

招标采购单位可以根据需要，就招标文件征询有关专家或者供应商的意见；招标文件售价应当按照弥补招标文件印制成本费用的原则确定，不得以营利为目的，不得以招标采购金额作为确定招标文件售价依据；招标采购单位在发布招标公告、发出投标邀请书或者发出招标文件后，不得擅自终止招标；招标采购单位根据招标采购项目的具体情况，可以组织潜在投标人现场考察或者召开开标前答疑会，但不得单独或者分别组织只有一个投标人参加的现场考察；开标前招标采购单位和有关工作人员不得向他人透露已获取招标文件的潜在投标人的名称、数量以及可能影响公平竞争的有关招标投标的其他情况。

招标采购单位对已发出的招标文件进行必要澄清或者修改的，应当在招标文件要求提交投标文件截止时间十五日前，在财政部门指定的政府采购信息发布媒体上发布更正公告，并以书面形式通知所有招标文件收受人。澄清或者修改的内容为招标文件的组成部分的，招标采购单位可以视采购具体情况，延长投标截止时间和开标时间，但至少应当在招标文件要求提交投标文件的截止时间三日前，将变更时间书面通知所有招标文件收受人，并在财政部门指定的政府采购信息发布媒体上发布变更公告。

二、投标

医疗器械制造商或销售商或委托代理投标机构应当按照医院的招标文件的要求编制投标文件。投标文件应对招标文件提出的要求和条件作出实质性响应。投标文件一般由商务部分、技术部分、价格部分和其他部分组成。

投标文件应当载明下列事项。

(1) 投标函。
(2) 投标人资格、资信证明文件。
(3) 投标项目方案及说明。
(4) 投标价格。
(5) 投标保证金或其他形式担保。
(6) 招标文件要求具备的其他内容。

投标人必须在招标文件要求提交投标文件的截止时间前，将投标文件密封送达投标地点，否则无效。招标采购单位收到投标文件后，应当签收保存，任何单位和个人不得在开标前开启投标文件。投标人在投标截止时间前，可以对所递交的投标文件进行补充、修改或者撤回，并书面通知招标采购单位。补充、修改的内容应当按招标文件要求签署、盖章，并作为投标文件的组成部分。

若投标人根据招标文件载明的标的采购项目实际情况，拟在中标后将中标项目的非主体、非关键性工作交由他人完成的，应当在投标文件中载明。两个以上供应商可以组成一个投标联合体，以一个投标人的身份投标，有的医院拒绝接受联合投标。

医疗器械投标机构之间不允许相互串通投标报价，妨碍其他投标人的公平竞争，从而损害招标采购单位或者其他投标人的合法权益。投标人不可以向招标采购单位、评标委员会成员行贿或者采取其他不正当手段谋取中标。招标采购单位应当在招标文件中明确投标保证金的数额及交纳办法。招标采购单位规定的投标保证金数额不得超过采购项目概算的百分之一。招标采购单位在中标通知书发出后五个工作日内需退还未中标供应商的投标保证金。

三、开标

招标人开标时应按招标文件规定的时间、地点和程序以公开方式进行。在开标前，应当通知同级人民政府财政部门及有关部门。

开标由招标采购单位主持，采购人、投标人和有关方面代表参加。开标时，应当由投标人或者其推选的代表检查投标文件的密封情况，也可以由招标人委托的公证机构检查并公证；经确认无误后，由招标工作人员当众拆封，宣读投标人名称、投标价格、价格折扣、招标文件允许提供的备选投标方案和投标文件的其他主要内容。未宣读的投标价格、价格折扣和招标文件允许提供的备选投标方案等实质内容，评标时不予承认。

开标时，投标文件中开标一览表（报价表）内容与投标文件中明细表内容不一致的，以开标一览表（报价表）为准。投标文件的大写金额和小写金额不一致的，以大写金额为准；总价金额与按单价汇总金额不一致的，以单价金额计算结果为准；单价金额小数点有明显错位的，应以总价为准，并修改单价；对不同文字文本投标文件的解释发生异议的，以中文文本为准。开标过程应当由招标采购单位指定专人负责记录，并存档备查。

四、评标与定标

评标工作由招标采购单位负责组织，具体评标事务由招标采购单位依法组建的评标委员会负责。

（一）评标委员会的工作职责

（1）审查投标文件是否符合招标文件要求，并作出评价。
（2）要求投标供应商对投标文件有关事项作出解释或者澄清。
（3）推荐中标候选供应商名单，或者受采购人委托按照事先确定的办法直接确定中标供应商。
（4）向招标采购单位或者有关部门报告非法干预评标工作的行为。

（二）评标委员的选择

评标委员会由采购人代表和有关技术、经济等方面的专家组成，成员人数应当为五人以上单数。其中，技术、经济等方面的专家不得少于成员总数的三分之二。采购数额在300万元以上、技术复杂的项目，评标委员会中技术、经济方面的专家人数应当为五人以上单数。评标专家应当熟悉政府采购、招标投标的相关政策法规，熟悉市场行情，有良好的职业道德，遵守招标纪律，从事相关领域工作满八年并具有高级职称或者具有同等专业水平。

招标采购单位就招标文件征询过意见的专家，不得再作为评标专家参加评标。采购人不得以专家身份参与本部门或者本单位采购项目的评标。评标委员会成员名单原则上应在开标前确定，并在招标结果确定前保密。

（三）评标委员会成员的义务

（1）遵纪守法，客观、公正、廉洁地履行职责。
（2）按照招标文件规定的评标方法和评标标准进行评标，对评审意见承担个人责任。
（3）对评标过程和结果，以及供应商的商业秘密保密。
（4）参与评标报告的起草。
（5）配合财政部门的投诉处理工作。
（6）配合招标采购单位答复投标供应商提出的质疑。

（四）评标的标准

评标委员会在对投标人进行综合评标时，必须考虑技术、财务状况、信誉、业绩、服务、对招标文件的响应程度，以及相应的比重或者权值等。上述因素应当在招标文件中事先规定。评标时，评标委员会各成员应当独立对每个有效投标人的标书进行评价、打分，然后汇总每个投标人每项评分因素的得分。

（五）定标

招标人应当从评标委员会推荐的中标候选人中确定中标人。中选的投标者应当符合下列条件之一。

（1）满足招标文件各项要求，在综合考虑各种因素的情况下，所报投标价格最低。

（2）最大满足招标文件中规定的综合评价标准。

中标供应商确定后，中标结果应当在财政部门指定的政府采购信息发布媒体上公告。公告内容应当包括招标项目名称、中标供应商名单、评标委员会成员名单、招标采购单位的名称和电话。在发布公告的同时，招标采购单位应当向中标供应商发出中标通知书，中标通知书对采购人和中标供应商具有同等法律效力。中标通知书发出后，采购人改变中标结果，或者中标供应商放弃中标，应当承担相应的法律责任。

若其他投标供应商对中标公告有异议的，应当在中标公告发布之日起七个工作日内，以书面形式向招标采购单位提出质疑。招标采购单位应当在收到投标供应商书面质疑后七个工作日内，对质疑内容作出答复。质疑供应商对招标采购单位的答复不满意或者招标采购单位未在规定时间内答复的，可以在答复期满后十五个工作日内按有关规定，向同级人民政府财政部门投诉。财政部门应当在收到投诉后三十个工作日内，对投诉事项作出处理决定。处理投诉事项期间，财政部门可以视具体情况书面通知招标采购单位暂停签订合同等活动，但暂停时间最长不得超过三十日。

采购人或者采购代理机构应当自中标通知书发出之日起三十日内，按照招标文件和中标供应商投标文件的约定，与中标供应商签订书面合同。所签订的合同不得对招标文件和中标供应商投标文件作实质性修改。

【本章小结】

个体消费者和家庭购买家用医疗器械的主要目的在于自身的使用，疗效是最重要的考虑因素。他们同时关注价格、质量、品牌、售后服务等因素。家用医疗器械的购买属于复杂型和寻求平衡型的购买行为，销售人员必须考虑客户获得信息的途径以及售后服务对他们的影响。体验式销售是家用医疗器械目前采用得比较多的销售模式，而家用医疗器械连锁经营更是家用医疗器械未来销售的主导形式。

医疗器械经销商或代理商采购医疗器械的主要目的在于赢利，他们更关注价格的差价，但同样关注产品的质量、疗效和售后服务等。产业市场的采购行为与消费者市场有着很大的不同，尤其是采购和决策的专业性和规范性。经销商制或代理商制与制造商的直销制有着各自的优缺点。

医院是大型医疗器械和医疗器械耗材的主要采购者，采购程序更加规范和专业化。使用科室、设备采购科、分管院长和行业专家、主管部门等都在医疗器械采购决策中发挥着重要的影响作用。医院的采购受到资金、利润、使用效果、科学研究等多方面因素的影响。推销人员必须熟悉医院进行医疗设备采购的招标与投标管理制度，寻找适合自己的销售方式，和客户开展针对性的沟通。

【讨论与思考题】

1. 家用医疗器械消费者购买行为的主要影响因素有哪些？
2. 个体消费者购买家用医疗器械关注的主要因素有哪些？
3. 家用医疗器械的传统营销模式有哪些？体验营销的工作重点是什么？
4. 医疗器械产业市场有哪些特征？

5. 医疗器械经销商的采购行为有哪些特征?
6. 医疗器械采用直销和经销商或代理制的比较。
7. 医院医疗器械的采购程序是怎样的?呈现出哪些特征?
8. 医院购买医疗器械决策有哪些相关参与者,各自发挥什么样的作用?
9. 医疗器械进入医院的常见销售模式有哪些?
10. 医院采购医疗器械的招标程序包括哪些?招标文件和投标文件一般包括哪些内容?

【实战销售对话技巧模拟】

一、面对面销售导购技巧讨论

(1) 顾客一上来还没仔细听我们介绍产品,就非常着急地问你:"这款多少钱?"或者直接说:"你就说价格多少就行了!"
(2) 我自己先看看,有需要我再叫你/我随便看看,到时再喊你。
(3) 到底选择哪一种好呢?我感觉好像都差不多啊!你给我一些意见好吗?
(4) 顾客其实很喜欢,但同行的其他人却不买账,说:"我觉得一般,到别处再看看吧。"
(5) 顾客虽然接受了我们的建议,但是最终没有做出购买决定而要离开。
(6) 顾客说:"你们卖东西的时候都说得好,哪个卖瓜的不说自己的瓜甜呢。"
(7) 营业高峰时段,因导购招呼不周导致顾客产生抱怨甚至流失。
(8) 客户对产品细细观察后说:"你们的产品做工好粗糙啊,这儿都有问题了。"
(9) 据我所知,你们这些产品好多都是贴牌或者挂个国际知名牌子而已。
(10) ××牌子的东西跟你家差不多,但价格比你们家的便宜多了。
(11) 我比较喜欢你们的东西,也来了几次了,你再便宜点我就买了。
(12) 我回去跟我夫人商量一下,到时带我夫人一起来看。
(13) 你们节日搞活动的话,那我等节日时候再来好了。

二、经销商/代理商常见问题讨论

(1) 你们的价格是多少?
(2) 价格怎么这么高?
(3) 价格为什么这么低?
(4) 你们的产品好不好,质量能保证吗?
(5) 出了质量问题怎么办?
(6) 怎么没听过这个牌子?
(7) 找别人吧,我有代理的产品品牌了。
(8) 能给我上广告吗?
(9) 你们有什么服务?
(10) 你们有铺底吗?铺底多少?
(11) 质量跟××比怎么样啊?
(12) 我要做大区经销商怎么样?
(13) 到你们公司考察费用谁承担?
(14) 我很忙,没时间和你说/我现在没时间,过几天再谈吧!
(15) 没返利,那怎么做?
(16) 可不可以代销?
(17) 我要你们长期派人支持。
(18) 听说你们服务不好?/听说你们质量不好?

第五章

医疗器械顾客寻找与分析

【案例导读】

戴尔如何寻找顾客

1998年,戴尔进入中国。7月,厂房建好,工人已经开始上班。工厂一个季度可以生产数万台电脑,销售代表要为每一台电脑找到买家。卖给谁?怎么才能找到这些客户?这难不倒这些销售代表,他们已经分析了中国个人电脑市场的状况。百分之六十的电脑采购都是来自商业客户,而这些客户百分之八十都集中在全国的三十几个主要城市。销售代表已列出近四千个主要客户的名单,这些客户来自金融、邮电、政府、教育和制造业等大型机构。而这四千个采购电脑的客户百分之八十来自于北京、上海、广州、西安、沈阳和成都等几个区域中心。

从8月到11月,戴尔以不同的主题在北京、上海和广州举办了多次大型活动。每天,内部销售代表打出不计其数的电话邀请锁定的客户参加戴尔的活动,而外部销售代表则将请柬送到重要客户的办公室。每结束一个活动,销售代表就分析客户填写的反馈表,表中包括客户的姓名、联系电话、通信地址、职务、客户的电脑使用数量和品牌、目前的采购计划和时间等。销售代表根据反馈表找到销售机会,接着就去拜访客户。

通过这些活动,销售代表和四千多家的主要客户建立了联系,虽然这些客户还处于表格中低于百分之十的区域,但是销售代表已经得到了他们的资料,这些资料是赢得订单的第一步。

第一个季度过去了,戴尔的销售额超过了前一年全年的销售额。第二个季度,销售范围从北京、广州和上海扩大到沈阳、西安、成都、杭州、南京和深圳等主要城市。第三个季度,戴尔在杭州、南京、深圳、西安和沈阳等城市成立了办事处。每来到一个新的城市,戴尔都举办大型的商务活动,通过这些活动来收集客户的资料,然后根据这些资料展开销售。第二年结束时,戴尔的市场份额已由刚进入中国市场时的十名以外跃居前五名,销售额达到了大约三十亿元的规模。

【案例启示】

从以上的案例中不难看出,如何在最短的时间内找到最多的客户资料,是销售成功的第一步。公司进入新市场时需要大量的客户资料,目的是了解市场从而制定正确的销售计划。新的销售代表刚刚开始销售时也需要得到客户资料,目的是为了找到销售机会;有经验的销售代表也需要了解客户的资料,目的是为客户提供准确的产品及服务。

第一节 寻找客户的基本概念

推销过程的第一步就是寻找潜在客户。顾客是推销人员的推销对象,是推销三要素之一。在竞争激烈的现代市场环境中,谁拥有的顾客越多,谁的推销规模和业绩就越大。但顾客又不是轻易能获得和保持的。推销人员的主要任务之一就是采取公正有效的方法与途径来寻找与识别目标顾客,并实施有效的推销。可以说,有效地寻找和识别顾客是成功推销的前提。

进行顾客的寻找工作是推销实践的开始,在推销活动中占有重要位置,寻找潜在顾客使推销活动有了开始工作的对象。寻找、掌握与潜在顾客进行联系的方法与渠道,就使以后的推销活动程序有了限定范围与明确目标,避免了推销工作的盲目性,掌握一份不断补充的稳定的潜在顾客名单与联系方法,能使企业与推销人员保持稳定的顾客数量,从而使企业与推销产品保持一个稳定的市场和销售额。

一、寻找客户的概念

(一)准顾客

寻找顾客是指寻找潜在可能的准顾客。准顾客是指对推销人员的产品或服务确实存在需求并具有购买能力的个人或组织。而顾客是指那些已经购买"你"产品的个人或组织。有可能成为准顾客的个人或组织称为"线索"或"引子"。

寻找顾客是推销工作的重要步骤,也是推销成败的关键。在推销活动中,推销人员面临的首要问题是"把产品卖给谁",即谁是自己的推销目标。推销人员在取得"线索"之后,要对其进行鉴定,看其是否具备准顾客的资格和条件。如果具备,就可以列入正式准顾客的名单中,并建立相应档案,作为推销对象。如果不具备资格,就不能算一个合格的准顾客,不能将其列为推销对象。一个推销人员,如果没有任何顾客,那么即使拥有超人的素质、突出的外表、理想的表现和丰富的知识,也不可能销售出一件产品。

【案例 5-1】 钱包实验

有人曾进行过这样一个实验,他把自己的钱包拴在汽车后到处跑。几天后,钱包成了破烂不堪的东西。他在这破钱包里装上钞票、信用卡、驾驶证等,先后到五家绅士用品商店去买一条领带。在这些商店中,领带与钱包的陈列是挨着的。他掏钱买领带时,总是"偶然"地把钱包掉在地上。结果,这五家商店的营业员无一例外地帮他捡起来,看着他离去,但无人建议他换个新钱包。

这人明显就是潜在顾客,推销员却没有识别出来。当机会来到时,任其白白失去而毫无察觉。具有强烈推销意识的推销员,在思想认识上要时刻处于"一级战略状态",决不放过任何一个与推销有关的信息,不放过任何一丝捕捉潜在顾客的机会。

(二)寻找顾客的重要性

一般来说,要保证手头的现有顾客完全不流失是不可能的。因为顾客总是存在流失的可能。

【案例 5-2】 顾客在哪里?

1996年,海尔公司的冰箱销售人员将营销触角伸向经济欠发达的农村与县城。他们用货车装上电影拷贝、农用科技手册等分路下乡,免费放电影,赠送科技手册,义务修理各种品牌的电冰箱。在这种"醉翁之意不在酒"的亲情广告攻势下,浙江绍兴附近的新昌县,原本既不知道海尔冰箱也无销售点的县城,不仅有了经销商,而且头一个月就卖出了300台冰箱。一个县城一个月的销售业绩如此,那么它的市场潜力可想而知。

1. 寻找顾客是维持和提高销售额的需要

对企业来说,市场是由众多的顾客所组成的,顾客多,对产品的需求量就大。若要维持和提高销售额,使自己的销售业绩不断增长,推销员必须不断地、更多地发掘新顾客。因此,努力寻找准顾客,使顾客数量不断地增加,是推销员业务量长久不衰的有效保证,也是促进推销产品更新换代,激发市场新需求的长久动力。

【案例5-3】 1950年,索尼公司生产出第一代录音机,本以为投放市场后将一鸣惊人。但人们对这种录音机根本不感兴趣,录音机在市场上无人问津。

有一天,索尼公司创始人的盛田昭夫邀请一位政府官员到家中做客,闲谈当中这位官员讲到,由于战后社会不稳定,犯罪率很高,现在各个法院审判工作繁忙,速记员们一个个累坏了,直埋怨政府……听到这个情况,盛田昭夫念头一动:我们为何不用录音机来帮助他们提高工作效率呢?于是,盛田昭夫迫不及待地带上一台录音机,跑到一家法院,找来几位速记员,当场为他们演示录音机的功能。速记员们反响热烈,纷纷要求订购这种录音机,当天,盛田昭夫就推销出20多台录音机……

从法院回来,盛田昭夫的思路开阔多了,他又想到学校。战后,日本把英语列为学生的必修课,人人都在学习英语。他找到教育部门的官员,向他们介绍利用录音机学习英语的好处,并且找到几所学校做实验。实验证明,录音机确实是学习英语的好工具。不久,全日本所有的学校都在英语教学中使用了录音机。索尼的录音机也因此被抢购一空,这在当时堪称奇迹,索尼公司也因此得到快速发展。

2. 寻找顾客是推销人员保持应有的顾客队伍和销售稳定的重要保证

由于市场竞争、人口流动、新产品不断出现、企业产品结构改变、分销方式和方法的变化等众多因素,使大多数企业都不可能保持住所有的老顾客。因此,推销员需要寻找新的顾客,不断地开拓新顾客作为补充。

二、寻找顾客的原则

寻找顾客是最具挑战性、开拓性和艰巨性的工作。推销员必须明白,寻找准顾客是一项讲究科学性的工作,是有一定的规律可循的。推销人员需遵循一定的规律,把握科学的准则,使寻找顾客的工作科学化、高效化。我们通过借鉴前人总结的经验和创造的方法,试图使寻找准顾客的方法更加科学和高效。

(一)确定推销对象的范围

在寻找顾客前,首先要确定顾客的范围,使寻找顾客的范围相对集中,提高寻找效率,避免盲目性。

(二)树立"随处留心皆顾客"的强烈意识

作为推销人员,要想在激烈的市场竞争中不断发展壮大自己的顾客队伍,提升推销业绩,就要在平时的"工作时间"特别是在"业余时间",养成一种随时随地搜寻准顾客的习惯,牢固树立随时随地寻找顾客的强烈意识。

(三) 选择合适的途径，多途径寻找顾客

对于大多数商品而言，寻找推销对象的途径或渠道不止一条，究竟选择何种途径、采用哪些方法更为合适，还应将推销品的特点、推销对象的范围及产品的推销区域结合起来综合考虑。

(四) 重视老顾客

一位推销专家深刻地指出，失败的推销员常常是从找到新顾客来取代老顾客的角度考虑问题，成功的推销员则是从保持现有顾客并且扩充新顾客，使销售额越来越多，销售业绩越来越好的角度考虑问题的。对于新顾客的销售只是锦上添花，如果没有老顾客做稳固的基础，对新顾客的销售也只能是对所失去的老顾客的抵补，总的销售量不会增加。

推销员必须树立的一个观念是：老顾客是你最好的顾客。推销员必须遵守的一个准则是：你80%的销售业绩来自于你20%的顾客。这20%的客户是推销员长期合作的关系户。如果丧失了这20%的关系户，将会丧失80%的市场。

三、寻找顾客的程序

在现实推销活动中，就绝大多数产品而言，推销员几乎不可能知道所有的潜在购买者。实际上，推销员也完全没有必要接触每一个潜在的购买者。寻找顾客的工作既包括获知潜在购买者是谁，也包括对潜在购买者是否会购买进行分析和判断，从而对潜在购买者进行筛选。其过程如图5-1所示。

图 5-1 寻找顾客的程序

推销员首先要根据自己推销品的特征，提出可能成为准顾客的条件。然后根据这些条件，搜集资料，寻找各种可能的线索，拟出一份准顾客的名单，再按照这份名单进行准顾客评估和资格审查，根据审查结果确定你要向其进行推销的准顾客。最后对这些准顾客进行分析、分类、建立档案并据此编制拜访计划，进行拜访洽谈。

寻找顾客的程序首先从发现可能购买的准顾客开始。获得的准顾客名单越多，可筛选的余地就越大。推销员一般要采取多种途径和方法寻找准顾客，以便使寻找准顾客的有效性达到最大。

第二节 寻找医疗器械客户的方法

寻找顾客的方法多种多样，不同行业、不同产品的寻找顾客的方法也各不相同。如寻找医疗器械、汽车、房产、机械设备等产品的顾客显然要比寻找洗衣粉、服装、衣料的顾客困难得多。事实上，没有任何一种方法能够普遍适用，只有推销员不断总结，不断创新，才能摸索出一套适合自己的方法。本节将介绍一些常用的方法。

一、普遍访问法

(一) 含义

普遍访问法也称地毯式访问法、逐户寻访法，是指推销人员在任务范围内或选定地区内，用上门探访的形式，对预定的可能成为顾客的单位、组织、家庭乃至个人无一遗漏地进

行寻找并确定顾客的方法。

普遍访问法所依据的原理是"平均法则"。即认为在被访问的所有对象中，必定有推销人员所要寻找的顾客，而且分布均匀，顾客的数量与被访问的对象的数量成正比例关系。因此，只要对范围内的可能对象无一遗漏地寻找查访，就一定可以找到要推销的顾客。

（二）优缺点

普访法是一种古老而比较可靠的方法，它可以使推销人员在寻访顾客时，了解市场、了解顾客、了解公众对企业及产品的看法，也可以锻炼推销人员的意志和对市场的观察判断力。但普访法比较费时费力，有时还带有较大的盲目性。

（三）注意事项

1. 要减少盲目性

推销人员在上门采访前，应根据自己所推销的产品特性与使用范围等，进行必要的推销访问的可行性研究，从而确定一个比较可行的对象范围和地区范围。

2. 要在总结以前经验的基础上，多搞几种访问谈话的方案与策略

尤其是要斟酌好第一句话的说法和第一动作的表现方法，以减少被拒之门外的可能性。普遍访问法在国外被广泛应用于对生活资料的挨家挨户地推销中，而在我国目前主要用于工矿企业对中间商及生产资料用户的推销。

【案例5-4】 在美国旧金山有一位叫巴哈的寿险推销员，他在进行推销时，专门挑选其他推销员所不愿去的门前有50~100级台阶的住户进行推销，因为这些住家很少有人前来推销，所以巴哈的访问很受欢迎，获得很多顾客。

二、介绍寻找法

（一）含义

介绍寻找法也称连锁介绍法或无限介绍法，是指推销人员请求现有顾客介绍他认为有可能购买产品的潜在顾客的方法。介绍内容一般为推销员提供潜在顾客的名单及简单情况。介绍方法有口头介绍、写信介绍、电话介绍、名片介绍等。

介绍寻找法的理论依据是事物普遍存在着相关法则。世界上的一切事物都按一定的联系与其他事物发生交往，因而使事物间都存在着相关关系。这种相关关系有时是明显而紧密的，如同一社交圈的人、需要同一种原料的工厂、生产相同产品的企业等。这种有着相关关系的事物有时会存在着相同的需求或者彼此了解，因此，推销人员找到一个顾客后就可以通过这个顾客找到与他有联系的、可能具有相同需求特点的其他顾客。

介绍法是吉拉德使用的一个方法，只要任何人介绍客户向他买车，成交后，付给每个介绍人25美元，25美元虽不是一笔庞大的金额，但也能够吸引一些人，举手之劳即能赚到25美元。吉拉德的一句名言是："买过我汽车的顾客都会帮我推销。"他60%的业绩就来自老顾客及老顾客所推荐的顾客。同时他提出了"250定律"，就是在每个顾客的背后都有"250人"，这些人是他们的亲戚、朋友、邻居、同事，如果你得罪了一个人，就等于得罪了250个人；反之，如果你能发挥自己的才能，利用一个顾客，就等于得到250个关系，这250个关系中，就可能有要购买你的产品的顾客。

（二）有可能向推销员介绍新客户的对象

1. 请你目前的客户向你介绍新客户

请求他们向你介绍新客户之前，应先打电话给客户，了解他们对提供的产品（服务）是如何评价的。千万不要在给客户打电话时试图卖掉什么，只需真诚询问他们对你的印象如何。对于满意的客户，可以请他们写信给你，并要求对方为你写引荐信。

2. 请不满意的客户介绍

人们都希望别人能倾听他们的意见，客户也是如此，他们希望自己的观点得到重视。如果你对他们关心的问题表现出应有的礼貌和专业水平，下次他们必然会再来找你。

3. 请新客户推荐

不要忘了新客户是你最重要的推荐人。一旦他们决定购买你的产品（服务），会不断地向别人介绍和宣传你及你的产品（服务）以强调自己的决定是正确的。欲从新客户那里获得推举，最好是在销售完成的时候。

4. 请那些拒买你产品的客户介绍

拒绝过你的客户，心理上或多或少会有些愧疚，尤其是在你服务十分热情的时候。因此，你可以请他们告诉你有哪些人可能需要你的产品，他们或许知道谁需要你所推销的东西。

5. 请竞争对手介绍

竞争对手往往就是生意的重要来源。与不具备你们的专业技术或无暇顾及某个项目的大公司签订这方面的合约，是可以的。

6. 请亲友介绍

每个人都会有一些关系网。通过家人和朋友的帮忙，你可能获得许多新客户。

7. 请同事介绍

与自己共事的职员，也可能给你帮助。

8. 请你的销售商、供应商和专业咨询人士介绍

9. 请其他销售商介绍

有时候，你可以从其他专业销售人员那里获得推举或从他们那儿获取你正在寻找的新客户的有关信息。同时，了解他们寻找什么样的新客户，并持续不断地给他们介绍客户。

10. 请陌生人介绍

在交际场合你总会遇到一些未曾结识的陌生人，与其谈话的最后，都应转到讨论你们如何谋生这一主题上来。

（三）优缺点

介绍寻找法是一种比较有效的寻找顾客的方法。它可以大大避免推销人员的盲目性，也可以较好地赢得未来新顾客的信任；老顾客的介绍又是推销人员接近新顾客的好方法。由于老顾客介绍的新顾客大多是现有顾客较为熟悉的单位、组织与个人，他们之间存在着某种相关程度较高的联系，有时甚至是共同的利益，彼此又都比较了解，所提供的信息准确，内容详细。因而介绍寻找法几乎被推销界认为是最好的寻觅顾客的方法，或者说是最根本的方法。但介绍寻找法的一切必须依靠现有顾客是否愿意介绍及是否全力介绍，因而使推销人员处于被动地位。而且，由于无法预料现有顾客介绍的情况，往往会使原定的推销计划被打破而流于形式。

（四）注意事项

1. 取信于现有顾客

因为，推销人员只有通过诚恳的推销态度与热情的服务精神，才能赢得现有顾客的信服、敬重与工作上的配合，从而才能获得现有顾客的介绍与帮助。对现有顾客介绍的未来顾客，推销人员也应进行可行性研究与必要的准备工作，推销人员应尽可能多地从现有顾客处了解关于新顾客的情况。

2. 在推销人员访问过介绍的顾客后，应及时向现有顾客（介绍人）汇报情况

这样做一方面是对现有顾客的介绍表示感谢，另一方面是可以继续争取现有顾客的合作与支持。介绍寻找法比较适用于有特定用途的产品、专业性强的产品、服务技术性强的产品的推销。

【案例5-5】 某推销员推销时，总是带两张纸。一张纸写了许多字，一张纸是白纸。那张有字的是顾客的推荐信，当遇到顾客拒绝时，他会说："某先生，您认识王明先生吧？他是我的顾客，他用了我们的商品很满意，他希望他的朋友也享受这份满意。您不会认为这些人买我的商品是件错误的事情吧？""你不会介意把您的名字加入到他们的行列中去吧？"运用这个方法，他一般都能取得较好效果。当成功地销售一套商品之后，他会拿出另一张白纸，说："某先生，您觉得在您的朋友当中，还有哪几位可能需要我的商品？""请介绍几个您的朋友让我认识，以便让他们也享受到与您一样的优质服务。"然后把纸递过去。85％的情况下，顾客会为他推荐2～3个新顾客。

三、中心人物法

（一）含义

中心人物法也叫中心开花法、名人介绍法、中心辐射法，是指推销员在某一特定推销范围内发展一些有影响力的中心人物，并在这些中心人物的协助下把该范围内的组织或个人变成准顾客的方法，是连锁介绍法的特殊形式。

该方法遵循的是"光环效应法则"，即中心人物的购买与消费行为，就可能在他的崇拜者心目中形成示范作用与先导效应，从而引发崇拜者的购买与消费行为。在许多产品的销售领域，影响者或中心人物是客观存在的。特别是对于时尚性产品的销售，只要确定中心人物，使之成为现实的客户，就很有可能引出一批潜在客户。一般来说，中心人物包括在某些行业里具有一定影响力的声誉良好的权威人士；对行业里的技术和市场具有深刻认识的专业人士；在行业里具有广泛人脉关系的信息灵通人士等。

（二）优缺点

1. 优点

利用中心人物法寻找新客户，推销人员可以集中精力向少数中心人物做细致的说服工作，避免推销人员重复单调地向每一个潜在顾客进行宣传与推销，节省时间与精力。既能通过中心人物的联系了解大批新顾客，还可借助中心人物的社会地位来扩大商品的影响。可以提高销售人员的知名度、美誉度。

2. 缺点

中心人物往往较难接近和说服。许多中心人物事务繁忙、难以接近，每个销售人员所认识的中心人物有限，若完全依赖此法，容易限制潜在顾客数量的发展。一定领域内的中心人物是谁，有时难以确定。如果推销员选错了客户心目中的中心人物，就有可能弄巧成拙，既耗时间又费精力，最后往往贻误推销时机。

（三）注意事项

寻找中心人物是决定使用效果的关键。这就要求推销员一方面进行详细而准确的市场细分，确定每个子市场的范围、大小及需求特点，从中选择具有较多潜在客户的子市场作为目标市场，在目标市场范围内寻找有影响力的中心人物。推销员应努力争取中心人物的信任与合作。在较详细地了解中心人物后，推销员应首先以良好的产品和高质量的服务充分满足其需求。在现行政策允许范围内，千方百计地开展推销活动，与中心人物建立良好的人际关系。

四、个人观察法

(一) 含义

个人观察法也叫现场观察法,是指推销人员依靠个人的知识、经验,通过对周围环境的直接观察和判断,寻找准顾客的方法。个人观察法主要是依据推销人员个人的职业素质和观察能力,通过察言观色,运用逻辑判断和推理来确定准顾客,是一种古老且基本的方法。

对推销员来说,观察法是寻找顾客的一种简便、易行、可靠的方法。绝大部分推销员在许多情况下都要使用个人观察方法。不管是在何处与何人交谈,都要随时保持警觉,留意搜集可能买主的线索。

(二) 优缺点

个人观察法的优点是它可以使推销人员直接面对现实、面对市场,排除一些中间干扰。推销员花费较少的时间、精力,就能够迅速地发现新顾客,而且可以开拓新的推销领域,节省推销费用。可以培养推销人员的观察能力,积累推销经验,提高推销能力。

个人观察法的缺点是仅凭推销人员的直觉、视觉和经验进行观察和判断,受推销人员个人素质和能力的影响。由于事先完全不了解客户对象,失败率比较高。

(三) 注意事项

运用这种方法的关键在于培养推销员的职业素质。潜在的客户无处不在,有心的推销人员随时随地都可以找到自己的客户。例如,汽车推销员整天开着新汽车在住宅区街道上转来转去,寻找旧汽车。当他发现一辆旧汽车时,就通过电话和该汽车的主人交谈,并把旧汽车的主人看作一位准客户。

在利用个人观察法寻找客户时,推销人员要积极主动,处处留意,察言观色,既要用眼,又要用耳,更要用心。在观察的同时,运用逻辑推理。如果一个推销人员不具备敏锐的观察力和洞悉事物的能力,那么,采用这种方法寻找顾客是不可能取得理想的结果的。

要想让个人观察方法达到预期效果,推销员就得时刻注意搜集点点滴滴的信息:在上班路上、在办公室、在大街上、在等候会见时、在与可能买主交谈时、在饭店或家中听别人闲聊时、在读报看杂志时等,都要保持高度的警觉。可能买主到处都有,只要你睁大眼睛,竖起耳朵,你就能学会如何发现他们。

【案例 5-6】美国有位汽车推销员应一个家庭电话的约请前往推销汽车,推销员进门后只见这个家里坐着一位老太太和一位小姐,便认定是小姐要买汽车,推销员根本不理会那位老太太。经过半天时间的推销面谈,小姐答应可以考虑购买这位推销员所推销的汽车,只是还要最后请示那位老太太,让她做出最后的决定,因为是老太太购买汽车赠送给小姐。结果老太太横眉怒目,打发这位汽车推销员赶快离开。后来又有一位汽车推销员应约上门推销,这位推销员善于察言观色,同时向老太太和小姐展开攻势,很快就达成交易,凯旋而归。

五、资料查阅法

(一) 含义

资料查阅法又称文案调查法,是指推销人员通过收集、整理、查阅各种现有文献资料,来寻找准顾客的方法。这种方法是利用他人所提供的资料或机构内已经存在的可以为其提供线索的一些资料,这些资料可帮助推销员较快地了解到大致的市场容量及准顾客的分布等情况,然后通过电话拜访、信函拜访等方式进行探查,对有机会发展业务关系的客户开展进一步地调研，将调研资料整理成潜在客户资料卡，就形成了一个庞大的客户资源库。

推销人员经常利用的资料有：统计资料，如国家相关部门的统计调查报告、统计年鉴、行业在报刊或期刊等上面刊登的统计调查资料、行业团体公布的调查统计资料等；名录类资料，如客户名录（现有客户、旧客户、失去的客户）、工商企业目录和产品目录、同学名录、会员名录、协会名录、职员名录、名人录、电话黄页、公司年鉴、企业年鉴等；大众媒体类资料，如电视、广播、报纸、杂志等大众媒体；其他资料，如客户发布的消息、产品介绍、企业内刊等。

【案例 5-7】 战斗情报

1935 年 3 月 20 日，有位名叫伯尔托尔德·雅各布的瑞士作家，出于对希特勒纳粹主义的义愤，出版了一本名为《战斗情报》的小书，向外界公开披露了希特勒军队的内幕。这本长达 172 页的书籍详尽地描述了德国军队的组织结构，详细地列出了德军各级司令部、各师和各军管区的番号、编制、装备、人数、驻扎地点，还有 168 名陆军各级指挥官的姓名、年龄、经历和任职时间，甚至还谈到了最新成立的装甲师。

这无疑是一份绝密的军事情报。这些极端重要的军事机密，是怎样泄露出去的呢？

德国情报机关迅速将雅各布秘密绑架到了柏林。当情报人员严厉地盘问他情报材料的来源时，雅各布的回答使德国人大为震惊："我的全部材料都是从德国报纸上得来的。"

原来，雅各布长期搜集德国报刊上发表的所有军事及军情的消息报导，做成卡片，进行细致的分析，就连丧葬讣告或结婚启事之类也不放过。于是，从一则简短的讣告中，他得知驻纽伦堡的德军某师团的指挥官是某某将军；在一条关于结婚的新闻里，他又发现新郎是一个少校军衔的信号军官，而他的岳父则是某地的上校指挥官。书中还写道，"从斯图加特赶来参加婚礼的莎勒少将"是当地的师团指挥。这样的材料越来越多，雅各布将其组成了一幅德国军队组织状况的清晰图画，而这幅图画与实际情况竟然相差无几。

雅各布的《战斗情报》一书告诉人们，公开发行的报纸刊物是情报人员货真价实的情报来源。

（二）优缺点

资料查阅法的优点是通过资料查阅寻找客户可以降低信息获取的成本，节约了时间和精力，提高了工作效率。政府管理部门、银行、统计部门提供的资料可信度很高，可以减少寻访顾客的盲目性，提高顾客资料的可靠性。有些资料查阅亦比较方便，如图书馆、展览室的资料、电话簿等。

资料查阅法的缺点是二手信息资料多为公开发布的资料，加上当今市场瞬息万变，一些资料的时效性较差，加之有些资料内容简略，信息容量小，使这种寻找顾客的方法具有一定的局限性。

（三）注意事项

推销员通过查阅资料寻找顾客时，首先要对资料的来源及提供者进行可信度分析，如果这些资料的来源或提供者的可信度较低，则会对推销工作起阻碍的作用。同时，还应注意所收集资料的时间问题，应设法去获取那些最新的有价值的资料。如果是反映以前情况的资料，对推销人员的帮助不会很大，因为市场是不断变化的。

六、网络搜寻法

（一）含义

网络搜寻法就是推销人员运用各种现代信息技术与互联网通信平台来搜索准顾客的方

法。它是信息时代的一种非常重要的寻找顾客方法。近些年来，随着互联网技术的不断发展与完善，各种形式的电子商务和网络推销也开始盛行起来，市场交易双方都在利用互联网搜寻顾客。互联网的普及使得在网上搜索潜在客户变得十分的方便，推销员借助互联网的强大搜索引擎如：Google、Baidu、Yahoo、Sohu等，可以搜寻到大量的准顾客。对于新推销人员来说，网上寻找顾客是最好选择。

通过Internet推销人员可以获得以下信息。

（1）准顾客的基本联系方式，不过你往往不知道那个部门的负责人，这需要电话销售配合。

（2）准顾客公司的介绍，可以了解公司目前的规模和实力。

（3）准顾客公司的产品，可以了解产品的技术参数、应用的技术等。

（4）一些行业的专业网站会提供在该行业的企业名录。一般会按照区域进行划分，也会提供一些比较详细的信息，例如：慧聪国际、阿里巴巴这些网站往往会由于进行行业的分析研究而提供比较多的信息。

（二）优缺点

与传统方法相比较，网上寻找顾客具有的优点在于它是一种非常便捷的顾客搜寻法。推销人员可以在相关商业网站，通过各种关键词，快速寻找目标准顾客，从而节约时间，避免盲目的市场扫荡，提高推销工作效率。可以降低推销成本和市场风险。可以较全面地搜寻到有关准顾客的资料。

网络搜寻法的局限性在于由于网络信息更新较快，在一定程度上会影响推销人员在网上所检索到的目标准顾客资料的准确性。出于信息安全的考虑，一些重要资料并不在网上公布。如目标准顾客及其相关资料，以及一些官方资料、企业内部信息资料等，推销人员在网上并不是完全能够查到。网络世界是个虚拟的世界，推销人员在运用互联网这一现代化信息手段查找资料时，难免会遭遇到假情报的干扰，从而不能完全保证目标准顾客资料的真实性和可靠性。

七、医疗器械博览会寻找法

（一）含义

博览会寻找法是指利用各种交易会寻找准顾客的方法。国际国内每年都有不少博览会，如中国国际医疗器械博览会（CMEF）、中国生物医学工程年会、中国国际骨科学术会议等。充分利用博览会寻找准顾客、与准顾客联络感情、沟通了解，是一种很好的获得准顾客的方法。参加展览会往往会让销售人员在短时间内接触到大量的潜在客户，而且可以获得相关的关键信息，对于重点意向的客户也可以作重点说明，约好拜访的时间。例如，假如你想获得影像类的潜在客户，你可以参加中国国际医疗器械展，你将在那里遇到中国乃至世界上众多大型医疗器械机构的与会代表，你只需要去看或参加一个展览会，你就会得到这个行业的几乎所有最有价值的那部分潜在客户。经常去参观某个行业的展览会，你甚至会发现每次你都看到那些准顾客，这对以后向客户推销是非常有利的。

销售人员应该在每年的年末将未来一年相关行业的展览会进行罗列，通过Internet、展览公司的朋友都可以做到这些，然后贴在工作间的醒目处并在日程表上进行标注，届时提醒自己要抽时间去参观一下。

（二）优缺点

博览会寻找法的优点是效率高。这种方法能在最短时间接触到最多的准顾客。因为参加交易会的人本来都对该行业有兴趣,对有兴趣的顾客,推销人员可以充分展示。它的缺点是费用较高。参加交易会要给主办单位交一定的展位费。

(三) 注意事项

争取要得到潜在客户相关人员的名片。在尽可能的情况下与这些潜在客户现场技术人员交流,明确主管人员。在展览会结束后,尽快取得联系,免得记忆失效而增加后期接触难度;将客户的产品资料拿回来仔细分析,寻找机会。

八、电话寻找法

(一) 含义

电话寻找法是指推销人员在掌握了准顾客的名称和电话号码后,用打电话的方式与准顾客联系而寻找准顾客的方法。电话最能突破时间与空间的限制,是最经济、有效率的接触客户的工具,您若能规定自己,找出时间每天至少打五个电话给新客户,一年下来能增加1500个与潜在客户接触的机会。

(二) 优缺点

电话寻找法的优点是寻找速度快,信息反馈快,不会被拒绝。一般情况下,接电话的人肯定是全神贯注地听电话,只要掌握好讲话的内容与顺序,会收到很好的效果。因为打电话属"单线联系",不受外人干扰。因此,电话寻找顾客的方法被称为是推销人员的"金矿"。

电话寻找法的缺点是信赖度差,容易被拒绝。减少在电话中被客户拒绝的方法是制定电话销售计划,该计划的内容如下。

(1) 建立核实预期客户的标准。
(2) 使用该标准列出预期的名单。
(3) 了解每一个预期客户的财务状况和信誉度。
(4) 确定每次打电话的目的。
(5) 准备开场白和销售信息。
(6) 准备各种方式结束销售。
(7) 如果销售成功,准备快速跟进;如果不成功,请求一次会面。

(三) 注意事项

推销人员应该选择好打电话的时间。例如,要避开使用电话的高峰期,避免顾客因为忙碌而不能很好地沟通。应该讲究打电话的礼仪与效果。做好准备,讲究效果。事先将要说的话打个腹稿,讲话应简单扼要,不要拖泥带水,应该尽快把事情讲清楚。

以上介绍了常用的寻找顾客的方法与技巧,它们均具有很大的适用性,但是在具体使用时又因产品、企业、推销人员的不同而有所差异。推销员要根据实际情况选择具体的方法,并根据市场变化而随时调整。推销人员应将多种方法融会贯通,灵活运用,在运用中进一步理解,并争取有所发展和创新。

第三节　医疗器械产品招商工作的开展

医疗器械企业都希望自己的产品做大,通过医疗器械招商信息的发布,使更多的代理商能够主动跟企业联系，实现广泛寻找客户的目标。

医疗器械经销商/代理商与保健品、药品的经销商不同，医药/保健品的经销商可以在药品、保健品、保暖内衣、化妆品等有着同样操作手法的不同行业进行切换，而医疗器械的经销商却是专注于医疗器械的运作，很少参与其他行业，所以这样稳定的医疗器械经销商队伍对于医疗器械企业来说是很有利的，只要产品在一个市场成功，就很快可以进行其他市场的渗透。

一、医疗器械产品招商信息的发布

医疗器械招商还是以《中国医药报》、《销售与市场》、《中国经营报》等媒体为主，但是最近数据库招商逐渐被医疗器械企业所重视，它具有成本低、信息直接、成交率高等优势。数据库招商主要是过网络、报纸等互动媒体搜集相关经销商资料，并通过电话、传真、邮件等沟通方式，以分散式或者集中式招商方式达成合作协议。如在线医疗器械招商服务平台、群发短信招商等。

二、医疗器械招商信息的设计

医疗器械招商信息包含以下四个内容。

（一）公司的简介，包括公司发展历史、规模、技术优势、市场地位等

例如，上海众仁电子仪器有限公司成立于2004年，总部位于上海市轻玻工业园区，是一家专业从事医疗电子设备的开发、研制、生产与销售以及提供完善售后服务的高新技术企业。众仁以"不断创新，追求卓越"为公司的发展理念。正是多年来对这一理念的不断坚持，使得众仁的产品遍布全国。

多年来，上海众仁以技术为依托，不断追求产品创新，产品主要涵盖心电、脑电及肌电三大类。公司与上海医疗器械高等专科学校合作，依托其强大的师资力量和先进的开发仪器设备，共同研制开发了具有极佳性能价格比的ZET-100数字化心脑肌电图仪。该仪器在采用国外先进技术的同时，结合中国国情，在多个领域进行了自主创新；该仪器具有价格低廉、经济实用、易于普及等特点，其性能价格比与国内外同类产品比较具有十分明显的优势，现在已在全国多家医疗机构中临床应用。

上海众仁拥有一批年轻而富有朝气的员工。不断成长、不断进步是众仁对员工的要求。公司下设多个部门及办事处。其中研发部拥有一批高水平的技术开发人员，保证产品不断创新、不断发展，以确保众仁产品一直以来的领先地位；技术部拥有一批经过严格培训的技术支持工程师，以保证用户能够更好、更全面地使用众仁的产品。正是这点点滴滴的努力，使得众仁可以和用户保持长期合作的关系。

（二）产品的特征、功能、与竞争对手相比所具有的优势等

例如，招商产品——脑电图（地形图）仪的特点。

☆ 全面符合国家医用电气设备通用安全标准GB 9706.1—2007、医用系统安全通用要求GB 9706.15—2008；☆ 先进的数字化集成设计，可有效降低故障率。仪器采用光电隔离传输技术，抗干扰能力强，无需接地线和屏蔽房，能适应各种不同的工作环境；☆ 外形设计精巧，配置笔记本电脑后，无需外接电源即可正常操作，真正实现了仪器的便携化；☆ 图像显示清晰真实，全中文操作界面，同步操作提示和人机对话功能便于初学者快速掌握诊查流程；☆ 强大的病例管理功能和完备的报告生成系统便于操作人员一键打印检查报告；☆ 能够选配模块建立电生理诊查集成系统，通过网络连接传输信息，实现远程诊断功能。

(三) 公司对代理商的资质、销售力方面的要求

例如,长沙新金辐医疗器械有限公司主要从事医用敷料(银离子伤愈贴)、急救包、一次性耗材等产品的开发、生产和销售。为更快更好地开拓市场,公司在全国范围内发展代理商。具体政策如下。

1. 核心代理商(区域总代理)

可以在授权区域内销售总部的全部或部分产品,并可发展下级代理商(普通代理商)及经销商,享受最低折扣。要求:直辖市及其他一线城市(北京、上海、广州、南京、天津、重庆、杭州等),每月至少备货1万元,年销售任务30万元。

2. 普通代理商

可以向所在区域的核心代理商或总部申请,优秀的普通代理商可以申请成为区域核心代理商。普通代理商仅可在特定范围进行销售。要求:二三线城市,每月备货5000元,年销售任务10万元。

3. 必须具备的条件

(1) 能够独立承担民事责任的法人机构。

(2) 申请需提交营业执照、法人身份证复印件、税务登记证复印件和公司简介,并按要求填写提交《代理商申请表》。

(3) 具备持续的业务开展以及独立开拓当地市场的能力。

(4) 具有良好的商业信誉,与某个行业或某地区各行业客户有良好的客户群关系。

(5) 接受代理体系与管理规范。

(6) 能够独立开具正规的税务发票。

(7) 了解和熟悉网络推广和传统推广相关产品的服务概念和运作流程,能够提供详尽的市场调查资料开发计划。

(8) 代理商必须配备5人以上专职人员拓展市场。

(四) 公司能够给代理商提供的市场支持

举例承接上文。

1. 区域保护政策

(1) 每省原则上仅发展1家核心代理商,每个地级城市不超过1家普通代理商。

(2) 各代理商之间不得跨区域销售,严禁恶性竞争。

2. 专业知识培训

总部为代理商提供统一的专业知识培训,并根据产品更新及营销实际需要,定期或者不定期举办面向代理商的培训及交流会。

3. 共享客户资源

总部将根据代理商所负责区域,将现有客户或者潜在客户资料提供给代理商,并帮助代理商将其发展为自己的客户;同时各代理商也可以将客户或潜在客户的相关资料提供给总部,由总部帮助发展。

4. 提供支持与优惠政策

(1) 独家供货,保护市场秩序。

(2) 免费获得产品宣传资料,并优先获得公司后续系列产品经营权。

(3) 加盟有效期满,优先续签加盟合同权。

(4) 代理商可享受返点奖励,凡完成合同约定年任务均可获5%的实物返点。

(5) 年终对销售最多的代理商除返点以外,再进行额外奖励。

三、医疗器械招商工作管理流程

（1）通过医院客户、网络、会展、同行、现有代理商介绍等途径寻找代理商。

（2）找到代理商名单后，对代理商信息进行汇总，分地区打电话，对有合作意向的代理商进行下一步沟通工作——寄资料或让代理商浏览公司网站，通过看公司的产品资料或公司网站，初步了解公司以及产品。

（3）对有明确意向的代理商，将安排出差拜访计划，逐个拜访，促成签订代理合同或合作协议。代理合同生效前，应该有3~6个月的考核期。

（4）签订代理合同后，对代理商进行产品知识培训。合同期间，密切配合经销商，监督和督促代理商的开发进展。对代理商在开发工作中碰到的困难要及时想办法解决。

（5）协助代理商拜访有机会的医院，把医院需求信息反馈给代理商，并督促代理商跟进。或者跟代理商一起拜访医院客户，介绍公司产品。

（6）代理商开发医院成功后，要跟踪代理商的进货是否顺利，医院检验科等使用科室在使用的过程中是否存在问题（技术问题，质量问题等）。建立客户投诉解决机制，24小时内响应。自己不能解决的问题，寻求上级帮助或其他人帮助。

（7）对于刚开发成功的医院，要跟踪医院的使用量，直到使用量达到稳定、预期的销量。对不能上量的医院，要寻求原因，然后想对策解决。

第四节 医疗器械客户的资格审查

在产品推销实践中，并非每一位准顾客都能成为推销人员的目标顾客。从准顾客到目标顾客还需要对其资格进行鉴定、选择，分析其是否具备成为目标顾客的条件。顾客资格审查是指推销员对已选定的顾客，按一定的标准进行评审，以确定适当的目标顾客的行动过程，又称"顾客评价"。

通过对潜在购买者的寻找，推销员会获取包括许多潜在顾客在内的一份名单，但是，所有这些潜在顾客是否都值得花费时间与精力去进行接触或拜访，这是推销员制定推销计划时必须予以考虑的一个关键性因素。为了避免出现盲目推销的情形，推销人员应该选择拜访那些有较大可能会成为买主的顾客，才能提高推销的工作效率。因此，在开始实际的推销约见与洽谈前，应进行推销对象的选择。推销对象的选择过程就是对潜在顾客进行评审的过程。

所谓的顾客评审，就是指推销人员对可能成为顾客的某个具体对象进行详尽的考查和分析，以确定该具体对象成为准顾客的可能性大小。一般而言，只有那些对产品有真实需求，有货币支付能力和有购买决策权的顾客，才能成为现实意义上的顾客，才是合格的顾客。顾客资格审查包括顾客购买需求的审查、顾客支付能力的审查、顾客购买资格的审查。

一、顾客购买需求审查

顾客购买需求审查是指推销人员通过有关资料的分析，对准顾客是否存在对推销产品的真实需求做出审查与评估，从而确定具体推销对象的过程。

（一）购买需求审查的主要内容

1. 对现实需求和潜在需求的审查

现实需求是指已经发现的没有被满足的需求，这时顾客已经对推销产品有所认识，同时认为通过购买行为可以满足某种需要。推销人员如果发现在寻找到的顾客名单中，有的虽然没有现实需求，但是存在着未来的需求，这就是推销产品的潜在顾客。

2. 审查需求特点和预测购买数量

（1）顾客需要什么　即对准顾客需要什么样的产品的描述。涉及顾客购买产品的用途、使用要求、将在什么条件下使用等问题，这些问题决定了准顾客对产品的选择标准，并为推销员提供了推销说服的基点。

（2）品牌倾向　即准顾客是否有对某一品牌的特别偏好。当准顾客没有明确的品牌倾向时，表明任何厂商的产品都没有优先性的排他优势；当准顾客有较明确的品牌倾向时，如果自己的产品品牌与准顾客品牌倾向一致，表明自己已获得优先性的排他优势，反之则表明自己的产品品牌已为准顾客所排斥。准顾客的品牌倾向可以在与客户有关人员的接触中直接询问而获得。

（3）期望的价格　即准顾客为实现某项购买而设定的心理价位或购买预算。大多数情况下，尤其是当准顾客具有明确的购买意图和购买计划时，都会有相应的期望价格。了解和掌握准顾客的期望价格，对于推销员确定产品报价和议价的策略是非常重要的。

（4）需要多少　即准顾客需要购买产品的数量。购买的数量涉及推销员确定报价和议价策略及其他交易条件，推销员在考察准顾客要多少的问题时，既要考察当前的交易量，也要考察潜在的购买量。

（5）何时需要　即准顾客做购买决策、签约及履行合约的时间。时间问题可通过准顾客的购买计划和采购计划日程做出相应的判断。

3. 特定需求审查

在顾客需求审查中，如果发现具有特殊需要的准顾客，应该继续进行审查，确切了解特定顾客的需求特点及其需求的意义，以便在以后的推销活动中给予满足。

（二）审查方法

顾客需求审查，要运用全面、联系、发展的观点对其进行动态的、综合的分析，既要审查顾客的现实需求，估计现实的需求量，又要考虑顾客购买的动态性以及顾客向其他顾客推荐购买的可能性。只有这样，才能对顾客的需求做出一个全面、正确的评价。

二、顾客支付能力审查

顾客支付能力审查是指推销人员通过对市场调查的有关资料的分析，确定准顾客是否具备购买推销品的经济能力。顾客支付能力是指顾客能够以货币形式支付货物款项的能力，实质就是指顾客具有的现实购买能力。顾客购买能力审查的目的在于选择有推销价值的目标顾客，防止出现被动局面。

（一）顾客的支付能力审查的内容

1. 个人或家庭购买者的购买能力审查

主要是从影响个人或家庭购买力的各种因素，如实际收入、购买支出、消费储蓄与信贷等几个方面进行审查。

2. 组织购买者的支付能力审查

购买力审查的重点对象是组织与企业购买者。推销人员对组织购买者的购买力的审查涉及组织购买者的生产状况、经营状况、资金状况、财务状况、信用状况等方面。从可操作性上讲，推销员对客户支付能力的审查主要是通过了解客户此项购买的资金来源及到位情况而对客户的支付能力状况做出判断。不同的客户单位其资金来源渠道是不同的，不同的渠道的资金来源，其支付保障性也有差异，而资金的到位情况则决定了客户是具有现实的支付能力还是潜在的支付能力，只有已到位的资金才形成现实支付能力，对潜在支付能力是否能按期转化为现实支付能力则要分不同情况予以对待。

当一项推销的订单金额与客户业务规模相比属于小额订单时，或可做到钱货两清时，只要观察客户是否有足够的现金维持其正常业务开支就可对客户的支付能力做出判断。但当订单金额太大，以至客户需要专门为该项购买进行预算并在项目进行过程中筹集资金时，或当订单的执行周期较长并分为若干期支付贷款时，推销员就一定要对客户的支付能力进行专门的研究。既要了解客户的购买资金来源，又要了解其到位情况，对未到位的资金，还要了解和证实到位的可能性大小和可能到位的量与时间。对此，可向客户有关人员询问和向与该客户有业务往来的其他推销员咨询以相互证实。

（二）顾客支付能力审查的方式

顾客支付能力审查的方式有多种，包括通过向主管部门、注册会计师事务所、推销对象内部了解等。以及通过其他同行、银行、大众传媒，及推销人员自我观察等了解。

（三）审查支付能力时应注意的事项

在对顾客进行支付能力审查时，应避免因为审查错误而失去顾客，更应该避免因为疏忽而遭受损失。需要注意以下几个问题。

1. 顾客经营情况发生变化

2. 人事变动情况

3. 经济政策发生变化

4. 企业本身管理不严

三、顾客购买资格审查

对推销品具有购买需求和支付能力的顾客如果不具备购买资格，也不是合格的目标顾客。因此，推销人员要对准顾客的购买资格进行审查，审查准顾客是否具有作为市场经营主体的行为能力以及对推销品的购买是否有某些限制。由于购买者主要有个体购买者与组织购买者，所以购买人资格审查的主要内容，就是审查以家庭为主的购买者和以法人资格进行购买的组织与企业购买者。

（一）家庭及个人的购买人资格审查

对家庭及个人购买人资格的审查，主要搞清楚以下两个问题。

（1）家庭购买决策类型 家庭购买决策的类型有：丈夫支配型、妻子支配型和共同支配型。

（2）购买角色 家庭的购买角色有五个：发起者、影响者、决策者、购买者和使用者。

（二）组织购买的决策者资格审查

在当前的市场上，组织型客户的购买多以集体决策的形式进行，推销员往往要接近和说服客户决策集体中涉及不同职能部门、不同职位的若干对象。这些对象由于在整个采购活动中的角色和分工不同，自然形成了一定的决策程度和决策权力结构。

1. 决策程序

即客户采购活动在不同职能部门及相应人员之间的作业流程。如在客户单位中往往由常设的供应部负责收集供应信息，接待推销员；由产品使用单位和使用者提出对产品的使用要求；由总工程师负责拟定产品的技术和选型标准；由行政领导负责最终的购买决策。这就构成了该客户的采购活动的作业流程。准确把握客户采购的决策程序，能帮助推销员在推销活动的不同阶段找准接近和说服的对象，并明了这些不同的对象在整个决策程序中能起到的作用，避免对某个特定对象的过分期望或忽视。

2. 决策权力结构

即客户内部决策流程中有关人员之间的决策权力制约关系。这通常是一个极其复杂而又微妙的问题，往往在无形中就决定了推销的成败。推销员必须极其慎重而准确地做出判断。对客户决策权力结构的审查不能仅以年龄长幼、职务高低、部门职责等表象来做主观判断，以免成为特殊的客户决策权力结构的牺牲品。

3. 信用度

客户单位及其主要决策人和合同执行人的可信任程度。在推销活动过程中，推销员与客户之间会彼此做出一系列的承诺，这些承诺是否得到兑现，很大程度上取决于客户的信用度。信用度越低的客户，交易风险越大。为尽量避免交易风险，推销员要尽可能对客户信用度做出自己独立而准确的判断，并通过谈判实现自我保护。

【案例5-8】 一名江西销售员刘伟与湖北某电器公司的购货代理商洽谈业务，时间过了半年多，却一直没有结果。他百思不得其解，于是他怀疑自己是在与一个没有决策权的人士打交道。为了证实自己的猜疑，他给这家机电公司打了一个匿名电话，询问公司哪一位先生负责购买电器订货事宜。他从侧面了解到把持进货决定权的是公司的总工程师，而不是那个同自己多次交往的购货代理商。

四、ABC准顾客管理法

有了顾客资料信息卡，企业就可以依据它对各类顾客进行分级管理了，ABC法就是按照一定的标准对顾客进行分级管理的有效方法。进行分级管理的主要目的是要使日常推销工作能够程序化、系统化、计划化、数据化、格式化。

（一）ABC法的分级标准

在推销实践中，潜在顾客虽然都有可能达成交易，但为了提高销售业绩，获得最大的效益，推销人员可以根据具体的情况，制定不同的分级标准将这些潜在顾客进行分类管理。下面是三种常用的基本分级标准。

1. 以顾客的购买概率作为分级标准

购买概率即顾客购买的可能性大小，通常用百分比来表示。

A级顾客——最有希望的顾客，概率在85%以上，被称为希望顾客。这类顾客要加强访问，增加访问的次数。

B级顾客——有可能的顾客，概率在50%～85%之间，被称为可能顾客。这类顾客需要访问，但不必过于紧迫和频繁。

C级顾客——购买希望不大的顾客，概率在50%以下，被称为无望顾客。这类顾客不必花费太多精力和时间，有多余时间抽空顺路时拜访即可。

【案例5-9】 某化工厂销售科的一位推销员张某干推销工作多年，经验丰富，关系户较多，加之他积极肯干，在过去的十几年中，推销量在科内始终首屈一指。谁知自上一年5月，同科的一位推销员刘某参加推销员培训回来后，不到半年，推销量直线上升，当年又微超张某。

张某虽比刘某推销次数多，但由于订货概率小，平均订货额少，而使推销总额略低于刘某。

对此张某百思不得其解，问刘某："你出门比较少，关系户没我多，为什么推销量比我大呢？"

刘某指着手中的资料说："我主要是在拜访前，分析这些资料，有针对性地拜访，比如，我对124名顾客分析后，感到有购买可能的只有94户，根据以往经验，94户中21户的订货量不大，所以，我只拜访73户，结果，订货率较高。其实，我的老顾客124户中只有57户订货。订货率不足50%，但是节约出大量时间，用于重点拜访。"

在该例子中，张某虽比刘某推销次数多，但由于订货概率小，平均订货额少，而使推销总额低于刘某。刘某主要是在拜访前，分析顾客资料，有针对性地拜访有购买可能、订货率较高、订货量较大的顾客。可见，刘某的成功之处，就在于重视目标顾客的选择。

2. 以顾客的购买量作为分级标准

数量的绝对额视推销规模而定，或根据具体的推销情况而定。

A级顾客——购买量最大的顾客，被称为重要顾客。这类顾客一定要加强访问，因为与销售人员的业绩密切相关，是短期内最重要的工作，非做不可。

B级顾客——购买量居中的顾客，被称为次要顾客。这类顾客应该访问，但是不太紧迫，无论是从购买的数量或者获取的利润方面来看，都具有很大的潜力，若能与之成交则可以改善并提高销售人员的销售业绩。

C级顾客——购买量较小的顾客，被称为普通顾客。这类顾客尚待开发，许多信息还不完善，销售人员若有时间与精力的话，可以去访问这类顾客。但是，销售人员不必给自己太大的压力，而应将精力投入在A类和B类顾客身上。

3. 以顾客可能成交的紧迫性作为分级标准

成交紧迫性是指顾客的购买决策或成交时间长短的迫切程度。

A级顾客——1个月内可能成交的顾客，被称为渴望顾客。对于渴望顾客，销售人员可以增加访问的频率与深度。

B级顾客——3个月内可能成交的顾客，被称为有望顾客。对于有望顾客，销售人员需要积极争取，主动出击。

C级顾客——超过3个月才能成交的顾客，被称为观望顾客。对于观望顾客，销售人员需要做出进一步的判断与评估，然后安排访问的时间。

虽然每个潜在顾客对企业与销售人员而言都很重要，但是根据二八法则，销售人员更应关注那些给企业带来80%利润的、人数为20%的客户，积极开拓发展未来的高级顾客——大客户、希望顾客、重要顾客、渴望顾客。

（二）ABC法的优缺点

1. 优点

改变了传统推销方式全凭个人经验办事，顾客无级别、推销无重点、工作无计划、效益无保证的缺陷，从而使推销工作标准化、程序化。有助于制定推销计划，实行目标管理，开展重点推销，提高了推销效率。有助于推销人员建立和发展顾客关系，开展售后服务工作，提高企业信用等级和增强品牌效应。

2. 缺点

利用ABC法很难制定一个科学合理的分级标准。使一些推销人员片面追求推销效率，注重对A级顾客而忽视对B、C级顾客的推销工作。

3. ABC法运用时应注意的问题

根据推销工作的特定需要制定具体的分级标准。级别档次也可多可少，如AB两级或ABCD四级也未尝不可。根据推销情况的变化，相应改变分级的标准。如购买概率的百分比、购买数量的绝对额、成交紧迫性的时间。甚至采用其他分级的指标，如购买企业规模、信用等级、消费者收入状况等。根据推销顾客情况的变化，应当及时调整顾客的级别。既要重点推销，也要兼顾中低级顾客。在推销工作量安排和时间分配上对不同级别的顾客实行差别待遇，但在推销工作的质量和服务态度上，对所有顾客一视同仁，不歧视低级顾客，做到全面提高推销效率。

为准确地划分顾客，销售人员需要经常审核以下问题，这些问题对顾客的类型和级别是有帮助的。

（1）客户是否正从你这里购买产品？如果是，这就意味着这是增加购买公司其他产品的机会。

（2）他是否曾经是你的客户？如果是，他为什么要中止购买你的产品？你是否应该恢复同他的业务关系？

（3）现有客户中是否有人也从竞争者那里获取产品？其原因何在？

（4）潜在客户能具有多大规模的购买数量？

（5）潜在客户的信用等级如何？

【本章小结】

寻找顾客是指寻找具有潜在可能的准顾客。准顾客是指对推销人员的产品或服务确实存在需求并具有购买能力的个人或组织。寻找顾客的原则是：确定推销对象的范围；树立"随处留心皆顾客"的强烈意识；选择合适的途径，多途径寻找顾客；重视老顾客。

寻找顾客的方法有逐户访问法、连锁介绍法、中心人物法、个人观察法、委托助手法、广告开拓法、资料查阅法、市场咨询法、网络搜寻法、交易会寻找法、电话寻找法等。在推销实践中，并非每一位准顾客都能成为推销人员的目标顾客。从准顾客到目标顾客还需要对其资格进行鉴定、选择，分析其是否具备成为目标顾客的条件。顾客资格审查是指推销员对已选定的顾客，按一定的标准进行评审，以确定适当的目标顾客的行动过程。顾客资格审查包括顾客购买需求的审查、顾客支付能力的审查、顾客购买资格的审查。

【讨论与思考题】

1. 什么是准顾客？寻找顾客应遵循什么原则？
2. 寻找顾客的常用方法有哪些？请简述之。
3. 为什么要进行顾客资格审查？顾客资格审查的内容包括哪些方面？

【知识拓展】

区域销售六步拓展法

对区域市场的运作是医药企业整体营销战略中的重要组成部分，也是其营销战略在执行中的具体体现。可以说，区域市场的成败在很大程度上决定着公司的整体营销业绩。根据个人的实践经验，笔者总结出了区域市场营销工作的"六步拓展法"，现分述如下。

第一步：划分市场确定目标

划分区域类型，确定销售策略。通常来讲，对销售市场的开拓是一个逐步扩展的过程，很少有哪一家公司一开始就齐头并进在全国范围开发市场。这就要求不同规模、不同产品结构的企业，必须确定合适的目标区域市场，然后对其进行分类定位，划分出不同的区域类型，如可划分为大本营区域、根据地区域、运动区域、游击区域等不同的类型，并推行不同的营销策略。一般情况下，大本营区域（市场占有率在60%以上）是公司应绝对占领的区域，对这类区域公司必须确保投入，将营销分支机构建立到县级甚至乡镇市场的层面，要精耕细作，尽量进行深度分销；根据地区域（市场占有率在40%以上）是公司应绝对控制的区域，公司应作重点投入，可采取经销商与终端相结合的渠道策略（投入比例为3：7），有重点、有针对性地与竞争对手开展竞争；运动区域是指公司没有进行相应的投入，在短期内不容易占据主导地位的区域，在这里最好避实就虚与对手开展竞争，在渠道上以零售终端带动经销商上量为主，力争将市场占有率控制在20%左右；游击区域是指公司还没有客户基础的市场，对这类区域，公司没有必要盲目投入，采取现款现货的营销模式即可。

进行区域细分，明确拓展目标。在确定了区域类型后，应综合考虑区域市场中行政区划、人口数量、消费水平、交通条件、客户分布、政策环境等相关因素，将每个区域市场进一步细分为若干个分区，并具体确定每个分区的市场开发和产品推广进度、目标任务、目标市场占有率、目标经销商和零售终端等分销客户的名称等。如某制药企业将全国分为华中、华南、华北、华东等大区，然后又将华中区分为河南、江西、安徽、湖南、重庆、湖北6个分区；其中湖北分区的拓展目标为：以九州通、新龙等经销商和中联、马应龙、同济堂、三九等零售终端为目标客户，力争在2004年底前实现销售额500万元，市场份额达到50%以上。

第二步：深入调查　建立档案

虽然确定了分区内的目标经销商和零售终端等分销客户，但一开始对它们肯定是不了解的，这就要求业务人员进一步开展深入的调查工作，详细、真实地了解它们的相关情况。通常的做法是完善目标客户档案，有3个方面值得注意。

一是档案信息必须全面详细。除了客户名称、地址、联系人、电话这些最基本的信息之外，还应包括它的经营特色、行业地位和影响力、分销能力、资金实力、商业信誉、与本公司的合作意向等这些深层次的内容。

二是档案内容必须真实。业务人员应深入实地调查，不能只停留在收集资料的层面，更不能闭门造车。

三是对已建立的档案要进行动态管理。业务人员只有通过高频率的拜访，才能及时获悉客户的最新信息，应根据所掌握的最新信息将对应的档案内容更新，使与客户实际相吻合。

第三步：指标分解责任到人

分区是医药企业最基层的营销单位，虽然每个分区可能只有2~3个业务员，但仍有必要将销售目标和任务落实到每个业务人员身上，而不是仅仅摊派到分区，更不是只停留在区域分公司。从公司到区域，从区域到分区，从分区到个人，是营销目标内部分解的一条完整路线。

指标责任到人，一方面可以确保目标计划的实现，另一方面还可以真实地评估每一个业务员的销售业绩。一个分区没有完成销售目标任务，并不等于该分区内所有的业务员没有完成任务。考核到人，有利于激励先进，鞭策后进，有利于发现和培养新的业务骨干，防止区域营销团队过早老化。

第四步：选准对手制定攻略

重点突破，靶向瞄准。在区域市场上，没有必要把所有同类产品都当做竞争对手，同行并不一定就是"冤家"。因为虽然是同行，但彼此的产品结构可能完全不同，渠道策略可能差别很大，目标客户也许并不一样，对所有的同类产品发起进攻只会空耗自己的实力。明智的做法是通过仔细比较彼此的产品结构、渠道策略、目标客户等多重因素后,选择1~2个各方面都相似的同类产品作为竞争对手,再集中力量与之展开竞争。

系统分析,知己知彼了解竞争对手,方能百战不殆。要做到知己知彼,区域营销人员必须对自己、对竞争对手进行系统的分析。从产品功效、生产工艺、技术含量、包装档次、价格定位、品牌形象、渠道策略、销售政策、广告支持等方面入手,看看自己在哪些方面占有绝对的优势,在哪些方面又处于相对的劣势;竞争对手对自己最大的威胁是什么,自己战胜竞争对手、控制市场的机会有多大。只有扬长避短,才能在竞争中立于不败之地。

第五步:细化管理　夯实基础

对客户要激励,更要管理。过度的激励容易被客户牵着鼻子走,唯有细化的管理才能确保区域市场"长治久安"。这种管理的细化通常体现在对客户的任务、价格、信用和窜货管理上。

任务管理。将销售目标在区域内部进行分解还不能算是销售目标任务的市场分解,只有将年度和月度销售任务落实到每个业务员所对应的、具体可完成销售的客户身上,任务才算落到了实处。因此,对区域销售目标的路线应该在内部分解的基础上进行延伸,即从公司到区域,再到分区,再到个人,最后还要到客户。

价格管理。对客户而言,产品供销价格的稳定性比产品利润空间的大小更具吸引力。有一些医药公司的区域经理为了表明对大小客户的不同重视程度或支持力度,通常会按客户的规模而不是客户的类型来确定供货价格,结果在价格管理上自乱了阵脚。其实,为了维护价格的稳定,首先要做到让相同类型的分销客户享受相同的价格政策,如所有批发类型的客户享受一种相同价格,所有零售终端型的客户享受另一种相同价格;其次要协助不同级别的批发型客户统一其二次分销的价格,因为有些批发型客户为了上量,经常把供应商的年终返利或其他奖励政策提前向其下游客户预支,从而导致产品市场价格的混乱。

信用管理。为减少分销客户中的"呆"、"死"账款,避免其一夜之间"搬迁、倒闭、关门"给公司造成的巨大损失,医药企业对每一个客户的销售动态要随时掌握,特别是必须控制累计铺货额度。具体可建立客户管理卡,采取信用等级评估、设定饱和铺货量、控制货款结算周期等办法来加强对客户的信用管理。

窜货管理。窜货现象最容易破坏区域市场的供销价格体系,也最容易使分销客户对产品在日后的销售失去信心。要想及时发现窜货现象,业务员只要做到勤于拜访客户、经常查看产品的销售流向就可以了。但要有效防止窜货现象,就必须实行标本兼治,如可以事先明确窜货责任,为追究恶意窜货者责任时提供法律依据;与分销客户联手抵制窜货;勒令窜货者以零售价回购,取消奖励或扣除相应的保证金;实行包装区域差异化等。治本的关键在于建立厂商一体化的战略联盟合作关系,双方结成利益共同体,经销商把产品的销售当成自己的事来做,才可能彻底解决窜货问题。

第六步:完善制度激励销售

对内部业务人员的激励总体原则是"以数字论英雄,以业绩定成败"。要建立全面的考核体系和详细的奖罚细则作为激励的具体标准,通过准确的考核指标(如以回款、利润、任务、费用、应收账款、产品结构、日常工作等为基本的考核项目)保证激励的公正和效果。同时,区域的营销工作从一个阶段发展到另一个阶段后,对应的考核管理办法也应随之修改,使之日臻完善。另外,还应进行纵向和横向的比较:横向比,因为每个分区的市场基础是不尽相同的,如果一概而论地采取业绩绝对值的考核方式将有失公平;纵向比,就是将业务人员这一考核周期的业绩与他上一考核周期的业绩相比较,才能看出每个业务员的业绩增长情况。这些纵向和横向的对比值是团队成员业绩排名的最终数字依据。

对于外部的分销客户来说,任务完成好的会向公司要求更多的政策支持,任务完成欠佳的也会要求公司调整任务指标。关于客户激励，有两点要特别注意：一是对客户同样需要全面综合考评，只考核客户的绝对进货量是不科学的。对客户的任务完成率（客户的合同销量完成情况）、销售比重（本公司产品销量占客户所经营同类产品总销量的比例）、销量增长率（与上年同期相比或当月与上月相比）、利润率（扣除成本、促销、返利等政策性投入）、价格管理、窜货控制、回款周期长短等应该全面考核。二是不要为了让客户重视本公司的产品而增加虚假的激励承诺，也不要轻易改变对客户已有的激励措施或削减公司的奖励比例。

【案例分析】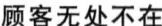

顾客无处不在

小王曾经是某外贸公司的办公室文员，由于公司生意不景气，辞掉了公职，加盟雅芳公司，做了一名职业推销员。加入了一个新的行业，一切都必须重新开始，小王为自己没有客户而发愁，不得不每天挎着一个大背包，里面装满了各种眉笔、唇膏、粉饼等化妆品，一家家地敲着陌生人的大门。可是能开门见她的人很少，多数人只是在门镜里看了看，就很不客气地在门里说："我不需要，快走吧！"一连几个月她的收入虽然有所提高，但仍不足以维持温饱，这深深刺痛了她那颗骄傲的心，她不相信在别人干得有声有色的行业中，自己只是一个"脓包"，一定有办法开创自己的新天地。

小王先向她的同学、亲友介绍雅芳化妆品，先请她们试用，并借机向她们推销产品，很快业绩有了上升，之后又请她们把她介绍给她们的同事，但是当用这些常规方法发展到近50人时，她的业务又出现了停滞。

接下来小王决定在自己的小区里展开推销活动，她写了几百封信，例如："××号的李女士，您好！我是您的邻居王小丽，在雅芳公司工作，我很希望与您交个朋友。能在晚上6至8点钟之间给我打个电话吗？我的电话是87654321。"并附上一些化妆品的说明书，然后把信件塞进了各户的信箱。以后几天晚上陆续接到了5个电话，卖出了3只口红、4个保湿粉底和1瓶收缩水。

就这样做了几个月，小王的推销成绩又有了很大进步，但她仍觉得销售增长的速度慢。怎样才能提高效率呢？她苦思冥想了很长时间也不得要领。后来在儿子的家长会上她偶然得知有一个孩子的妈妈是某单位的工会主席，姓王，突然有主意了，决定试一试。

机会来了，有一天下着大雨，工会主席还没来，看着孩子们一个个被家长接走了，她的孩子很着急，小王就主动上前安慰他，告诉他说："阿姨可以送你回家。你先给妈妈打个电话，告诉她不要着急，康明（小王的儿子）的妈妈送你回家。"小家伙照办了。小王把孩子送到家，记住了她家的地址。

她们成了好朋友，小王给她做了全套护肤美容和化妆，边做边讲解，并针对她的肤质特点提出建议，工会主席发现化妆后比平时漂亮多了。大家的赞美使她很高兴，自然成了小王的顾客，她也帮助小王介绍了一些同事，在她的影响下，她们单位不少女同事也都开始使用雅芳化妆品，小王的顾客数量也达到了300人，收入大有增长。

王主席后来又帮小王与另外几个大企业的工会主席取得了联系，建立了友谊。通过这种方法，小王发展了几个公司的大量顾客。她们中有的人买全套化妆品，有的人只买单件，不论怎样，她对她们一视同仁，不厌其烦，周到服务，大家对她非常满意。因此，她的顾客量像滚雪球般越来越大，销售量直线上升，收入也有了极大提高。

分析讨论题：

1. 小王采用了哪些方法来寻找顾客？
2. 如果你是小王，你还会采用哪些方法来寻找顾客？

第六章

医疗器械客户的约见与接近

【案例导读】

成功接近采购负责人的超声仪器推销员

一位彩色超声厂家的推销员,为了扩大公司产品的销路,来到一家规模较大、级别较高的超声诊断仪代理商处,想找采购部的经理谈谈生意。但连续几次都被秘书挡在门外,说经理没空。推销员实在耐不住,就设法向秘书打听是什么原因,秘书告诉他,这个星期六是经理儿子的生日,这两天经理正忙着为儿子收集喜欢的邮票,许多推销员都被打发走了。听完秘书的话,推销员转身走了。

第二天,他又求见经理,秘书照样不让进,推销员解释说:"我这次来不是推销设备,而是来送邮票的。"秘书放行了。推销员见到经理后首先将自己收集的一些邮票放在经理面前,经理欣喜不已,顾不得询问来人的身份,就急忙同推销员谈起邮票来,两个小时很快过去了,推销员要起身告辞,经理才如梦初醒,忙问:"对不起,你贵姓,找我是不是有事?"等推销员介绍之后,经理说:"这好办,明天请你带上合同来找我。"

【案例启示】

在该案例中,超声仪器推销员能够接近客户,并取得订单,最主要的原因是"投其所好"。做好接近顾客的第一步是吸引顾客的注意,能否引起顾客的注意却取决于心理接近。如何做到心理接近?心理学研究表明,人通常会对那些与其想法一致的人产生好感,并愿意将自己的想法按照那些人的观点进行调整。在推销过程中,单纯的讲述产品优势跟客户有什么关系呢?让顾客参与进来,讲顾客想讲的,做顾客想做的,就会拉近推销员与客户之间的距离。

第一节 医疗器械接近客户前的准备

接近顾客是推销工作的一个重要步骤。所谓接近是指推销人员正式接触推销对象,是推销面谈的前奏。成功推销的基础在于推销主体成功地接近推销对象。而且很多交易能否达成,取决于推销洽谈前的几分钟。接近的目的与任务是让顾客认识与注意推销人员,注意所推销的产品以及开始接触推销活动。推销接近之前一定要准确搜集相关的客户资料,约见客户寻求见面的机会和制定拜访计划等。

一、接近准备的含义与任务

(一)接近准备的含义

接近准备是接近顾客前的准备的简称,是指推销人员在接近某顾客之前进一步搜集、了解、掌握、分析该顾客更多的资料,设计如何接近的计划,为正式的推销洽谈做好一切准备的全过程。接近准备是顾客资格审查工作的继续。

有人断言:一个准备充分、满怀信心、不卑不亢、知识丰富以及充满进取精神的推销人员,已经赢得了推销成功的一半。

(二)接近准备的任务

欲速则不达。推销人员应该明确自己推销接近的目标是什么,为实现目标必须做哪些工作,为完成这些工作又必须进行哪些准备,从而不断改进接近技术和方法,提高推销效率。接近准备的任务包括以下几项。

1. 增强推销信心

推销员通过接近准备,掌握顾客、产品、竞争等方面的情况,通过设计说什么、怎样说,减少见到顾客时产生的紧张感,增强自信心。

2. 培育友好氛围

懂得顾客需求,知道产品如何使顾客受益才能显示自身的诚意,得到顾客的欣赏,顾客也会以友好的态度作为回报。

【案例 6-1】 日本推销大师尾志忠史前去向一位同事们屡攻不下的外科医生推销百科全书,他事先对这位医生做了一番了解,医生的母亲开澡堂,而这位医生私下对蕨类植物颇有研究。拜访时不出所料,一进门,医生就下了逐客令,但尾志一句:"我已到你母亲那里洗得干干净净才来,应该有资格与你谈谈吧",引起了医生的好感。

交谈中,尾志介绍百科全书时带的就是有蕨类植物的那本,连翻开哪一页他都预定好了,如此有计划的耕耘自然又得到一笔订单。

3. 拟定洽谈计划

设计面对具体客户时的行之有效的推销策略和现场工作计划是非常重要的。在推销洽谈计划中,应明确洽谈的侧重点,选用适宜的介绍商品的方式,从而达到激励购买欲望、实现最终购买行为的目的。

4. 进一步审查潜在顾客的资格

通过已经掌握的信息可以初步判断某个潜在顾客,但通过进一步的核实后,如他已经购买了,或没有足够的支付能力等,就会否定之前的结论。

接近前的充分准备与现场的灵感所综合出来的力量,往往很容易瓦解坚强对手而获得成功。对与公司产品有关的资料、说明书、广告等,均必须努力研讨、熟记,同时要收集竞争对手的广告、宣传资料、说明书等,加以研究、分析,以便做到"知己知彼",采取相应对策。接触前的准备要点可概括成五句话:拜访目的先订好;资料工具准备好;时间路线安排好;赞美话术先想好;拒绝问题演练好。在这里主要介绍客户档案建立、制定拜访计划和辅助设备准备等。塑造良好的个人形象同样非常重要,推销人员必须重视与客户第一次见面的最初 45 秒钟(甚至是前五秒)给客户留下的第一印象(第三章已介绍)。

二、建立顾客档案

建立顾客档案就是制定顾客资料信息卡，以使顾客资料统一地进行数据化、格式化。建立消费者顾客资料卡与建立组织顾客资料卡的内容有许多不同，要加以区别。

（一）消费者顾客资料信息卡

消费者顾客的资料准备一般包括以下内容。

1. 姓名

见面后直呼其名，会缩短推销人员与顾客的距离，给对方一见如故的亲切感。无论是称呼或书写顾客姓名时，要认准读音、写法，避免错误，招致顾客反感，影响推销接近。如一位推销人员前去拜访某厂的丛厂长，未见到于是给厂长留了张便条，抬头就写"葱"厂长，无论便条内容如何，结果可想而知。

2. 年龄

不同年龄的人会有不同的个性差异、消费心理差异、需求特征、购买决策差异。应采取合适的方法和途径了解顾客的年龄，以便把握顾客的消费差异，确定最佳的推销接近方案。如经验丰富的推销人员在推销时都会"逢人减岁"，这对成年人比较适用，特别是女士，但对于孩子却是万万使不得，不但不能减岁还应当在估计的基础上适当加岁，因为孩子在父母的眼里永远是最懂事、最成熟、最聪明、最可爱、最健康的。

3. 性别

不同性别的人也会有不同的个性差异、需求特征、购买决策差异，推销人员应区别对待。

4. 学历与经历

学历与经历代表着顾客受教育程度和文化水平的高低，会具有不同的素质与个性特征，他们购买商品的选择原则和方式会有所不同。了解推销对象的受教育程度、文化水平以及人生经历，有利于制定对应的洽谈计划和洽谈方式，设计合适的洽谈主题，创造有利的接近氛围。如一位推销人员了解到顾客和自己一样，都曾在部队里当过兵，于是两人见面时聊起了部队的军营生活和趣事，双方有了共同的语言谈得津津有味，直到握手言别前的最后一刻，在愉快的气氛中顺利达成了交易。

5. 民族

不同的民族有着不同的宗教信仰和风俗习惯，要避免触犯忌讳，对他们的消费嗜好、消费模式、消费行为要有所了解。

6. 籍贯

俗话说：老乡见老乡，两眼泪汪汪。利用同乡关系与顾客攀情交友，发展人际关系，对接近顾客不无好处。如一家公司的推销员小张去面见一大企业的采购部经理，之前听说这人不好沟通，小张一见对方心里直发虚。不过对方一开口说话，他就看见了曙光，因为据对其口音的判断，两人是同县的老乡，于是套起了近乎。从家乡聊起，谈到在外奔波的辛苦，最后达成一笔不小的订单。

7. 消费需求

了解顾客购买需求特点、购买偏好、购买动机、购买决策期限等，便于有针对性地做好推销工作。

8. 家庭情况

了解顾客的家庭背景、成员、收入状况、购买决策权等背景资料，能够起到投其所好、对症下药的作用,也是不少推销人员赢得成功的原因。一位推销人员了解到顾客的儿子喜欢集邮,在与顾客见面时就送上几套邮票,迅速得到了顾客的好感。

9. 性格爱好

了解顾客的性格爱好,适时、适度地对其加以赞美,是一些推销人员博得对方好感的手段之一,如果做到这一点,也就离推销的成功不远了。如一位推销人员走进厂长的办公室,发现厂长爱好书法,将自己写的条幅挂在办公室里,马上称赞厂长的书法有功力,然后与厂长就书法交流心得体会,最后这位推销人员得到了订单。

10. 其他

了解对方的职业、职务、职称、地址、电话、通信方法、邮政编码等方面的内容。

在初次见面前,推销人员可以通过个人观察、同事介绍、其他顾客介绍、向上司咨询等途径对即将见面的顾客进行初步的了解,以做到知己知彼。建立消费者顾客资料卡,如表6-1 所示,当前有一些内容不了解时可以空缺,待日后逐步加以补充和完善。

表 6-1 消费者资料卡

顾客姓名		购买商品	
性别		购买日期	
民族		年收入	
年龄		付款方式	
籍贯		付款日期	
职业		信用状况	
职务		往来银行	
学历		性格特征	
住址		交易实绩	
宗教信仰		联系电话	
婚姻状况		资料来源	
购买动机		备注	

(二) 组织顾客资料信息卡

组织顾客的最大特点是购买执行人和购买决策人往往是分离的;购买商品的种类、数量、频次远远大于消费者顾客。因此,推销人员向组织顾客推销时,包括对购买执行人和购买决策人的接近准备,两者有着微妙的不同,从而使组织顾客的接近趋于复杂化。尽管如此,由于组织顾客具有较强的购买力,这对于推销人员而言显得更有价值、更具有诱惑力。

组织顾客的资料准备一般包括以下内容。

1. 组织的基本情况

它包括该组织的全称及简称、地址、电话、传真号码、邮政编码、交通运输条件等情况;组织的性质和规模;该组织所属产业、投资及生产规模、成立时间与演变经历;该组织法人代表的作风特点、组织结构图及职权范围的划分、人事状况及人际关系等;购买执行人和购买决策人的有关情况:个人基本情况、家庭情况、社会经历、兴趣爱好、性格特点等情况。

2. 购买习惯和购买行为

首先应摸清该组织的购买习惯。购买习惯是指目标顾客的采购部门及其工作程序和制度、购买信用及购买力集中程度、购买时间、频率及批量、现有进货渠道、支付方式及供求双方的关系及其发展前景等。其次应掌握该组织的购买行为流程（做购买决策时所涉及的人有哪些，即谁是发起者、影响者、购买者、使用者、决策者），只要打通上述环节，成交并非难事。

3. 生产或经营情况

当该组织是生产型企业，购买商品作为生产资料时，就还需了解该企业的生产经营情况。如：产品品种、产量、生产能力；设备技术水平；产品加工工艺及配方、产品主要销售地点及市场反映；市场占有率及销售增长率；资金实力和信用级别（否则推销人员的主要任务就不是推销而是讨债了）；管理风格与水平；发展、竞争与定价策略；经营业绩及利税水平等。在面对面的推销过程中，顾客会积极主动地提出各种问题，讨价还价，一旦成交或者变成老顾客，就会对推销人员和推销品形成一定的印象和看法，并做出相应的反应。老顾客反应的内容是多方面的，主要包括产品质量、使用效果、供货时间、产品价格、服务态度等。

4. 顾客反应及回馈

组织顾客常常会直接或间接向推销人员甚至企业反映有关情况或问题（产品质量、包装、交货、付款、对推销人员的不满等），提出建议（如改进包装数量、包装形式、包装材料、付款方式、经营模式、促销形式与力度、广告形式、广告时段与投入力度等）。对于这一类顾客，企业一定要认真对待，针对不同顾客、不同问题及时地加以解决或解答，特别是对于提出的问题，要运用应急处理的方法，否则容易激发和扩大矛盾，造成企业的被动局面。如：有些顾客喜欢私下议论评头论足、有些顾客乐于向有关部门上告揭露、有些顾客宁愿投书媒体予以曝光。显然，建立组织顾客资料卡远比建立消费者顾客资料卡的内容要多、要复杂。如表 6-2 所示，当前有一些内容不了解时，也可以空缺，待日后逐步加以补充和完善。总而言之，顾客资料卡力求详细记载，并加以分类整理。

表 6-2 组织顾客资料卡

组织名称	购买进度
企业性质	订货次数
营业地址	交易日期
注册资本	交易实绩
开业日期	付款方式
企业法人	付款日期
员工人数	开户银行
业内信用	信用等级
经营规模	推销费用
采购主管	接近难度
订购商品	资料来源
联系电话	备注

目前，许多企业都利用计算机的标准化通用软件建立顾客资料库，实施顾客管理的自动化。如各种 ERP（enterprise resource planning，企业资源规划）软件包的子功能。

（三）建立顾客资料信息卡的主要作用

在推销业务中，推销人员根据顾客资料卡，可以掌握顾客的购买进度、采购时机、订货次数（每年或每月）等，将顾客的有关资料进行汇总。定期地对顾客进行综合评价，及时发现推销过程中存在的问题，并提出整顿改进措施。分析、控制产品推销业绩的成长状况、该顾客占公司推销总额的比例，以便发掘该顾客的潜在购买能力。分析、了解该顾客每笔交易所花费的推销费用水平，以此衡量以后推销业务的投入水平与产出效益。掌控贷款回收情况、制定顾客访问计划、分析存在问题、制定改进措施、进行顾客评级。

【案例 6-2】 一位顾客看中一辆新的 Ford 汽车，在最后是否决策购买时，顾客想再压低价格，他对推销人员说："昨天有家车行愿意出价 17200 美元，我都没有决定是否购买。"这位精明的推销人员马上回答说："这台车的全市统一价是 17600 美元！那家车行我不想知道是谁，既然他给你少报了 400 美元，你真的应该抢在他们发现自己弄错价格换标签之前赶紧把那辆车买下。我倒愿意替你仔仔细细地检查一下那辆车，看看是否缺什么标准配置。上帝才知道它要的什么鬼花招！据我所知，这是全市唯一一台宝蓝色的 Ford 汽车。如果您实在喜欢这台车，我只好成全你，我把自己的销售提成让给你好了，就当今天我休假了。那就 17500 美元吧，如何？你如果还犹豫，可以去昨天那家车行看看，不过我可不敢保证下午你来时，这台车还会在这里。"无疑，顾客被销售人员说服并感动了。试想：如果汽车销售员没有准备工作，不了解市场行情、不了解产品构造、不了解顾客心理、不了解谈判技巧，这笔生意能够成交吗？

三、制定针对性的推销现场作业计划

推销现场作业计划是对实际推销访谈过程中的许多细节性问题，提出具有可操作性的步骤和方法。一般包括两部分的内容：推销过程策略性计划和推销访问计划。

（一）推销过程策略性计划

推销过程策略性计划一般包括三方面的内容。

（1）规划推销面谈要点。即指在推销面谈中用来激励顾客购买欲望的、必须向顾客说明的产品特点和交易条件，解决了用什么说服顾客的问题。

（2）设想顾客可能提出的问题，并准备答案。推销员根据客户的资料和自己的工作经验，列出顾客可能提出的各种问题，然后设计备选答案，再从中选择最好的回答。

（3）制定推销策略和技巧。即用什么方法接近某个客户？怎样在较短的时间内吸引顾客的注意力？怎样使顾客相信产品和推销员？如何激发顾客的购买欲望？

（二）推销访问计划

推销员必须在拜访客户前制定一个切实可行的具体的访问计划。完整的拜访计划应该包括以下内容。

（1）确定拜访者。约见顾客时应确定约见对象。

（2）拟定拜访顾客的路线。

（3）拟定访谈的时间和地点。具体的访谈时间和地点在约见客户时已经确定。推销人员必须弄清面谈地点的具体位置，见客户时最好早到，不要迟到。

（4）拟定访谈内容。推销员必须首先确定拜访的目标和拜访时要谈的内容。将要谈的内容一一列出，做好充分的准备。

（5）拟定约见客户和接近客户的方式。

四、推销工具的准备

销售时，推销员必须带上自己精心设计、准备好的产品介绍材料和各种资料。对于推销

人员来说，各种推销资料和工具是销售的必备"作战"武器，可增强推销员语言的可信性和说服力。如表 6-3 所示。

表 6-3 主要的推销工具及其功用

类别	内容	功用
视听工具	商品实体、样品、产品目录、幻灯片、音像制品、图文资料、照片、手提电脑等	展示商品、吸引顾客的注意力、促进顾客直观感受商品
宣传工具	广告作品、产品说明书、产品价目表、检验报告、鉴定证书、有关剪报等	增强推销人员说服顾客的效果
签约工具	各种票据、订货单、合同文本、印章等	交易一旦达成，随时履行有关签约手续，不至于贻误时机
其他工具	笔、计算器、笔记本、单位介绍信、身份证、名片等	方便取用

【案例 6-3】 丰田汽车公司推销员所遵从的原则：优秀的推销员一靠推销技巧，二靠各种推销工具。根据观察，人们对五官的注意力，视觉占了 87%，听觉只占 7%，两者加起来则可高达 94%，其他依次是嗅觉 3.5%、触觉 1.5%、味觉 1.0%。

由此可知，视觉注意力相当于其他感官总和的六七倍，效果相当惊人。所以，想让推销发挥出最大的功效，最好的方法还是利用视觉的诉求。

因此，我们不妨客观地分析一下，以"看"来推销商品，所得的诉求效果将有多大。根据全美推销干部协会的调查结果显示："听觉的保持力"为 10%，"视觉的保持力"为 30%，"听觉加视觉的保持力"则高达 60%。

第二节 医疗器械客户的约见

推销人员在完成接近准备之后，就可以开始约见客户了。约见客户即与客户约定见面，是指推销人员事先征得客户同意见面的行动过程。约见客户既是接近准备的延续，又是接近客户的开始，是承前启后的重要环节，特别是面对一些难以接近的客户，约见显得尤其重要。约见如果获得客户的认可和同意就使推销活动向推销成功迈出了第一步。

一、约见的含义与重要性

（一）约见的含义

约见，又称商业约会，是指推销人员事先征得顾客同意进行推销访问的行为过程。当推销人员做了必要的准备后，可以约见顾客。约见是推销接近的前导，是推销接近的开始，也是推销能否成功的一个先决条件。

（二）约见的重要性

1. 约见有利于推销人员成功地接近顾客

虽然各个企业都需要买进产品，但在买方市场下，决定购买的企业几乎都不会安排专门时间去接见推销人员，除非事先约好。而且，由于各种原因，购买者尤其是有购买决策权的人不愿意，甚至是想办法拒绝接见推销人员。因此，事先约好顾客，获得当面推销的机会，本身就是成功推销的开始。事实上，约见本身就是推销人员推销自己、推销产品、推销观念、推销购买建议的开始。约见可以使顾客接受推销人员的初步推销。

2. 约见有利于推销人员顺利地开展推销面谈

经过一个约见的过程，推销人员获得顾客的同意，就可以初步赢得顾客的信任与支持。约见又是接见的准备阶段，通过约见，初步接触顾客，可以对顾客有一个感性的认识，使推销准备工作更充分；也使顾客有了初步准备，为后面的推销面谈铺平道路。

3. 约见有利于推销人员客观地进行推销预测

推销人员可以根据约见时的情况及顾客的初步反应，对顾客的个性进行印证，从而能对推销面谈及顾客异议做出接近实际的预测。

4. 约见有利于推销人员合理地利用时间，提高推销的计划性

推销人员往往都有这样的经历：由于没有事先约好而使推销计划成为一厢情愿的空文，有时在会客室里空等很长时间而一无所获。因此，只有与顾客约好见面时间后所制订的推销计划，才有落实的可能性。

总之，推销人员不可轻视约见工作。它是推销工作中不可缺少的一环，能把推销前的准备工作与直接的面谈推销联成一体。

二、约见的内容与方法

（一）约见的内容

作为接见的前奏，约见的内容主要取决于面谈的需要与顾客的具体情况，取决于访问活动的客观要求。大致有以下几点。

1. 确定访问对象

约见首先要确定具体的访问对象，确定约见对象时应注意以下内容。

（1）应尽量设法直接约见顾客的购买决策人，或者是对购买决策具有重大影响的重要人物，避免在无权人与无关人身上浪费时间。

（2）应尊重接待人员。在实际的推销工作中，推销员常常不能直接与访问对象联系，在一些大型工商企业和重要的行政部门，那些有决策权的人为方便工作、减少干扰，通常都配备了专门的接待人员，负责接待包括推销员在内的各类人员。这样一来，推销员首先面对的往往是秘书和接待员这样的人。为了能顺利地约见主要人物，推销员应尊重有关接待人员，应在言行中把他们当做同等重要的"要人"，从而取得他们的合作与支持。因为，有时是他们把守着推销人员与约见对象约见的大门。要取得接待人员的合作，就必须使有关接待人员感到，他们的权威在于使推销人员能顺利地约见其上级领导，而不在于难为与阻挠推销人员。

（3）应做好准备。推销人要想见到与推销有关的人，就要在约见前做好各项准备，以便"过五关斩六将"。例如应事先准备好必要的介绍信、引见信、名片、身份证、通行证，并刻意打扮自己，甚至还要准备好态度与微笑。

2. 访问事由

约见的第二项内容是确定与说明访问的事由和目的。当然，任何推销访问都是为了推销产品。但具体的每次访问的目的都可以不同，应视推销活动的不同进展与具体情况而有所区别。同时，每次访问的事由不宜过多。一般可以从以下几方面来确定事由。

（1）认识、问路　和从未谋面的顾客的第一次见面，可以把"认识"、"投石问路"与约定谈话时间等作为目的。

（2）留下印象　对于认为将来有可能对推销有用的人，推销人员可以把第一次见面的目的确定为"给对方留下一个好印象"，以便以后联系方便。

(3) 市场调查　有时为进一步做好市场调查与继续做好约见前的准备工作，可以与顾客进行"火力侦察"式接触。目的只是"了解了解"。日本的推销人员就习惯于使用这种策略。

(4) 正式推销　直接向约见对象推销产品。

(5) 签订合同　如各方面条件具备，可以把某次约见确定为正式签订合同。

(6) 提供服务　由推销人员当面向顾客了解产品的使用情况，解答顾客在产品使用中的疑问，提供咨询及技术业务方面的服务。

(7) 收取贷款　了解贷款回收情况，上门约见顾客，当面催讨顾客拖欠的贷款。这也是推销人员约见顾客的一项主要目的。

(8) 联络感情　逢推销对象的重要日期（例如生日、结婚纪念日）或者传统节假日，推销人员可以以各种形式约见顾客，甚至约见顾客的家属亲朋，借以表达合作愉快的心得体会，承蒙关照的感谢之意等，把增进与顾客的情感交流和建立良好人际关系作为约见的目的。美国有个超级推销员认为，推销谈判都是在谈判桌以外的地方谈好的。

3. 确定访问时间

大多数约见的主要内容都是与顾客约定一个见面的时间。选择好一个对推销人员和顾客都合适的时间很重要。因此，在与顾客确定约见时间方面，推销人员应注意以下内容。

(1) 尽量替顾客着想。最好由顾客确定或由顾客主动安排时间。当顾客的时间倾向与推销人员的时间安排有矛盾时，应尽量迁就与尊重顾客的意图。如推销人员因与另外顾客有约在先而发生时间上的冲突时，应如实向约见对象说清楚。

(2) 应根据访问对象的特点确定见面时间，避免在顾客最忙碌的时间内约见顾客。应注意顾客的生活作息时间与上下班活动规律，从中寻找顾客较为轻松与愉快的时间为见面时间。如美国一个保险业推销员总是比别人早起两个钟头，从而在顾客吃早餐时或早餐前的活动与晨练中约见顾客。

(3) 应视推销产品与服务内容的特点确定约见与洽谈生意时间。时间应更能衬托出产品的优势与服务内容的重要性。

(4) 讲究推销信用。确定约见时要考虑到一些意外情况。约见时间与规定一旦明确，推销人员应立即用笔记录在案，并且应严守信用，克服困难，准时到达约见地点。

(5) 合理利用访问时间，提高推销访问效率。推销业绩的好坏高低，与推销员是否合理地安排时间有直接关系。在时间安排上，推销人员应尽量减少各种等待时间，而尽量增加与客户见面与开展推销的时间。同时，在不可避免的等待时间里，推销人员应尽量利用，如通过接待人员了解情况、搞好与接待人员的关系、复习推销要点等。

4. 确定访问地点

在什么地方见面也是约见时要确定的主要内容之一，确定约见地点时应注意以下几点。

(1) 应照顾约见对象的要求。

(2) 最经常使用的，也是最主要的约见地点是办公室。

(3) 如顾客愿意的话，也可以在顾客的居住地约见顾客。

(4) 一些推销的公共场所，如展览厅、订货会、货栈、洽谈室等。按约见目的也可以把公共娱乐场所作为约见地点，如咖啡厅、舞厅、音乐茶座、茶楼酒店等。但太嘈杂与来往人太多的地方只能作为礼节性拜访、初次认识、联络感情的场所，而绝不能作为实质性谈判的地方。

（二）约见的方法

为了实现推销目标，完成推销计划，推销人员必须认真研究约见顾客的方式方法，以便在约见不同顾客时，做出适当的选择。

1. 当面约见

所谓当面约见，是指推销员与顾客当面约定访问事宜。推销人员可以利用与顾客会面的各种机会进行当面约见，例如，在途中不期而遇时，在见面握手问好时，在起身分手告别时，都可以向推销对象约定访问的基本内容。

当面约见是一种理想的约见方式。推销员可以在当面约见时观察到顾客的态度、性格等，对约见有所准备；可以有机会交流感情、表达思想，给顾客留下良好印象，使顾客乐意接受约见。但是，当面约见也有不利的一面，如不可能对所有的顾客使用这种方法，而且当面约见一旦遭到顾客拒绝，推销员就处于被动局面，使约见难以实现。

【案例6-4】 乔丹是美国某一家从事写作咨询业务公司的会员。经常代人写书，并通过写作咨询公司向大众及目标顾客推销自己的写作才能。有一天，一位妇女想找人为她代笔写本书。乔丹跟她通了话，并想办法与她见面。不幸的是，尽管这位未来的顾客很有兴趣与乔丹讨论这件事，但她较肯定地说，她几乎已经决定与一位作家签署合同了，而且已经与他面谈并讨论了此事。为了做最后的努力挽救这笔生意，乔丹打算面约顾客，并建议不管交易如何，他们应该在第二天上午坐在一起喝点咖啡，他会付费的，花点时间讨论一下这件事又有什么害处呢？顾客同意了，约见前的关键一步就这样完成了。

当乔丹与顾客在约见地点见面时，彼此都感到相互之间的关系一下拉近了，这是前一天电话中所没有的。尽管乔丹的顾客已经99%地确定了由谁为她代写书。这次当面约见本应是15或20分钟喝喝咖啡、聊聊天什么的，却变成了关于人生哲学、个人观点及业务目标的两个小时的谈论。乔丹的顾客当晚就打来电话，说她已选择了他做此事。

可以说，如果没有这次约见，乔丹的这次写作生意是不可能达成的！

2. 电讯约见

所谓电讯约见，是指推销员利用电话、传真、电报、互联网等电讯手段约见顾客的方法。现代通讯业的高速发展，使这类快速的约见通讯工具得到越来越广泛的使用。

电话约见迅速而灵活方便，是目前约见的主要方式。它使推销员免受奔波之苦，又使顾客免受来访的干扰，几分钟之内双方可就约见事宜达成一致。但受通讯条件的限制，这种方式不能应用于不具备条件的顾客。而且，顾客居于主动地位，容易找到推托或拒绝约见的借口。推销员在运用电话约见时，要注意技巧，谈话要简明、精练，语调平稳，用词贴切，心平气和，好言相待，尤其是顾客不愿意接见时不可强求。

电报和电传约见的优点是速度快，并且不用顾客在家等候，但费用高，对问题不能详尽说明。互联网是很有前途的一种方式，但目前普及率不高。

【案例6-5】 电话约见范例：李经理，您好！我是通达电器厂的推销员小吴……您上月底寄来的用户调查表我刚刚收到，十分感谢您的大力支持……我们厂最近新推出的微波炉质量和外观都有较大的改进，售价也有下调，所以想尽早介绍给您……方便的话，我这周专程去拜访贵公司，如果您忙下周也行，主要看您方便，您看……好的，下周三下午3点，打搅您了，谢谢。

3. 信函约见

信函约见是通过约见信函的寄出及反馈达到约见的目的，这类信函包括个别约见信和集体约见信。例如，个人书信、会议通知等。

信函约见的优点是：函件可以不受当面约见顾客时可能遇到的人为障碍阻挠，畅通无阻地进入目标顾客的办公地点和居住地,只要言词得当,就容易被顾客所接受;信函的体裁比较自由,既可以用恳切的文辞强调顾客能够获得的利益,又可以委婉写出产品的上乘品质和优惠的价格,还可用实例证明企业的实力和产品的效用,要表达的意思都可以跃然纸上。

信函约见的缺点是:它所花费的时间是最多的,而且反馈率比较低。许多顾客对推销约见信毫无兴趣,甚至不去拆看,使推销员苦心推敲而付出的辛劳变得毫无意义。信函中如果用词不当,还会引起顾客反感而拒绝约见。因此,信函约见必须从内容和形式两个方面加以注意。信函的内容,要尽力做到真实与适度的修辞相结合,书写工整,文笔流畅。信函的形式,要求尽可能自己动手书写,尤其是个人书信,避免使用印刷信件,邮票也应自己动手贴上,而不要加盖"邮资已付"的标志,还要及时用电话联系,以弥补反馈率低的缺陷。

4. 委托约见

所谓委托约见,是指推销人员委托第三者约见顾客的方法。委托约见包括留函代转、信件传递、他人代约等。受推销员之托的第三者,是与推销对象本人有一定社会联系和社会交往的人士,包括对顾客本人有一定社会影响的有关人员,如接待人员、秘书、同事、邻居、亲友等。它的优点是能够克服某些顾客对推销员的戒备心理,获得推销对象的真实信息。缺点是推销人员处于被动地位,容易引起误约,贻误推销时机。

5. 广告约见

广告约见是指推销人员利用各种广告媒介,如报纸、杂志、广播、电视、直接邮寄、张贴或散发印刷广告等约见顾客。它可以在约见对象不明或太多的情况下,进行广泛约见或无特定对象约见,也可在约见对象十分明确的情况下,进行集体约见。它的优点是覆盖面广,效率高。缺点是针对性差,费用高。

此外,还有其他许多约见的方法,推销人员可根据具体情况,选用一种或综合使用几种方法达到约见的目的。

第三节 接近客户的方法

一、推销接近的目标

无论采用何种接近方法,推销接近都必须包括以下的目标。

1. 引起顾客注意

推销员可能事先已与顾客进行了约见,但顾客由于工作忙碌,或对产品不感兴趣,导致顾客一边工作,一边听推销员介绍;或听推销员介绍时,心不在焉等。因此推销员必须寻找与顾客有共同兴趣和爱好的话题,如表6-4所示,扭转其注意的指向,也可继续接近工作。推销人员必须察言观色,及时掌握顾客的心理状态与特征,尽力维持顾客注意力的持久性。

表6-4 顾客感兴趣的话题

自尊心	新闻	利益	乐趣
谈及客户得意之处	热门新闻	赚钱的话题	运动
称赞扩大的客户自我	业界新闻	节省经费	兴趣
倾听其成功的经验	新闻报道	事物合理化	时髦事物
事先了解当事人	深入了解新闻	股票、房地产投资	食物
	情报调查网		比赛

（1）一定要让客户有一种自尊心　你可以谈及到对方的事情，"张总，您桌上奖杯真多，哇，张总，您的企业非常不错，您真的是非常非常的让我敬佩呀。"这就是要让客户有一种自尊心。您可以称赞扩大的自我，比如说"张总，像您在那个企业干那么久，有那么大的规模那么多的人，您一定是非常的成功，您可以说是这个行业的佼佼者……"这些话题是不是可以让客户有一种有自尊的感觉？

（2）新闻　新闻基本上可以分为热门、业务、新闻报告等几种，或者说新闻报告中一些追踪的线索。比如客户对足球非常有兴趣，"哇，您知道吗，最近一个新闻讲到某某球队怎么样啊……"也就是找到对方喜欢的话题，新闻是个关键点。

（3）利益的话题　也就是对客户有利，"张先生，如果我有一套东西，既能让您节省时间，又能节约您的成本，您想了解吗？"您可以跟客户谈一些房地产、股票什么的，这都是对客户有好处的话题。

（4）乐趣或兴趣的话题　比如你发现你的客户有一个高尔夫球的球具，你可以与他谈运动，这个客户如果对画非常有兴趣，比如墙上挂着一幅非常漂亮的画，你可以与他谈画、谈书法什么的。还可以通过询问的过程去了解这个客户的兴趣所在。

这些都是带入话题的关键点。

【案例6-6】　推销员小马发现，在他对顾客进行推销演讲时，顾客经常不停地打电话，或者心不在焉地像在思考别的事情。可是当小马问顾客是否在听的时候，顾客却说："您讲吧，我听着呢。"尽管小马努力地进行推销活动，可是他的推销成绩却一直不好。

2. 获取信息

揭示顾客的潜在需求或出现的重大问题；判断潜在顾客是否要满足这些需求或解决他们所面临的问题；设法让顾客自己说出这些需求或问题，了解他们的打算。

销售员不妨采用一些开放式的问句，让客户对自己和所销售的产品或服务产生一种兴趣。"这一次，不是做销售，您放心，我绝对不是给你推销东西的，我只是想了解一下，您在使用这东西时，有没有发现什么困难。或者说如今您使用这套机器设备时出现过什么困难。"这样他会想一些问题，当他考虑的时候，你才有机会提出解决的方案，才能有机会推销你的商品。要让客户减少压力，"我不是来卖东西的，销售是为客户解决问题的"。推销员是在收集意见，同时也在消除紧张。如果客户的年岁较大，经验较多，推销员用一种很谦虚的语气和客户说话，客户自然会觉得这个销售人员很有礼貌，而这些都是以不勉强为原则。推销员不能说，"我那个东西很好，我就是要把这个东西卖给你"。不要去勉强对方，还要随时注意，销售是在建立一种信任，你要站在客户的立场上来考虑。"我今天来，除了向您请教，最主要的是，也许我们还可以为您的公司提供更好的服务。"

3. 激发兴趣

推销员必须善于创造条件使客户有持续听下去的愿望，保持其注意力。告诉顾客推销品能帮助解决哪些方面的问题，满足什么样的需要，或者能使企业的劳动强度减少多少，或使效率提高多少，或能节省原材料多少，或直接能为企业赚取多少利润。

4. 步入洽谈

当对顾客有较多了解后，推销员就应在简短的接近过程之后，自然而然地步入洽谈的阶段。推销员应视具体的推销对象和推销品，把握接近过程的"火候"。

二、接近顾客的方法

（一）介绍接近法

所谓介绍接近法，是指推销人员自行介绍或经由第三者介绍而去接近推销对象的一种方法。它主要包括口头介绍和书面介绍两种。在推销中，接近的对象不同，介绍的方式也有所区别。

1. 自我介绍法

在一般情况下，推销人员是通过自我介绍的方法接近顾客的。通过约见，推销人员按时在约定地点拜见顾客，通过口头自我介绍的方式让顾客了解推销人员的身份、姓名、背景及目的。同时，推销人员应通过展示身份证、名片、单位介绍信等有关的证件来证明口头介绍的准确性。目前，很多推销人员用名片做自我介绍。推销员的名片正面通常写明了其姓名、工作单位、职务、职称、联络方法等，反面则介绍了公司主要产品目录、服务项目、开户银行等内容。接近时适时递上一张名片，可以让顾客尽快了解推销员和所推销产品的概貌，迅速缩短与顾客的距离。

自我介绍是最常用的方法，也是其他许多接近方法的基础，但是，无情的事实表明，推销员在开始接近顾客时所作的自我介绍绝大多数是毫无意义的。顾客一般不大关心推销员的自我介绍，只是在推销品或推销员的建议令他感兴趣后，才重新询问推销员的尊姓大名或查看推销员的名片。所以，在接近顾客之初，推销员不一定详细地进行自我介绍，就是进行自我介绍也要和其他方法配合使用。

2. 他人引荐法

在可能的情况下，推销员可以通过顾客社交圈里的人介绍而接近顾客。在推销员接近顾客时，只需要把第三者开具的介绍信、便条、名片、介绍卡给顾客，就能轻松地接近顾客，如能由介绍人亲自引见则效果更好。推销员所找的介绍人应是熟悉顾客、与顾客往来密切和对顾客能产生直接或间接影响的人。介绍人所起作用的大小，要看推销员、顾客与介绍人员关系的密切程度。这种方法也有限制性，有时顾客碍于人情面子勉强接待推销员，却不一定有购买诚意，只是虚于应付，而在有些情况下，顾客还忌讳熟人的引荐。

推销员应努力扩大自己的交往面，争取有关人士的协助和引荐，但应注意尊重介绍人的意愿，不可勉为其难。

（二）产品接近法

所谓产品接近法，是指推销人员直接利用所推销的产品引起顾客的注意和兴趣，从而顺利进入推销面谈的接近方法。由于这种方法是以推销品本身作为接近媒介，因而也称它为实物接近法。

推销员采用产品接近法，直接把产品、样本、模型摆在顾客面前，让产品作自我推销，给顾客一个亲自摆弄产品的机会，以产品自身的魅力引起顾客的注意和兴趣，既给了顾客多种多样的感官刺激，又满足了顾客深入了解产品的要求，这是产品接近法的最大优点。

这种方法最适合于具有独到特色的产品，或颜色鲜艳、雅致，或功能齐全，或造型别致等，因为这类产品很容易吸引顾客的注意力，诱发顾客的询问。但是，采用产品接近法也存在一定局限性。首先，推销品本身必须具有知名度或一定的吸引力，要能够刺激起顾客的使用欲望，才能引起顾客的注意和兴趣，使推销员达到接近顾客的目的。其次，推销品应精美轻巧，便于携带。再次，推销品必须是看得见、摸得着的有形的实体，无形产品和服务（如各种保险、旅游服务等）无法利用产品接近法。最后，推销品必须品质优良，不容易损坏或者变质，操作简便，使用效果显而易见，这样才经得起顾客反复摆弄，并使顾客从触摸、检验和操作中感受到产品所能带来的利益。

（1）产品演示的目的
◆ 提醒客户对现状问题点的重视；
◆ 让客户了解能获得哪些改善；
◆ 让客户产生想的欲望；
◆ 让客户认同该产品或服务。

在介绍产品时，可以应用前面介绍过的FABE法则，把产品的特色、优点给使用者或客户所带来的好处等几个方面的具体情况简明扼要地表述出来。同时还需要一些相关的信息或佐证资料，以便让客户看到这些资料后能加深对该产品的信任。

（2）成功产品说明的特征
◆ 能毫无遗漏地说出你帮客户解决问题及改善现状的效果；
◆ 能让客户相信你能做到自己所说的；
◆ 让客户感受到你的热忱，并愿意站在客户的立场，帮助客户解决问题。

例如，销售人员是从事咨询公司业务的工作人员，"如果您采纳了我们这套解决方案，能让贵公司省下很多钱和时间。"客户接受你的服务和产品以后，可以让他既省钱又得到实效和帮助。推销员能够替客户做到最好的服务，让他相信，能做到的就是自己所说的，还要让顾客感受到你的热忱，并愿意站在客户的立场，很实际地去帮助客户解决问题。

（三）利益接近法

所谓利益接近法就是推销员抓住顾客追求利益的心理，利用所推销的产品或服务能给顾客带来的利益、实惠、好处，引起顾客的注意和兴趣，进而转入面谈的接近方法。从现代推销原理来讲，这是一种最有效、最省力的接近顾客的方法。因为这不仅符合顾客求利的心理，而且符合商业交易互利互惠的基本原则。顾客购买商品的目的是想通过商品使用价值的实现从中获得某种利益，而工商企业的购买更是直接以盈利为目的的。

推销人员采用利益接近法时，如果能够用精练的语言把产品的优势与顾客当时最关心的利益和问题挂上钩的话，那么接近与洽谈都会成功。但应注意的是产品优势以及推销能带给顾客的利益是实实在在的，而不是夸大其词。否则就会失去顾客的信任感或导致推销本身没有实际效益。

（四）好奇接近法

所谓好奇接近法，是指推销员利用顾客的好奇心理而接近顾客的方法。凡人都有程度不同和定向不同的好奇心。因此，好奇接近法如利用得当，往往会收到神奇效果。例如，某推销员对顾客说："我这里有一份资料说明了贵公司上个月销售量下降20％的原因。"顾客的态度立即从冷淡转为积极关注。

运用好奇接近法应注意，推销人员无论采用语言、动作、实物或其他什么方式唤起顾客的好奇心，都应该与推销活动相关，否则将难以转入推销洽谈。唤起顾客好奇心的事物应当符合客观规律，合情合理，奇妙而不荒诞；还应考虑到顾客的文化素养和生活环境，要避免推销员自以为奇特而顾客却觉得平淡无奇，弄巧成拙反而妨碍了接近顾客。

(五) 表演接近法

所谓表演接近法，是指推销员利用各种戏剧性的表演手法来展示产品的特点，从而引起顾客的注意和兴趣的接近方法。这是一种古老的推销术，也被称为马戏接近法、戏剧化接近法。在现代推销中，这种方法仍有重要的利用价值。例如，一位消防用品推销员见到顾客后尚未开口，就先从提包里拿出一件防火衣，然后将它放进一个大纸袋子里，用打火机点燃纸袋，当纸袋烧完后露出了仍然完好无损的防火衣。这一戏剧性的表演，使推销员不费口舌就拿到了订单。

表演接近法是把产品示范过程戏剧化，迎合某些顾客求新求奇的心理，从而把顾客自然地带入购买的情景之中。在具体应用这种方法时应当注意：表演所用的道具应当是推销品或其他与推销活动有关的物品，表演的内容应与推销密切相关；应当尽量使表演产生戏剧效果，既出人意料，又合乎情理，既能打动顾客，又不露表演的痕迹；应当尽量让顾客参与其中，使之成为重要角色，以激发顾客的兴趣，并增加真实感。

(六) 问题接近法

所谓问题接近法，也叫问答接近法或讨论接近法。是指推销人员利用提问方式或与顾客讨论问题的方式接近顾客的方法。在实际推销工作中，问题接近法可以单独使用，也可以和其他各种方法配合起来使用。例如，好奇接近法、利益接近法等都可以用提问作为引人入胜的开头。推销员可以首先提出一个问题，然后根据顾客的回答再提出其他一些问题，或提出事先设计好的一系列问题，引起顾客的注意和兴趣，引导顾客去思考，环环相扣，一步步达到接近的目的。

推销员在具体运用问题接近法时，应当注意以下几点。

(1) 问题必须突出重点，有的放矢。推销人员必须在接近准备的基础上设计所提问题，要能一针见血，切中要害。

(2) 问题表述必须简明扼要，抓住顾客的关注点，最好能形象化、量化、直观生动。例如，对酒店经理说："您希望在保证贵酒店正常经营的情况下，明年电费开支减少15%吗？"对食品店经理说："您是否想在不增加营业面积和费用开支的情况下使贵店明年的销售额增加50%呢？"等。这样的提问能抓住顾客的关注点，引起顾客的注意和兴趣。

(3) 问题应当具有针对性、耐人寻味，应当是顾客乐意回答和容易回答的，要避免有争议、伤感情和顾客不愿意回答的问题，以免引起顾客的反感。

【案例6-7】某大百货商店老板曾多次拒绝接见一位服饰推销员，原因是该店多年来经营另一家公司的服饰品，老板认为没有理由改变这固有的使用关系。后来这位服饰推销员在一次推销访问时，首先递给老板一张便笺，上面写着："你能否给我十分钟就一个经营问题提一点建议？"这张便条引起了老板的好奇心，推销员被请进门来。拿出一种新式领带给老板看，并要求老板为这种产品报一个公道的价格。老板仔细地检查了每一件产品，然后作出了认真的答复。推销员也进行了一番讲解。眼看十分钟时间快到，推销员拎起皮包要走。然而老板要求再看看那些领带，并且按照推销员自己所报价格订购了一大批货，这个价格略低于老板本人所报价格。

(七) 直陈接近法

所谓直陈接近法也称报告接近法、陈述接近法或说明接近法。是指推销人员利用直接陈述来引起顾客的注意和兴趣，进而转入面谈的接近方法。推销员直陈的内容，可以是商品的新特点，可以是价格、服务等方面的优惠条件，也可以是有关企业情况的介绍。

但是，所陈述的内容必须与顾客有密切的利害关系，才能引起顾客的注意和兴趣。例如，"这种商品比同类商品价格便宜20%"，"这种改性淀粉（造纸原料添加剂）能增强纸张的韧劲和张力，并使产量提高20%"。这样，就免去了不必要的繁文絮语，开门见山地直接陈述一个事实或一个道理，可以立即吸引住顾客，缩短与顾客的认识过程，迅速转入正式面谈。

（八）馈赠接近法

所谓馈赠接近法是指推销人员利用赠品来引起顾客的注意，进而和顾客认识与接近，并由此转入推销面谈的方法。一些小而有意义的礼品符合顾客求小利、求雅趣的心理，极易形成融洽的气氛，因此，在实际推销中经常被推销员用作接近顾客的"跳板"。然而，推销员在选择什么礼品作为馈赠时，应注意以下几点。

（1）慎重选择馈赠礼品。在进行接近准备时应做好调查，摸清情况。首先应确定的是顾客会不会把赠送礼品看成是不正当的行为。

（2）应尽量消除顾客的戒备心理，使推销人员能更多地了解情况并达到接近的目的。

（九）聊天接近法

所谓聊天接近法，是指推销人员利用各种机会主动与顾客打招呼进而聊天，并由此转入推销面谈的接近方法。当推销人员实在无其他办法与已经确定为潜在顾客的客户接近时，就可以寻找各种机会主动上前找话搭讪，继而攀谈，待有了一定的了解后再表明自己的推销员身份，并进一步开展实质性的推销活动。实施聊天接近法时应注意以下几点。

（1）找准顾客　聊天接近法不会很快进入推销程序，有时要用很长时间追踪与寻找机会，因此要花费很多精力，所以，一定要选准顾客。

（2）选准时机　与顾客聊天的场合应是顾客独自一人而无他人打扰的地方。最好的时间是顾客有较充裕的自由掌握的时间，如散步、闲坐、观景、晨练等。

（3）积极主动　推销人员看准目标与时机，应积极热情地主动出击，充满信心地上前搭讪聊天。

（4）尽量紧扣主题　在与顾客聊天时，不可漫无边际地闲聊，而应尽快转入推销主题。

【案例6-8】　理查德·加德纳（Richard Gardner）正准备把他的汽车开进库房。由于近来天气很冷，斜坡道上结了厚厚的一层冰，给行车驾驶带来了一定的困难。这时候，一位懂文明讲礼貌的过路行人顺势走过来帮助，他又是打手势又是指方向，在他的帮助下，汽车顺利地绕过了门柱。他凑过来问加德纳："您有拖缆吗？"加德纳回答说："没有。"然后加德纳又补充道，"可能没有。不过，我一直想买一条，但总是没有时间。怎么啦？是否您的汽车坏了？"过路人回答说："不是的，我的车没坏，但我可以给您提供一条尼龙拖缆。经实验，它的拉力是5吨。"这个过路人的问话立即引起加德纳的注意，并且使他意识到他确实需要一条拖缆。这个过路人采用这种方法销售了很多拖缆。

除了上述介绍的方法外，还有反复接近法、服务接近法等，推销人员应当在推销实践中灵活运用，并根据推销的实际情况创造一些新的行之有效的接近顾客的方法，以取得推销的成功。

三、运用接近方法技巧时应注意的问题

推销员为了能有效接近顾客，顺利导入推销面谈，除了运用适当的接近方法技巧外，还得注意如下方面。

(一) 掌握有关的情报

如果一个推销员对顾客提出的问题支支吾吾、含糊其辞，回答不上来，那么他的推销活动注定要失败。而如果他掌握了有关的知识、情报和资料，顾客有问必答，又能使顾客十分满意，那么他的推销活动会进展得非常顺利。

1. 掌握顾客的情况

顾客购买产品通常都不是在购买产品的特征，而是购买可以满足某种需求或解决某个问题的产品或服务。例如，顾客为了解决冬天洗澡的问题，需要购买热水器；女士们为了打扮自己，使自己更年轻、更漂亮，需要购买时装、化妆品等。

需要是人们希望得到而又未得到满足的感觉。需要未得到满足时，可导致人们心情紧张，产生不舒适的感觉，当它达到迫切的程度时，便驱使人们产生购买行为。

美国行为学家马斯洛在20世纪40年代就提出了"需要层次论"，他把人们的需要按先后顺序分成五个层次。

（1）生存需要　指人们衣、食、住等维持生命活动的基本生活需要。

（2）安全需要　指人们生命、财产、职业等方面的安全和保障需要。

（3）社会需要　指家庭、亲友、团体、组织与社会活动中的人际交往以及归属感方面的需要。它包括社交往来、探亲访友、希望得到他人的友谊和帮助、要求参加感兴趣的团体和组织的归属欲等。

（4）尊重的需要　指在工作、职业或学识等方面受到别人的尊重与承认，包括自尊心与荣誉感。

（5）自我实现的需要　指在事业上能够发挥个人才能并取得成就。包括自我实现、成就欲和对理想目标的追求。

这些需要由低向高延伸，需要的层次越低越不可缺少，因而越重要。只有当低层次的需要基本满足后，才设法去满足高一层次的需要。推销员要针对不同层次的消费者群，有针对性地进行推销活动，根据不同需要的层次，确定推销活动的范围和方向。

只有了解顾客的需要，才能搞好推销工作，做到有的放矢。否则，不了解顾客需要什么，盲目去推销，推销成绩肯定不会理想。

2. 熟悉本公司的情况

对于顾客来说，推销员就是公司的象征，是公司的代表。既然推销员代表着公司，他就有责任去熟悉他所服务的公司以及公司的政策。推销员应该对自己所服务的企业有一个全面的了解，包括企业的诞生与发展沿革、经营目标、经营方针以及今后的长期发展规划，企业的职能机构及主要领导人，企业的财务状况及主要设施等。虽然没有一位顾客会向你打听你所服务的公司的全部知识，但是你必须未雨绸缪，做好准备，以防万一。

熟悉掌握有关公司的知识，对推销会有很多好处。能够巧妙回答有关公司情况问题的推销员，通常都会给顾客留下深刻而良好的印象。例如，推销员熟悉了本公司有关价格、回扣、信用条件、产品销售程序等情况后，在接近顾客以及促使成交的过程中能及时地利用优惠条件来吸引顾客，引发顾客的购买欲望。当你的产品和竞争者的产品非常近似时，公司的形象常常是影响顾客购买决策的关键性因素。因此，推销员必须了解公司的优点与限制条件，熟悉公司方方面面的情况。

3. 熟悉产品情况

推销员在了解熟悉本公司的基本情况后，必须熟悉掌握所推销产品的知识。具体包括本企业生产的产品的性能、质量、款式（包括花色、品种、规格）、档次与价格、技术情况、用途及使用维修，本企业产品的市场面、市场占有率、目标顾客的不同类型及购买特点和购买动机等。例如，作为一名照相器材的推销员，你除了熟悉你公司生产的各类照相机外，还必须了解顾客购买照相机的目的是什么，他们需要照相机作何种用途，是为了个人外出旅游时摄影留念，还是职业上的需要。只有这样，你才能根据每个顾客的具体需求，提供不同规格型号、不同品质档次及价格标准的照相机，才能赢得顾客，提高推销的成功率。

4. 熟悉竞争对手的情况

对于一个推销员来说，熟悉自己所推销的产品是最基本的条件。此外，推销员还必须了解竞争者的产品与活动。了解掌握了竞争者的状况，在推销的过程中你才会有自信心。因为你能根据竞争者的弱点，突出自己产品的优点，吸引顾客。同时，你也给顾客留下深刻的印象，扩大影响。

顾客买东西，通常是货比三家的。他们常常希望推销员能够作产品比较，如果你能够主动提供这方面的资料，他们就不需要挨家挨户比较产品孰优孰劣了，所以他们会欢迎你。在作产品比较时，务必要诚实，以保持你在顾客心目中的信任感。

作为一个推销员，要想了解所有竞争者公司、产品和商业活动的详细情况，几乎是不可能的。但必须了解竞争者的产品与活动中，某些可能已经成为他们推销重点的关键因素。如：竞争者的推销员和他的经历；竞争者的价格和信用政策；竞争者的推销策略；竞争产品或服务有哪些优缺点；竞争者在交货日期履行承诺以及服务等方面的可靠度等。熟悉了竞争者的状况后，根据自己的推销目标和计划，运用适当的接近顾客的方法和技巧，就能顺利导入推销面谈。

（二）选择适当的产品演示技巧

推销员接近顾客时，时刻都要注意将产品演示给顾客看，而演示的效果如何，不仅取决于演示器材，还取决于推销员的演示技巧。

1. 掌握不同顾客的心理特点，有针对性地演示

由于不同的顾客有着不同的兴趣爱好和性格特点，推销员接近顾客时就不能用一成不变的模式来向顾客作推销说明和演示示范，而是应该针对各个顾客的不同性格特点采用能够吸引顾客的生动演示法，把顾客的个人兴趣和注意放在中心位置，以最终顾客购买你的产品为演示目的。

2. 选择无声语言的技巧

推销人员在选择产品的样品、图片资料、录像资料、模型等无声语言来向顾客演示时，一是要使这些"无声语言"保持最佳状态，以保证演示的最佳效果，防止在演示中出意外；二是尽量让顾客一起参加示范，让顾客深入到你的产品中去，从而引起顾客对推销品的浓厚兴趣；三是演示动作要生动活泼，富有戏剧性。

3. 选择有声语言的技巧

良好的口才是推销成功的一半。如果推销员自感口才好，口齿清楚，说话又有一定的幽默感，那么，在接近顾客时，可以利用自己良好的口才和表演能力，以自己的言谈举止去鼓励顾客，增强他们的购买信心。

总之，推销人员运用示范技巧时，必须记住：示范不是目的，让顾客购买产品、达成交易才是目的。即使要求顾客一同参加示范，推销员也要保持主导地位，从而正确引导顾客的积极性，避免出现任何差错。

【本章小结】

对目标顾客进行初步接触或再次访问是推销过程的一个重要环节。为增强推销员的自信心、提高推销洽谈的成功率，接近前要做好充分的准备。约见顾客是指推销人员事先征得顾客同意可以进行推销访问的一种行为过程。约见的内容包括约见的对象、访问的事由、约见的时间与地点等；约见的方法有当面约见、电讯约见、信函约见、委托约见、广告约见等。

接近顾客是推销人员正式接触推销对象、开展推销面谈的前奏。为吸引顾客的注意力、提高推销洽谈的成功率，接近顾客还需掌握一定的方法技巧。常用的方法有：介绍接近法、产品接近法、利益接近法、好奇接近法、表演接近法、问题接近法、直接陈述接近法、馈赠接近法、求教接近法、调查接近法、聊天接近法等。

【讨论与思考题】

1. 推销员在接近顾客前需要做好哪些准备工作？
2. 接近个体准顾客与接近团体（组织）准顾客在准备工作上有哪些不同？
3. 约见顾客的基本内容包括哪些？约见的主要方法有哪些？
4. 什么是产品接近法？运用产品接近法应注意些什么问题？
5. 什么是利益接近法？在什么样的条件下采用利益接近法效果比较好？
6. 推销员在运用推销接近的方法技巧时应注意哪些问题？

【案例分析】

接近客户的故事

案例1：三寸金莲与读者

留学英国的学者张戎，用英文写了一本书，书名叫《鸿》。书中讲述她外婆、妈妈和她，三个普通中国女子在过去近一个世纪的故事。

在一次出版社举行的记者招待会上，张戎要在短短的几分钟内，把自己和《鸿》推销出去。

她用了一句与众不同的开场白："这是我姥姥生前穿过的那种鞋。"她当着记者的面，演示了一双三寸金莲所穿的鞋。现代西方人无论如何也想象不出，以前的中国妇女是如何穿下这么小的鞋子。

话音一落，场面顿觉鸦雀无声。张戎成功了。她的书刚刚出版，便被抢购一空，名列英国图书销售榜榜首，后被翻译成多个国家的文字在世界各地发行。

推销员给顾客的第一印象刺激强度越大，就越能吸引顾客的注意。为了让顾客在第一次见面就留下深刻印象，必须使用一些出乎顾客意料的做法，增加刺激强度。如顾客从未见过的与众不同的有特色的外表、大对比度的颜色、特殊的携带物、具有明显特色的产品、推销员的特殊动作、特殊的第一句话，甚至是特别的大声与特别的小声。

案例2：赞扬客户

一个推销员向一位律师推销保险。律师很年轻，对保险没有兴趣。但推销员离开时的一句话却引起了他的兴趣。

推销员说："安德森先生，如果允许的话，我愿继续与您保持联络，我深信您前程远大。"

"前程远大,何以见得?"听口气,好像是怀疑推销员在讨好他。

"几周前,我听了您在州长会议上的演讲,那是我听过的最好的演讲。这不是我一个人的意见,很多人都这么说。"

听了这番话,他竟有点喜形于色了。推销员请教他如何学会当众演讲的,他的话匣子就打开了,说得眉飞色舞。临别时他说:"欢迎您随时来访。"

分析讨论题:

1. 案例1中的学者张戎采用什么方法接近台下读者?这种方法有什么优点?
2. 案例2中的推销员采用什么方法获得律师的欢迎?这种方法的优点是什么?

第七章 医疗器械推销洽谈

【案例导读】

跳船逃生

一艘船即将沉没,船长下令弃船,但几个外国人不愿意跳船,大副没有办法,只好请船长出面。船长和每个人说了一句话,他们二话不说,纷纷跳了下去。大副很好奇,问船长都说了些什么。船长说:"我告诉德国人,跳船是命令!于是德国人跳下去了。我告诉英国人,跳船是高尚的绅士行为!于是英国人跳了。我告诉法国人,跳船是一件很浪漫的事情!于是法国人跳了。我告诉美国人,跳船是极其危险的!于是美国人跳了。"

【案例启示】

在该案例中,船长之所以能够顺利劝服船上的人,是因为他针对每个人的特征进行劝说。推销洽谈是推销活动中的关键环节,推销洽谈要掌握策略和技巧。推销是市场营销的一种手段,推销人员在洽谈之前必须尽量设法找出顾客的真正需要,投其所好地开展推销。有的推销人员赢得了洽谈的机会后,只是从自身企业的角度去介绍自己产品的特点、自己的价格政策或对顾客的优惠措施,唯独不去思考、判断此刻顾客在考虑什么,顾客最关心的是什么。

第一节 推销洽谈的任务与原则

一、推销洽谈的概念

推销洽谈是推销人员在接近顾客后的下一个工作步骤,即推销员运用各种方式方法、手段、工具与策略向顾客传递信息,并进行双向沟通、设法说服顾客,使顾客对产品产生兴趣与购买欲望的过程。推销洽谈是推销过程中的一个关键环节,只有成功地说服了顾客,才能为最终成交奠定良好的基础。

推销洽谈具有以下特点。

(1) 推销洽谈的内容是商品或服务的交易活动。

（2）推销洽谈的手段是说服，通过说服来调和买卖双方的利益，最终达成某种协议。

（3）推销洽谈具有互动性，是买卖双方共同参与的过程。推销员介绍商品，顾客提出各种疑问与异议，经过双方的沟通协商，或最终促使交易达成，或洽谈失败。因此，推销洽谈不可能只是一方的行为。

（4）推销洽谈是合作与冲突的统一，是原则性与灵活性的统一。

二、推销洽谈的任务

推销洽谈并非仅仅一次会面的洽谈，很可能是包括多次与顾客会面、沟通等环节。每一次的洽谈任务与目标都并不一定是相同的。推销人员在洽谈活动中必须明确以下任务。

（一）准确把握顾客需求

从营销学的角度讲，只要能够发现人们的购买需求和动机，就可以预测和引导人们的购买行为。推销员在洽谈之初就必须找到此时此刻顾客的心理需要，并投其所好地开展推销洽谈。同时，在推销洽谈中针对顾客的需求展示推销品的功能，满足顾客的需求，只有当顾客真正认识到推销品的功能和利益，感受其所带来的满足感，才能产生购买动机。一种推销品往往有多种功能和利益，但不同的顾客对该产品有不同需求。例如，医院采购一台大型的影像设备，可能追求科室的比较优势，可能追求更好服务于患者的需求，也可能是为了谋求更多的利润，也有可能是为了科研的需要等。推销员要善于发现顾客的需求，并紧紧围绕着这个需求来展示推销品的功能和利益。

（二）准确向顾客传递商品信息

在结合顾客需求的情况下，推销人员必须把顾客关注的推销品的情况，包括品牌、商标、功能、质量价格、服务、销售量、市场地位以及生产企业的情况传递给顾客。只有在顾客对相关各信息了解的情况下，才能做出购买决策。在洽谈之初，推销员要将自己所掌握的有关信息迅速传递给顾客，以帮助客户尽快认识和了解推销品的特性及其所能带来的利益，增强顾客对推销品以及生产企业的好感，诱发顾客的购买兴趣，为顾客进行购买决策提供信息依据。同时，推销员在向顾客传递信息时必须客观、恰当、实事求是，但也要避免不加区分把产品的所有信息都罗列出来。

（三）展示客户利益

"不买贵的，只买对的"。推销人员必须向顾客传递产品所具有的功能、特征等够给客户带来的生理、心理和精神等方面利益的信息。只有当顾客充分认识到推销品的使用价值，以及给自身带来的切实利益，才能产生强烈的购买欲望。

（四）解答顾客的疑问

在推销洽谈中，顾客会产生各种各样的疑问，关于推销员的、商品的、厂家的、自身的需求等方面等，如何处理这些疑问是推销成功的关键（见第九章：医疗器械客户异议的处理）。

（五）强化顾客购买欲望

顾客在最终购买前难免会犹豫不决，推销人员必须会强化顾客的购买欲望。推销人员可帮助顾客分析购买的利弊，并对顾客在价格、结算、交货期、售后服务等方面给予更多的优惠或保障，以强化顾客的购买欲望。

三、推销洽谈的原则

在推销洽谈中，推销人员无论采用什么样的方法和技巧，都必须遵循一定的原则。

（一）针对性原则

针对性原则是指推销人员必须服从推销目的，使洽谈本身具有明确的针对性。它要求推销洽谈活动必须针对推销品的用途、性能特点，针对顾客的个性心理、购买动机及推销洽谈的环境特点等来进行。

【案例 7-1】 一个专门推销建筑材料的推销员，一次听说一位建筑商需要一大批建筑材料，便前去谈生意，可很快被告知有人已捷足先登了。他还不死心，便三番五次请求与建筑商见面。那位建筑商经不住纠缠，终于答应与他见一次面，但时间只有 5 分钟。这位推销员在会见前就决定使用"趣味相投"的谋略，尽管此时尚不知建筑商有哪些兴趣和爱好。当他一走进办公室，立即被挂在墙上的一幅巨大的油画所吸引。他想建筑商一定喜欢绘画艺术，便试探着与建筑商谈起了当地的一次画展。果然一拍即合，建筑商兴致勃勃地与他谈论起来，竟谈了 1 小时之久。临分手时，允诺他承办的下一个工程的所有建筑材料都由对方供应，并将那位推销员亲自送出门外。

（二）鼓动性原则

鼓动性原则是指推销人员在推销洽谈中用自己的信心、热情和知识去感染顾客、鼓动顾客、说服顾客，促使顾客采取购买行动。鼓动性原则要求推销人员始终抱有成功的信念，克服身份、角色的自卑心理，热爱自己的推销工作，热爱自己的顾客，同时要有丰富的产品知识及企业知识，只有这样，才能说服顾客、鼓动顾客。

（三）参与性原则

参与性原则是指推销人员应设法引导顾客积极参加推销洽谈，接触推销品，促进推销信息的双向沟通，增强推销洽谈的说服力。参与性原则要求推销人员必须与顾客打成一片，认真听取顾客的意见，鼓动顾客操作商品，调动顾客的积极性和主动性。

【案例 7-2】 俞小姐是从事天然食品推销工作的，一天在给一位老夫人做上门推销时，她已把这种食品的功能和效用清楚地讲完了，而对方反应冷漠。临出门之前，她忽然看到窗台上有一盆美丽的盆栽，上面种的是红色的植物，俞小姐就对老夫人说："好漂亮的盆栽啊！平常似乎很少见到。""确实罕见。这种植物叫嘉德里亚，属于兰花的一种。"老夫人马上话多起来，开始有些情绪激动。见此情况，俞小姐马上接着问："的确很美，会不会很贵呢？""很昂贵，这盆盆栽就要 800 元。""大概有希望成交。"俞小姐想，"我的天然食品也是 800 元。"于是慢慢把话题转入重点："每天都要浇水吗？""是的，每天都得细心养育。""那么，这盆花也算是家中的一分子喽？"这一句话果然发挥了效用，立刻让对方觉得俞小姐真是有心人，于是开始倾囊传授所有关于兰花的学问，而俞小姐也聚精会神地听，中途告一段落，俞小姐就把刚才心里所想的事情说出来："夫人，您今天买我们的天然食品，就当做今天买一盆兰花吧。"结果那位老夫人竟爽快地答应下来。她一边打开钱包，一边还如此说道："即使我女儿或我丈夫，也不愿听我嘀嘀咕咕讲这么多，而你却愿意听我说，甚至能够理解我这番话。希望改天再来听我谈兰花，好吗？"

（四）诚实性原则

诚实性原则是指推销人员在推销洽谈过程中讲真话、凭实据，切实对顾客负责。这一原则要求推销人员要说真话，必须实事求是地介绍商品的特点，出示真实的推销证明，树立良好的推销信誉，做到文明推销、合法推销。

第二节 推销洽谈的内容和程序

一、推销洽谈的内容

推销洽谈涉及面很广，内容丰富。不同商品的推销，有其不同的洽谈内容，但基本内容是大致相同的，主要有以下几个方面。

1. 商品品质

商品品质是商品内在质量和外观形态的综合，是顾客购买商品的主要依据之一，也是影响价格的主要因素。所以，商品品质是推销洽谈的主要内容之一，推销人员必须全面地向顾客介绍推销品的质量、功能和外观特点，让顾客对推销品有一个全面的了解，也可以把商品获得的品质标准（如国际标准、国家标准、部颁标准，通过了 ISO 9001、ISO 9002、ISO 1400 国际认证等）介绍给顾客。

2. 商品数量

商品的数量是指按照一定的度量衡来表示商品的质量、个数、长度、面积、容积等的量。成交商品数量的多少直接关系到交易规模以及交易价格。在推销洽谈中，买卖双方应协商采用一致的计量单位、计量方法，通常情况下是将数量与价格挂钩。成交数量大时，通常商品的价格都会有一定的优惠。

3. 商品价格

成交价格的高低，直接影响交易双方的经济利益，所以价格是推销洽谈中最重要的内容，也是洽谈中极为敏感的问题。买卖双方能否成交，关键在于价格是否适宜。在洽谈中，买卖双方要考虑与价格相关的成本、付款条件、通货膨胀状况、彼此信任与合作程度等有关因素，商定一个双方都满意的价格。

在商品交易中，货款的支付也是一个关系到双方利益的重要内容。在洽谈中，双方应确定货款结算方式及结算使用的货币、结算的时间等具体事项。

4. 销售服务

销售服务是顾客极为关心的内容之一。所涉及的服务项目如下。

（1）按时交货是顾客的基本要求，推销人员能否按时交货，则受生产和经营能力、运输能力、供应能力等因素制约，顾客提出一定交货时间后，推销人员要汇集各种综合因素加以考虑。

（2）送货、运输方式、地点等方面的服务。

（3）推销人员应该提供售后维修、养护、保管等方面的服务。

（4）推销人员提供在技术指导、操作使用、消费需求等方面的服务。

（5）提供零配件、工具、供应等方面的服务。

在洽谈过程中，推销人员和企业应尽量满足顾客的正当要求，以解除顾客的后顾之忧。

5. 保证条款

保证性条款的主要内容是担保。在商品交易活动中，卖主对售出的商品要承担某种义务，以保证买方的利益，这种卖方的义务和责任称为担保。一项日期较长，数量、金额较大、风险较大的商品交易，权利方都要求义务方提供担保。为限制卖方售货后不执行担保行为，有必要洽谈保证条款。

为了预防意外情况和随机因素对合同执行的影响，应就合同的取消条件以及履约和违约等有关权利、义务进行洽谈，并对合同纠纷中引起的诉讼及处理办法进行协商，以免引起不必要的麻烦。

二、推销洽谈的 4P

英国推销洽谈专家比尔·斯科特提出在推销洽谈中必须重视四个问题，即目标、计划、进程和个性。他认为推销洽谈人员在进行推销洽谈时，必须先确定以下四个问题。

1. 目标（purpose）

推销员首先必须确定自己在与具体客户的洽谈中可能实现的最高目标、可接受目标和最低目标等，将自己希望实现的结果和拥有的活动范围具体化。同时对每一次的客户洽谈，都要制定具体的分阶段目标，以便使每次洽谈都向着总体目标的实现而逐步接近，同时，也使每次洽谈的任务具体化。例如，对甲顾客，这次洽谈的目标可能仅仅是摸摸对方的底；对乙顾客，这次洽谈的目标是为了达成具体协议。

2. 计划（plan）

计划是对洽谈的具体议程安排，包括要跟客户讨论的议题、双方参加洽谈的人员、双方的洽谈议程、双方必须遵循的规则等。当然，计划的复杂程度取决于推销洽谈的类型，如果是对一个顾客，推销一件或少量的产品，那么，计划的内容可以比较简单；而对于集体用户或中间商，推销数量较多的产品，计划的内容应比较复杂，比较详细。

3. 进程（place）

进程是对推销洽谈的具体时间安排，包括所需的总时间和洽谈节奏的安排。

4. 个性（personalities）

个性是指双方洽谈人员的具体情况，包括姓名、职务、性别、年龄、性格特点、习惯爱好、在洽谈中的地位和作用等。

推销洽谈 4P 的研究和确定可以使洽谈能够有目的、有计划地进行，因此，它是进行推销洽谈首先要做好的基础工作。

三、推销洽谈的程序

推销人员在实际推销活动中，总是要面对各种各样、形形色色的顾客。这就要求推销人员在推销洽谈前，认真准备有关推销洽谈的各种资料和知识，针对不同顾客，拟订具体的推销洽谈计划，制定解决顾客异议的方案。只有这样，推销人员才能将不同的推销洽谈的内容分清主次，突出重点，采用不同的方式、方法，有的放矢地进行洽谈。推销洽谈的步骤大体如下。

1. 制定洽谈计划

（1）洽谈的预期评价　对洽谈取得的成绩作一个预期评价，对洽谈将要出现的结果进行预先安排。洽谈可能取得的成绩可分为以下两个层次。

第一层次，是本次洽谈的最低界限。例如，让顾客确认自己对推销品有需求，顾客能认同推销品给其带来的利益等。

第二层次，是本次洽谈要取得的成绩。例如，有效处理顾客异议等。

在推销洽谈之前，推销人员必须对预期值有一个清楚的认识，并科学地确定。

（2）确定推销洽谈的时间、地点　推销洽谈时间、地点的确定，是影响推销洽谈的一个不可忽视的因素。确定在什么时间、什么地点与顾客进行推销洽谈，是制订推销洽谈计划的主要内容之一。通常，推销洽谈的时间、地点的确定，既要方便自己又要方便顾客；既要考虑自身的利益，更要考虑到顾客的利益。

（3）进一步核实顾客的基本情况　顾客的基本情况包括：姓名、年龄、职务、性格、偏好、工作作风、顾客本人及其所在部门和公司的状况、愿望、要求等；顾客是否有权购买，是否有支付能力，其购买动机、态度、阻力、需求变化是什么等。只有掌握了这些基本情况，才能制订相应的策略和方法，才能在推销洽谈中灵活、有针对性地进行推销。

（4）提供产品和服务　制定洽谈计划时，对产品的性质、类别、功能、特色以及它能为顾客带来什么好处等都要明确。这样才能把顾客的需要与所推销的产品联系起来，促使顾客接受。随着市场经济的发展，各种产品彼此间的差异越来越小，众多的产品和服务相互竞争。当人们由于选择太多而感到困惑时，能够帮助顾客解决问题、协助他们得到其想要的产品和服务的推销人员，才能赢得顾客的信赖，才能顺利达成交易。

（5）选择推销洽谈的策略和方法　推销洽谈的方法是一门技术，更是一门艺术。它需要推销人员在推销洽谈中针对不同的推销品、不同的顾客，灵活地采用不同的策略和方法。因此，推销洽谈之前，推销人员必须准备好洽谈的策略与方法。关于策略和方法的选择，在本章后面的内容中将有专门的讨论，在此不赘言了。

（6）做好洽谈的心理准备　推销人员做好推销洽谈的心理准备，主要指推销人员要充满自信、要诚恳、要有锲而不舍的坚强意志。

2. 推销洽谈的工具准备

推销人员在推销过程中不能单纯靠说话，还需要利用各种推销工具。如推销品、推销品模型、文字资料、图片资料、推销证明资料和其他跟签约有关的工具等（在《医疗器械顾客的约见与接近》一章中已有详细介绍）。

3. 摸底阶段

双方洽谈人员从见面入座到洽谈实质内容之前为摸底阶段。旨在建立推销洽谈气氛、交换意见、开场陈述。

首先，要努力建立合作、诚挚、轻松愉快的洽谈气氛。为此，要把洽谈场地布置得赏心悦目，要使推销洽谈者的举止行为给人留下热情、诚挚、轻松、美好的印象。

其次，要及时交换意见和看法，就推销目的、计划、人员情况等方面取得一致意见，即使双方早已联系，也应在正式洽谈中重新明确一下。

再次，为了进一步摸清对方的原则、态度，可以从主要问题、期望目标、主要原则、变通措施等开始陈述或提出倡议。

4. 报价阶段

开盘报价是洽谈过程中十分重要的阶段。洽谈的核心和实质问题是报价，要开门见山，直接报价。

在推销洽谈中，不论谁先报价，都需要综合考虑价值和风险两种因素。价格条件的洽谈是推销洽谈的中心内容，它涉及买卖双方利益，是买卖双方最为关心的敏感问题。推销人员可按企业所定的上下限价幅度，适当报价。报价时力求报价果断、明确、清楚、无保留、不犹豫。不解释也不说明，尽量留有充分磋商余地，便于对方还价。

经过一轮或多轮的讨价还价，彼此都能接受某一价格时，即可转入其他问题的洽谈。

5. 总结阶段

对上述摸底和报价两个阶段的推销洽谈情况进行回顾、分析，即为总结阶段，主要有三种情况。

(1) 销售条件顾客接受。买卖分歧很小，即可跨越磋商阶段，直接转入签字成交阶段，以减少不必要的讨价还价，缩短洽谈时间，提高推销洽谈的效率。推销人员不应过分表现急于求成的心理状态，以免顾客采取拖延战术。

(2) 销售条件顾客可能接受，但是还需要磋商　这时推销人员应对洽谈涉及的问题及其自身的经济效益进行全面分析，做出坚持还是让步的决策。在推销洽谈中，推销人员应对买方分歧最大的部分认真分析，并对此确定三个目标：最理想的接受目标、可接受的一般目标、可接受的最低限度目标。如果分歧意见在可接受的一般目标上下，则应努力达成协议。

(3) 无法预见销售交易的可能性　即买卖双方分歧意见很大，差距悬殊，在买方表示困难时，推销人员则很难按原定计划成交。此时可有三种选择。一是终止推销洽谈。这是最不愿采取的对策，即使采取这个对策，也必须慎重。只有达到以退为进这个目标时，才终止洽谈。具体地说，市场对推销人员有利，推销人员处于强有力地位，退出反而会刺激买方要求重新洽谈；或者说，推销人员已充分肯定终止或退出推销洽谈会使买方改变原来的想法和条件。二是继续洽谈。在按原计划无法达到销售交易时，推销人员可以继续与顾客就一些次要的问题进行磋商，并与上级主管部门联系，修改既定交易条件，力求局部突破。三是请求顾客相应地改变其原定的洽谈计划。

6. 实质磋商阶段

实质磋商，是指对可能达成的交易，在不断调整意见中，从分歧较大到协调一致，最终成交的过程。实质磋商是交易成败的关键时刻，只有善于运用磋商诀窍，才能获得成效。

(1) 分析分歧的原因，弄清楚原委　推销洽谈难免会有分歧，这是正常现象。总结起来不外乎有以下几个原因。一是想象的分歧，是因为没有很好理解对方意图所致，或者是因缺乏沟通而发生的误解；二是人为的分歧，是洽谈人员故意制造障碍所致，以上两种分歧，通过洽谈、沟通、解释，可以消除；三是真正的分歧，即由双方经济利益得失而引起的分歧。

(2) 正确施加压力，善于抵御压力　在磋商中，推销人员会对顾客施加压力，如保持对交易的竞争优势，制造顾客之间竞争的事实和气氛，逐步削弱其期望水平，暂时中断推销洽谈等。但是在实施过程中务必注意分寸，适可而止，防止感情冲动和心理外露。同时，在抵御顾客压力时，可以采取先发制人策略，主动提出对方可能提出的问题，减弱其锋芒；采取以逸待劳、耐心等待策略，寻找对方的漏洞，抓住时机进攻；避重就轻，把问题引入自己设想的境地，拖延或请第三者干预。

(3) 提出要求和适当让步　推销人员提出要求的目的在于让对方愿意听下去，并为自己提出更高的目标铺平道路。做出某些让步的目的在于吸引对方。但是，让步是有原则的，不是无限的，不能轻易地让步，只有认为需要让步时才让步；不能单方面让步，要以自己的让步换取对方的让步；不能大于对方的让步幅度，一次让步幅度要适中；让步速度不能太快，要注意让步的次数和程度；要注意在较小的问题上先让步，在重要的问题上不先让步。

(4) 打破僵局　当双方分歧较大、互不相让，可能会出现僵持局面时，可以采取对事不对人的办法，把人与问题分开，尊重对方，避开矛盾，另找出路。实在无法打破僵局时可暂停洽谈。

7. 达成交易阶段

这是推销洽谈的最后阶段。经过上述几个阶段的洽谈，情况逐渐明朗，洽谈已经接近尾声。这时推销人员务必善终，正确处理有关问题。

(1) 要向对方发出正确成交信号　推销人员要阐明立场，就对方所提出的条件表明肯定态度；或以特定的方式表明成交意愿，或告诉对方洽谈时间已到，可以结束了。

(2) 要及时进行总结　明确交易内容是否谈妥，是否有遗留问题，如有遗留问题要提出处理意见。明确推销洽谈结果是否达到原先期望的交易目标，明确最后让步项目及让步幅度，着手安排交易记录事宜。

（3）确定最后报价　在交易达成阶段，双方都要做最后一次报价。推销人员应该选择好时机，既不要过于匆忙，也不要过晚。最后报价应分两步走，不要一步到位，否则使自己处于被动局面。让步幅度应因人而异，并成为最后成交的标志。让步应与向对方提出成交要求同时进行。

（4）整理洽谈记录，起草书面协议　在最后阶段，应将整理出的洽谈记录从头到尾检查一遍，双方确定记录无误后，所记内容便是起草书面协议的主要依据。起草书面协议应谨慎和全面。推销洽谈双方必须对所同意的条款认识一致，使协议名副其实。对敏感性问题，应特别细致，诸如价格、合同完成、规格要求、索赔处理等方面协议条款要力求明确，不能含糊。

第三节　推销洽谈的方法与策略

推销洽谈的过程中需要使用很多种技巧，方法和策略的运用会直接关系到洽谈的成败。

一、推销洽谈的方法

推销洽谈的方法主要分为提示洽谈法和演示洽谈法。推销人员应针对不同的产品和顾客灵活运用不同的洽谈方法，促使推销洽谈的预定目标能够实现。

（一）提示洽谈法

提示洽谈法是指推销人员在推销洽谈中利用语言启发、引导顾客购买推销品的方法。提示洽谈法可分为直接提示法、间接提示法、明星提示法、逻辑提示法、积极提示法、消极提示法和联想提示法等。

1. 直接提示法

所谓直接提示法是推销人员开门见山，直接劝说顾客购买其所推销的产品。这是一种被广泛运用的推销洽谈提示方法。

这种方法的特征是推销人员接近顾客后立即向顾客介绍产品，陈述产品的优点与特征，然后建议顾客购买。因而这种方法能节省时间，加快洽谈速度，符合现代人的生活节奏，所以很具优越性。

推销人员在使用直接提示法时，需要做好充分的准备，全面了解顾客的需求、购买动机及性格特点等，准备多种方案；提示要突出推销的重点；提示的内容要真实可靠并易于被顾客理解和接受等。

【案例7-3】　一位推销员在推销一种试用剂时对客户提示说："听说你们在寻找一种反应速度更快的试用剂。我们公司新近开发了一种新的试剂产品，它能将反应的速度提高5～6倍，这是这种试剂的实验报告。您看看，一定会达到你们的要求。如果你们满意，要快点订货。不然的话，因为订货太多，就难以保证交货期了。"

2. 间接提示法

间接提示法是指推销人员运用间接的方法劝说顾客购买产品，而不是直接向顾客进行提示。在间接提示法中，可以虚构一个顾客。使用间接提示法的好处在于可以避免一些不太好直接提出的动机与原因，因而可以使顾客感到轻松、合理，从而容易接受推销人员的购买建议。

【案例 7-4】 一位推销成套设备的推销员指着某商报上的一篇关于一些企业进行设备更新的新闻报道对顾客说："你听说了吗？一个企业购买了这种产品之后，取得了很好的效益，其他一些企业都在考虑购买呢！"

3. 明星提示法

明星提示法是推销人员借助一些有名望的人、其他团队使用推销品的事例来说服、动员顾客购买产品的方法。明星提示法迎合了人们求名的情感购买动机，另外由于明星提示法充分利用了一些名人、名家、名厂等的声望，可以消除顾客的疑虑，使推销人员和推销产品在顾客的心目中产生明星效应，有力地影响了顾客的态度，因此，推销效果比较理想。

4. 逻辑提示法

逻辑提示法是指推销人员利用逻辑推理劝说顾客购买的方法。它通过逻辑的力量，促使顾客进行理智思考，从而明确购买的利益与好处，并最终做出理智的购买抉择。逻辑提示法符合购买者的理智购买动机。

例如，下面两段逻辑提示就很有说服力。

"现在市场竞争激烈，各企业都希望降低生产成本，我们这种材料能降低生产成本，提高贵厂产品的市场竞争力，贵厂应该采用这种新型材料。"

一位保健品推销人员在向顾客推荐足浴按摩器时说道："这种足浴按摩器对脚部进行按摩和刺激，调整身体阴阳失衡的状态，舒缓全身紧张，仅售498元，可以使用5年，平均每天只花不到3分钱，又方便，又保温，平时去医院做一次检查可能比这个贵呢。预防胜于治疗，你说是不是很划算呢？"

5. 积极提示法

积极提示法是推销人员用积极的语言或其他积极方式劝说顾客购买所推销产品的方法。所谓积极的语言与积极的方式可以理解为肯定的正面的提示、热情的语言、赞美的语言等会产生正向效应的语言。

例如："欢迎参加我们社的旅游团，又安全又实惠，所看景点又多又好"，"你看，这是摩托车手参加比赛的照片，小伙子们多神气！他们戴的是我们公司生产的头盔"。

6. 消极提示法

消极提示法是指推销人员不是用正面的、积极的提示说服顾客，而是用消极的、不愉快的，甚至是反面的语言及方法劝说顾客购买产品的方法。

例如："听说了没有，过了60岁，保险公司就不受理健康长寿医疗保险了，年龄越大，越容易生病，到那时要看病可怎么办？"用的就是消极提示法。

7. 联想提示法

联想提示法是指推销人员通过向顾客提示或描述与推销有关的情景，使顾客产生某种联想，进而刺激顾客购买欲望的洽谈方法。

【案例 7-5】 一位推销灯光设备的推销员对顾客说："这些光彩夺目的灯光设备，在白天您可能感觉不到它的好处，但是夜幕降临时，可以使所有的行人都看到贵店的橱窗。如果不安装这些灯光设备，即使人们从你的橱窗外面经过也注意不到橱窗里的展品。反之，安装了这些灯光设备之后，会使贵店的外观比对面的商店显得更舒适、温馨。耀眼的灯光照射在橱窗内的展品上，行人都会清楚地看到。您想一想，要是这些灯光设备能为您吸引成千上万的顾客，那您就会多做多少生意啊！"

（二）演示洽谈法

日本丰田汽车公司一个不可动摇的原则是："一个优秀的推销员不只靠产品说话，而且要善于利用各种推销工具。"通常，顾客是听凭推销员对产品的介绍来购买产品的，如果推销员备有促进推销的小工具，则更能吸引顾客，激发他们的兴趣和好奇心，引发他们的购买欲。并且，人们有"耳听为虚、眼见为实"的心理，演示法正是很好地抓住了人们的这种心理。

演示法又称直观示范法，是推销人员运用非语言的形式，通过实际操作推销品或辅助物品，让顾客通过视觉、听觉、味觉、嗅觉和触觉直接感受推销品信息，最终促使顾客购买推销品的洽谈方法。演示可以更生动形象地直接刺激顾客，制造一种真实可信的情景，使双方洽谈的主题进一步深化。

【销售箴言】

销售是客户和你共同参与的活动，当你销售一个实物产品时，你的表现要像一个游戏节目的主持人。客户愿意投入时间来观看你的展示，表示确实有潜在需求，这一时刻，你要把握住机会。展示不是做产品特性的说明，而是要激起客户决定购买的欲望。

1. 产品演示法

产品演示法，是指推销人员通过直接演示推销品来达到劝说顾客购买推销品的洽谈方法。以推销品本身作为比较有效的刺激物进行演示，既可演示商品的外观、结构，又可演示其性能、效果、使用方法、维修保养等。这样可以使顾客对产品有直观的了解，产生强烈的印象。

在使用产品的演示技巧时，推销人员应注意以下几点。

（1）根据推销品的特点选择演示的方式和演示地点。

（2）操作演示一定要熟练。推销人员的演示，是向顾客证明推销品。如果推销人员在演示过程中因操作不熟练，总是出现差错或笨手笨脚，就会引起顾客对推销品质量的怀疑，而不相信推销人员及推销品。

（3）根据推销洽谈进展的程度，有计划地进行推销品演示。一般来说，当顾客对推销品产生兴趣的时候，也是推销品演示的最佳时机。

（4）演示速度适当，边演示边讲解，制造良好的推销氛围。

（5）鼓励顾客参与演示，把顾客置于推销情景中。

（6）增加戏剧性，让顾客有一种很轻松、愉快的感觉。

（7）让顾客亲身去感受，使顾客能够身临其境。

（8）引用动人的实例，例如，很多减肥产品在展示时列举："某某人，从多少斤减到多少斤，他减了40斤，他减了30斤，他减了15斤，他真的瘦了下来……"这就是动人的实例。

演示还要注意的就是让客户容易听懂，如果你所说的一些专用名词或术语使客户听不懂，那将是一件非常头痛的事情。所以展示时一定要注意把那些专用名词或术语的含义改换成谁都能听得懂的大白话来向客户解说。同时，在销售工作过程中应展示产品的特色、好处、利益及附加价值，并且要尽可能地让客户亲自参与。另外你应有敏锐的观察力，能准确地判断出客户最关心的是什么。

演示讲稿的准备包括以下内容。

演示话语分为两种。

（1）标准的演示话语　比如演示某种产品时，"欢迎各位来宾参与我们这次某某产品的展示，首先介绍一下，我们是一个什么样的公司，我们公司开发该产品动用了多少人，花了多长时间，公司的发展情况，产品的沿革……这个产品有哪些特色、优点，它会给在座的人，甚至给企业的朋友们带来哪些好处……今天非常感谢各位的参与……"。每句话都能让客户感觉到对他有帮助，这就是标准的展示话语。

（2）应用的演示话语　比如介绍机器设备时，"当你使用产品时有几件事情请各位特别注意，因为这是一个电器产品，电器产品最重要的一个是电源插头，当你手湿时千万不能触摸它……"这就是提醒客户了解使用该产品时必须具备的一些常识。

演示话语的撰写准备步骤如下。

① 从现状调查中找出客户的问题点；
② 列出该产品的特性及优点；
③ 找出客户使用该产品时还能进一步改善、最期望改善的地方；
④ 依优先顺序组合特性、优点及利益点；
⑤ 依优先顺序证明产品能满足客户的特殊利益；
⑥ 总结。

演示话语的撰写是非常重要的，而且针对不同类型的客户应该有不同的提示。要想立于不败之地就必须做万全的准备。

2. 文字、图片演示法

文字、图片演示法，是指推销人员通过演示有关推销品的文字、图片等资料来劝说顾客购买推销品的一种洽谈方法。在不能或不便直接展示产品的情况下，推销人员通过向顾客展示推销品的文字、图片、图表、音像等资料，能更加生动、形象、真实可靠地向顾客介绍产品。在借助音像影视设备来展示产品时，会做到动静结合、图文并茂，收到良好的推销效果。例如，一张完整的产品价目表，可以把一个厂家生产销售的各种产品不同型号规格、不同批量的价格信息清清楚楚地传递给顾客。使用这种方法时应注意以下几点。

（1）根据推销洽谈的实际需要，收集整理有关的文字、图片资料。在推销过程中，所演示的文字、图片资料作为一种推销工具，应该与推销目的保持一致。要根据洽谈的实际需要，广泛收集相关的文字、图片资料，展示给顾客。

（2）文字、图片相结合演示，做到图文并茂。文字、图片都是视觉信息媒介，两者关系十分密切。在演示过程中，二者相配合，既有实物图片又有实物说明，既有情景图片又有情景介绍，图文并茂，易于顾客接受。

（3）坚持洽谈的真实原则，演示真实、可靠的文字资料。推销人员必须遵守有关推销法律，不能演示虚假资料或非法资料。

【案例7-6】　小李是一家家庭装饰公司的销售员，在接待顾客时，小李总是首先询问顾客对房间装饰的总体想法，了解各房间尺寸，然后通过电脑软件将装饰后的效果显示在电脑屏幕上让顾客看。由于顾客能够在房屋未完成装饰前就看到装饰后的效果，因此顾客很容易接受小张的建议，往往在与小张的洽谈中就签订了装饰协议。

3. 音响、影视演示法

音响、影视演示法是指推销人员利用录音、录像、光盘等现代工具进行演示，来劝说顾客购买推销品的洽谈方法。越来越多地运用现代推销工具，是现代推销的发展趋势之一。这种方法具有很强的说服力和感染力,是一种非常有效的演示方法,可以使顾客有身临其境的感觉。例如一位推销员为在杭州推销生长在高山云雾中的绿色蔬菜,把种植蔬菜的某高山盆地的风景与蔬菜的长势拍摄成录像带,在超市门口播放,宣传无化肥、农药污染蔬菜的好处,一下子吸引了来超市购物的顾客,从此也打开了杭州市场。因此,利用音响、影视演示法开展推销洽谈,可以生动形象地传递大量的推销信息,制造真实可信的推销气氛,充分调动顾客的情感,增加洽谈的说服力和感染力。

二、推销洽谈的策略

推销洽谈,作为推销活动的中心内容,自然需要讲究策略。但任何策略都不可能让推销人员在洽谈中做到"一计制胜",还需推销员在洽谈中灵活运用。下面几个是在实践中卓有成效的策略。

(一)原则性洽谈策略

原则性洽谈策略是建议洽谈双方各得其所的协议方案,当双方利益发生冲突时,坚持用公平的客观的标准作决定,而不是双方进行意志力量的较量。原则性洽谈的要点与方法被称为现代推销洽谈的新观念。

1. 原则性洽谈策略的含义

原则性洽谈策略也称问题解决式洽谈策略,多为既关注客户利益,又关注公司利益的推销人员所采用。这种洽谈策略认为,在推销人员与洽谈对手之间存在着谋求各自利益与长期合作的问题,这些问题总是需要经过洽谈双方的努力才能解决,问题解决的结果是洽谈双方能得到各自所需要的利益,能维持长期的愉快的合作关系。

2. 原则性推销策略的特点

原则性洽谈策略体现了现代推销学的核心概念与原则,几乎是一种无往不胜的洽谈策略。但是,在推销洽谈中要运用这一策略,推销人员必须有解决问题的心态和修养,解决各类问题的知识和能力,并在推销洽谈中做出巨大努力。一般来说,原则性洽谈策略适用于一切经济谈判,尤其适用于推销洽谈。通过问题的解决,使洽谈双方双赢。

(二)合作式洽谈策略(互利型策略)

合作式洽谈策略是一种令双方都感到公平合理,强调诚意与合作的洽谈策略。其特点如下。

1. 选择可行性洽谈方案

通过对洽谈对手信息的掌握与资料的收集,了解对方的需求及其特点,在此基础上拟定尽量使双方都满意的洽谈方案。

2. 充分表示洽谈的诚意与合作的愿望

推销洽谈转入洽谈正题后,推销人员要充分表示洽谈的诚意与寻求长期合作的愿望,把洽谈的重点放在利益上,而放弃自己的立场,尽量排除一切无谓的争吵与干扰,紧扣"利益"主题,把洽谈引导到寻求共同利益及探讨选择合作的方案上来。

3. 求同存异,达成协议

在整个洽谈过程中,始终注意探测对方的需求,了解对方采取合作态度的条件与愿望,通过提示、暗示、演示、说明、证实等方法技巧,让对方了解己方的愿望与利益,并在双方利益的满足与协商过程中,寻求共同的利益,寻找相同认识之处、可以互补之处,从而达到在更多方面的相互理解,求得最大限度的大同,以最终达成协议。

4. 坚持使用客观标准

推销洽谈中有争执与矛盾是常有的事,例如洽谈中要涉及推销品的质量标准、质量检验方法、索赔金额等。推销人员既不能通过牺牲自己利益的退让来达成协议,也不可能使对方受损失而维持长期的购销关系。所以必须使用双方都认可的公平客观的标准,即作为第三者的仲裁机构。有了公平的、公认的客观标准,洽谈的结果就会使洽谈双方都成为赢家。

(三) 自我发难策略

自我发难策略是在洽谈中针对对方可能提出的问题,先自行摆出,再加以解释并阐明立场的洽谈策略。这种策略必须建立在深入调查、知己知彼的基础上,问题必须选得恰当,理由必须令人信服。否则不但达不到预定的目的,还会使自己处于被动的局面。

【案例 7-7】 由于己方的报价比其他企业同类产品高 20%,估计对方一定会对这一问题心存疑惑,并且会怀疑己方洽谈的诚意,进而影响到他们对洽谈的态度和信心。因此,在洽谈的一开始就应予以介绍:与同类产品的报价相比,本企业的价格要高 20%,看起来似乎价格过高,但是实际并不高。首先,本企业采用的是进口优质原料,质量绝对可靠,而其他企业产品则采用国产原料。第二,本企业完全按 ISO 9000 标准进行生产和管理,产品合格率比其他同类产品高 30%。第三,本产品获得国家专利,有独特的性能。第四,在一年内,对不合格的产品一律给予退换。第五,本企业是该行业最大的供应商,货源充足,能够保证长期稳定的供应。

通过这种自我发难、解释疑难,使对方感到己方是以诚相见,从而解除疑虑,顺利达到洽谈目的。但是,这种策略必须建立在深入调查、知己知彼的基础上,问题必须选得恰当,理由必须令人信服。否则不但达不到预定的目的,还会使自己处于被动的局面。

(四) 扬长避短策略

扬长避短策略是指推销员在洽谈中尽量突出己方的优点和长处,避免谈及不足的策略。例如推销品在技术先进性方面落后于竞品,但在价格便宜、大量供应和提供零配件更换以及售后服务方面具有很大的长处等。

(五) 曲线求利策略

曲线求利策略是指在谈判中我们不能坚持己见,必须从整体的角度谋取满意的利益。我们可以在某些条件上向对方做出让步,虽然损失部分利益,但我们可以通过其他方面提出要求使对方做出让步弥补这部分利益的损失。如卖方坚持产品不讲价,买方可以提出要求使对方让步来弥补这部分利益的损失。

(六) 折中调和策略

这种调和策略是指在谈判陷入僵局时,由一方提出折中调和方案,双方都做出进一步的让步以达成协议的策略。例如,我方同意降价 20%,但你方得同意将进货的数量提高 30%。折中只是相对的,不能绝对认为你一半、我一半,这样才不吃亏,毕竟长久的双赢的合作才是双方所追求的。

(七) 沉默策略

沉默策略,就是指在商务洽谈中先不开口,放弃主动权,让对方先尽情表演,或者是多向对方提问,并设法促使对方沿着正题继续谈论下去,以暴露其真实的动机和最低的谈判目标，然后再根据对方的动机和目标，并结合己方的意图，采取有针对性的回答。沉默寡言策略的使用要特别注意审时度势、灵活运用，否则会适得其反。例如，在还价中的沉默，对方会认为是默认；又如，沉默的时间过短，对方会认为你是慑服于他的恐吓，反而增添了对手的谈判力量。

【案例 7-8】 一次，美国的一位非常著名的谈判专家替一家电影公司与保险公司交涉赔偿事宜。保险公司的理赔员首先发表了态度："先生，我知道你是谈判专家，一向都针对巨额款项谈判，恐怕我无法承受你的要价。我们公司打算出 2 万元赔偿款，你觉得如何呢？"谈判专家表情严肃地沉默着。理赔员见他一直沉默，果然沉不住气了："抱歉，请勿介意我刚才的提议，我再加一点，2.5 万元如何呢？"又是一阵沉默。"那 3.5 万元如何呢？"谈判专家等了一会儿答道："3.5 万元？嗯……电影公司可能接受不了啊。"理赔员开始显得有些不安了："好吧，再加 1 万，4.5 万元。"又是一阵难耐的沉默，谈判专家说道："嗯，我不知道。""那就 5 万吧。"理赔员痛心疾首地说……最后，这件理赔案以 8 万元达成协议，而电影公司原本只是希望能够拿到 5 万元的赔偿金。在谈判专家的沉默策略中，保险公司顶不住压力，节节败退。"沉默是金"在这里可是得到了充分的体现。

（八）最后期限策略

最后期限策略是指在洽谈开始或过程中规定洽谈的结束时间，给对方造成一种心理压力，从而加快洽谈进程，使洽谈顺利进行的策略。如销售人员常说："只有这个周末有促销活动，等到周一，产品价格就恢复原价，到时买就不划算了。"期限是一种时间性通牒，它可以使对方感到如不迅速作出决定，他会失去这个机会。

在具体使用最后期限策略时，应注意以下几方面的问题。

1. 不要激怒对方

最后期限策略主要是一种保护性的行为，因此，当你不得不采取这种策略时，要设法消除对方的敌意。除语气委婉、措辞恰当外，最好以某种公认的法则或习惯作为向对方解释的依据，避免对方心有怨气。

2. 给对方一定的时间考虑

以便让对方感到你不是在强迫他接受城下之盟，而是向他提供一个解决问题的方案。尽管这个方案的结果不利于他，但是毕竟是由他自己作了最后的选择。

3. 对原有条件也做适当地让步

这样使对方在接受最后期限时有所安慰，同时也有利于达成协议。

【案例 7-9】 美国一公司的商务代表迈克到法国去进行一场贸易谈判，受到法国人的热烈欢迎。法国人开着豪华轿车到机场迎接，然后，又把他安排在一家豪华宾馆。迈克有一种宾至如归的感觉，觉得法国人的服务水平够棒。安排好之后，法国人似乎无意地问："您是不是要准时搭飞机回国去呢？到时我们仍然安排这辆轿车送您去机场。"迈克点了点头，并告诉了对方自己回程的日期，以便对方尽早安排。法国人掌握了迈克谈判的最后期限，只有 10 天的时间。接下来，法方先安排迈克游览法国的风景区，丝毫不提谈判的事。直到第 7 天才安排谈判，但也只是泛泛地谈了一些无关紧要的问题。第 8 天谈判，也是草草收场。第 9 天仍没有实质性进展。第 10 天，双方正谈到关键问题上，来接迈克上机场的轿车来了，主人建议剩下的问题在车上谈。迈克进退维谷，如果不尽快做出决定，那就要白跑这一趟，如果不讨价还价，似乎又不甘心。权衡利弊，为了不至于一无所获，只好答应法方一切条件。

第四节　医疗器械产品的报价与让价策略

一、推销品的报价技巧

推销品的价格是推销洽谈中经常遇到的难题，不少推销活动，最后的成功与失败，往往与价格有关。现在，大多数推销人员的收入与业绩都跟销售额，亦即与价格挂钩。

在推销洽谈中，推销人员还应掌握一定的报价技巧。

1. 先行报价法

在推销洽谈中采用先行报价法，能争取在洽谈之初占据主动，表明了己方要达到的目标，直接影响洽谈对方的期望水平，可以对洽谈全过程中的所有磋商持续地发挥作用。

2. 对比报价法

对比报价法是推销员在向顾客解释推销品的价格时，先列举出其他同类产品的价格状况，再推导出推销品的价格。同时，通过分析比较推销品与其他同类产品的优缺点，说明推销品价格的合理性。

3. 均摊报价法（除法报价法）

均摊报价法是采用缩短时间单位或采用单一使用单位的方式，分解推销品的价格，以减轻价格压力的一种报价。有时，顾客一见到推销品的价格很高，会被吓住，很可能使对方一下子打消购买念头。这时，推销人员可采用均摊报价法，将一次投资大而受益时间长的产品价格分解到一天、一个星期等较少的时间单位上，或缩小报价单位，使洽谈对手容易接受。例如，黄金饰品总是以多少钱一克来报价，而不是以多少钱一公斤来报价。

4. 高价报价法

推销人员故意将推销品的价格报得很高，而自己心中又保留一个控制价位。这种报价法是专门针对那些有砍价欲望的洽谈对手。高价一旦报出，有砍价欲望的洽谈对手会将精力集中在与推销人员的讨价还价上，推销人员也不甘示弱，每一次让步都据理力争，直到遇到最低控制价位为止。

二、价格洽谈的具体原则

1. 喊价要"狠"

无论是卖方还是买方，第一次出价时，必须喊出最高价（最低价），以免买方对低价给予不利的印象和评价，也有利于为之后的讨价还价留下充分的回旋余地，在谈判中更富有弹性。

2. 制定目标

在一般的商务洽谈中，价格目标一般可以分成三个层次：最优期望目标、实际需求目标、价格底线。谈判中的每一方在洽谈当中的价格目标都是一个区域范围而不是一个点。双方的成交价格取决于双方的价格目标区域重合的范围。

3. 确定让步的幅度

在谈判的讨价还价中，双方必须确定自己降价（加价）的幅度。

【案例 7-10】 他为什么后悔？

一名叫安古斯·麦克塔维希的生意人想换一艘游艇，正好他所在的游艇俱乐部的主席想把自己的游艇出售，再买更大的，他表示有兴趣买下主席先生的游艇，两人谈得很投机。"你出个价吧！"主席先生说。安古斯·麦克塔维希小心翼翼地报了一个价格："我凑到手的钱只有 14.3 万镑，你看怎么样？"其实，他有 14.5 万镑，他留了余地以准备讨价还价。没想到对方很爽快："14.3 万镑就 14.3 万镑，成交了！"可是安古斯·麦克塔维希的高兴仅仅维持了几分钟，他就开始怀疑自己上当了，那艘游艇他横看竖看总觉得有问题。十多年来，每当他提起这笔交易时，总认为是自己上当了。

安古斯·麦克塔维希为什么会后悔呢？

三、讨价还价中的让步技巧

在让步前，让步方首先要想好让步的幅度和次数。假如销售员想好了让步 100 元，那应该分几次让步呢？每次让步的幅度都是同样的还是不一样？是递增还是递减呢？可见，让步本身就是一种策略。各种让步策略形态如表 7-1 所示。

表 7-1 让步策略形态

序号	让步方式	第一阶段让步金额	第二阶段让步金额	第三阶段让步金额	第四阶段让步金额
1	冒险型	0	0	0	100
2	刺激型	25	25	25	25
3	希望型	40	27	20	13
4	妥协型	50	30	12	8
5	危险型	45	40	0	15
6	诱发型	13	20	27	40
7	虚伪型	45	40	-2	17
8	愚蠢型	100	0	0	0

第一种冒险型让步形态（0/0/0/100）。这是一种坚定的让步，先让对方一直以为妥协无望。若是一个三心二意的买主早就放弃讨价还价了。但如果遇到一个坚强的非买不可的买主，他在卖方一次做出重大的让步后，会更加斗志昂扬，坚守阵地，继续逼卖主再让步，这会给强硬的买主继续施加压力的可乘之机。

第二种刺激型让步形态（25/25/25/25）。这是一种平均步伐的让步，极易刺激买主的更大期望。第四次让完后，若卖主坚持不再让，买主就会失望，很可能达不成交易。

第三种希望型让步形态（40/27/20/13）。卖方逐步减少其让步金额，显示出卖方的立场越来越强硬，不会轻易让步。对于买方来说，虽然卖方存在让步的可能，但让步的幅度是越来越小。

第四种妥协型让步形态（50/30/12/8）。卖方表示了强烈的妥协意愿，同时又明确地告诉了对方，所能作出的让步是有限的。卖方在前两个阶段的让步有提高买方期望的危险，但后两个阶段的让步则可能让买方意识到，要求卖方进一步的退让已是不可能了。

第五种危险型让步形态（45/40/0/15）。前两个阶段大幅度的退让，大大提高了买方的期望水平。而在第三个阶段又拒绝让步，买方往往很难接受这一变化。容易使谈判陷入僵局。最后又做了一定让步，但与买方的期望值相比，可能仍有很大的差距。

第六种诱发型让步形态（13/20/27/40）。这是一种既大踏步前进，又大踏步后退的大起大落的让步方法，同前两种让步形态一样不可取。因为它会使买主相信"再坚持一下，令人鼓舞的价钱就在前面"，从而会使买主要求越来越高，最后很可能给卖主造成很大的损失。

第七种虚伪型让步形态（45/40/-2/17）。由第五种方式变化而来，第三阶段的加价显示了卖方坚定的立场，第四阶段为表善意而做小小的退让，目的是增强买方的满足感。

第八种愚蠢型让步形态（100/0/0/0）。这是和第一种让步形态完全相反的另一个极端，同样是对卖方不利的形态。它会对买主产生十分强烈的影响。一下子削价100元，使买主顿时充满了信心和希望，但接下来的便是失望。如果卖主不再降价，很可能失去这个交易的机会。

总之，纵观以上几种基本类型的让步，可以得出这样几点有益的结论。

（1）千万不要做出一次性的巨大让步，也不要进行大起大落的让步，应该把计划中的让步组成一个巧妙的链条。

（2）理想的让步方式是：假如你是买主，应先作一点大的让步，然后再长时间缓缓让步，最好其中能上、下浮动一两次，而最后一次一定是要让点。因此，有经验的售货员在给顾客称东西时，都是称完后再抓一点加上去，顾客就很满意了；如果称完后再从秤盘上抓下来点，尽管是很少很少，顾客心理反应就完全不同了，最后让一步的道理就在这里，使对方心里感到满意。

【本章小结】

推销洽谈也称推销面谈，是推销人员在接近顾客后的下一个工作步骤，是推销过程中的一个关键环节。推销洽谈的任务包括：准确把握顾客需求、准确向顾客传递商品信息、展示客户利益、解答顾客的疑问和强化顾客购买欲望。

推销洽谈的内容包括商品品质、商品数量、商品价格、销售服务和保证条款等。推销洽谈的程序包括：制定洽谈计划、推销工具准备、摸底阶段、报价阶段、总结阶段、实质磋商阶段和达成交易阶段。

推销洽谈必须使用一定的方法和策略，常用方法有：提示洽谈法和演示洽谈法。常用策略有：原则性洽谈策略、合作式洽谈策略、自我发难策略、扬长避短策略、曲线求利策略、折中调和策略、沉默策略、最后期限策略等。

【讨论与思考题】

1. 推销洽谈的任务与原则有哪些？
2. 推销洽谈的主要内容有哪些？
3. 推销洽谈过程包括哪些步骤？
4. 推销洽谈常用方法有哪些？请举例分析。
5. 价格洽谈遵循的具体原则有哪些？
6. 比较讨价还价中的八种让步技巧。

【案例分析】

能言善辩，阿奈特不负众望

1964年，世界造船业出现危机，法国造船业深受其害。阿奈特家族经营了两代的贝纳多船厂得不到资助，面临倒闭的灾难。父亲把船厂交给最精明的女儿阿奈特·鲁来经营，为了家族的荣誉与生计，并不喜爱造船行业的阿奈特·鲁只得挺身而出，坚定地向同行表示："我和兄妹属于贝纳多船厂的第三代，没有权利丢掉父辈亲手留下的宝贵技术财产，我们没有理由不争气！"

阿奈特开始悄悄地调查、分析市场的需求变化，不久觉察到法国水上旅游将会逐渐兴起，于是她组织技术人员闭门设计，秘而不宣地制造游览、捕鱼两用船。对当地的同行，她仍是微笑和沉默，只是在会见、会谈中少了一些笑容，同行们都以为她步履维艰，已经笑不出来了。

一年以后，"法国水上用具展览"即将在巴黎隆重开幕的消息传到阿奈特居住的小镇，造船商大多反应冷淡，也无法拿出精品参展，阿奈特却悄悄地带上所研制的两用船直奔展馆，在会场转了一圈后发现没有一艘船跟自己研制的新船相同，她紧绷的神经终于松弛开来。不一会儿，喜好标新立异的富家子弟对两用船投来惊喜的目光，参观的人群也围了上来，阿奈特微笑着介绍驾驶新船的乐趣。一个客商跑来谈生意了。

客商问："小姐，这种船是你们厂造的吗？船厂在什么地方？"

阿奈特笑着回答："是我们贝纳多船厂造的，我们厂建在有着造船传统的拉克鲁瓦德维。"

"我能见见你的老板吗？"客商问。

"我就是。"阿奈特微笑着回答。

"我想订购100艘，价格能优惠吗？"客商显然利用当场谈价钱对卖主的不利，要轻易地杀价。

"先生，现在一艘船定价3000镑是很优惠的。按这样的低价，您每艘船能轻松地赚300镑。如果不是考虑各种客观因素，我本来的定价可以高一些的，那样做就比较公平了。"阿奈特微笑着解释道。

"根据实际情况估计，我以为这种船的价钱至少还可以降低10％。"客商见对方当众算出转销盈利，不好意思多还价了。

"先生，您说的价钱是机制船。我的船是手工制作的，不仅外表精细光洁，而且具有古老的传统韵味，能使驾驶者产生一种思古的幽情。这样成本就比机制船高了一些。"阿奈特含笑回答。

"现在造船业不景气，什么样的船都难卖出去，所以价格是我们销售商首先考虑的因素。"客商为压价寻找理由。

"当然。不过对于使用现代技术制造的游艇，价格容易受市场波动的影响。我想先生一定会注意到工艺品的制作，越是使用现代手段就越容易贬值，使用传统手段就容易保持价值。"阿奈特笑眯眯地争辩道。

"小姐，您真是能说会道，可是您的定价不能改变吗？"客商不甘心地问。

"价钱自然是可以改变的，不过很有限。这样吧，我另外赠送一艘特制的两用船，以表示对第一位订购者的谢意。您乐意接受吗？"

"看来我只能按照小姐的意思做这笔买卖了。买东西不还价，对我来说可是平生第一次。好吧，谢谢您的礼物。"

展览结束，贝纳多船厂收到了可以忙乎大半年的订单。消息传到拉克鲁瓦德维小镇，同行非常吃惊，不明白这位只会微笑的小姐凭什么干得如此出色。

分析讨论题：

1. 案例中阿奈特是如何说服销售商的？
2. 面对销售商的讨价还价，阿奈特是如何应付自如的？
3. 通过本例的分析，你得到了哪些启示？

第八章

医疗器械客户异议处理

【案例导读】

推销是从顾客拒绝开始的

美国纽约电话公司曾遇到一个蛮不讲理的客户,他拒不付电话费,声称电信公司的记录是错的。对此,他暴跳如雷、破口大骂,甚至威胁要砸碎电话机,同时写信给各大报社,向公共服务委员会抱怨。为此,与电话公司打了好几场官司。公司派出好几个人去处理此事都失败了。后来,公司派了最有耐心的乔治去处理此事。在乔治面前,那位客户没完没了地大发脾气。第一次,乔治静静地听了三个小时,对客户所讲的每一点都表示同情。后来又去了三次,静听客户的抱怨。在第四次时,客户的态度渐渐地变得友好起来。最后,乔治说服了这位客户加入了他的"电话用户保持协会",与此同时,客户付清了全部电话欠费账单,结束了他的投诉。

【案例启示】

美国心理学家马斯洛认为,每个人都有受尊重的需求,都希望得到别人的尊重。身为推销人员,当顾客提出异议乃至抱怨时,应学会认真倾听并表示理解与同情,不要随便打断顾客的话,更不要与顾客发生争吵,因为争吵说服不了顾客,即使争吵"得胜",也会因此而失掉成交的机会。正所谓:"口头争论占上风,得罪买主一场空。"本案例中乔治的成功充分证明了这一点。

第一节 医疗器械客户提出的异议类型及处理策略

戈德曼博士说,推销是从被拒绝开始的。美国对推销《百科全书》的调查显示:推销员中得到顾客允许访问和被顾客拒绝的比例是 1∶10;得到顾客允许后,能顺利完成推销介绍的可能性是 2/3;每 6 次完整的介绍,只能做成一笔生意。结论是:推销员平均每做成一笔生意,要受到 179 次拒绝。即使客户即将有采购需求,客户有时也拒绝与销售代表见面,为什么?因为客户现在不了解销售代表及其推销的商品价值对他有什么益处。于是,各种各样的拒绝借口就出现了：如"对不起，我在开会"、"对不起，我没时间"、"对不起，我没兴趣"、"价格太贵了"、"质量能保证吗？"、"我已经有满意的合作供应商了，不需要更换供应商"等。这些都是典型的客户异议。

一、医疗器械客户异议的概念与积极意义

所谓医疗器械客户异议，是指客户对推销员所推销的医疗器械产品本身、推销人员、推销方式和交易条件等发出的怀疑和抱怨，提出的否定或不予采购的反对意见。一般情况下，买卖双方在没有任何异议的情况下就实现销售成交是很少见的。买卖双方是交易伙伴，都有自由选择交易对象的权利，也都会努力为自身争取更多、更有利的交易条件，也都会要求对方接受自己提出的交易条件，顾客异议的提出就是买方为争取有利的交易条件所做的努力。

实质上，客户提出异议，正是代表客户对推销人员的商品或服务产生了一定的注意和兴趣，是一种可能购买的信号，这其实为推销人员提供了一个销售机会，使其向客户讲清楚产品的功能、质量、特征和比较优势、为客户提供的特殊价值和利益等。有经验的推销人员往往把顾客异议当做达成交易的起点，对顾客异议正确对待，不紧张、不回避，也不感到意外，而是热情欢迎顾客提出的异议，冷静分析异议的焦点及原因所在，并创造良好的气氛，让顾客畅所欲言，既有利于"排除顾客不满"，也有利于搜集顾客的想法，改善推销的技巧。

二、医疗器械客户提出异议的原因分析

客户产生异议的深层次原因主要来自于两方面：一方面是客户手中持有的有限资源与其自身的消费欲望具有很大的矛盾；另一方面是在供过于求的市场上，客户具有很大的选择权，往往被置于企业"衣食父母"的位置。客户必然会尽可能用最小的成本获得自身需求的最大满足，异议的提出是其争取更加有利的交易条件的表现方式。所以，客户生来就是推销异议的持有者。

（一）推销方面的异议

1. 推销品不能满足客户的需求

如产品用途与顾客的需要不相符、产品功能、质量、价格、品种等不适当导致推销品有待改进等。如医院购买的 64 层 CT 较以往的 16 层 CT 相比，扫描速度加快（由 0.42～0.50s/周提高到 0.33s/周，一次心脏扫描仅需 8～10s），同时在冠状动脉诊断的敏感性和准确性上都有明显提高。另外，不同的医疗器械在使用操作的便利性上也可能有差别等，客户都有可能提出相关的异议。

2. 信息传递不充分

有时候，潜在客户对产品已经产生了一定的需求兴趣，但由于对产品或生产厂家不够了解，不敢肯定产品的价值，仍会提出拒绝异议。

【案例 8-1】 某销售员向主任介绍一种理疗康复仪器。主任很忙，拒绝接待。

"我知道您很忙，我也理解占用忙人的时间无异于抢劫，请给我一分钟，相信您一定会对这一分钟的信息感兴趣！"

"那好，你就简短说一下吧。"

销售员以极具表达能力的语言和语调对产品作了最简洁的介绍。中风病人之所以产生肢体运动障碍是因脑血管意外时部分脑细胞损坏而造成的。剩余的没有坏死的脑细胞仍可以按照病人的意愿发出指挥肢体运动的电信号，只是这信号比正常人要弱，不足以刺激肌肉运动。该仪器可以检测出这种微弱的脑电信号，并以此信号为依据向肌肉发出较强的信号刺激

肌肉收缩。这种治疗训练产生两种结果，一是促使存活的脑细胞提高代偿能力避免退化，二是大脑可以建立新的神经传递途径。治疗后的病人可以很大程度地恢复肢体自发运动功能。

"一分钟到了，感谢您给我这一分钟的时间。如果您感兴趣的话，在您空闲时我再专门来拜访您。"

这是优秀的销售人员在开发新产品时所做的精彩介绍。当然，结局不仅是医院购买了他的仪器，还帮他向其他医院做了推广。更富有人情味儿的是，主任和销售员成了好朋友。

3. 推销人员缺乏对推销工作的热情

推销人员对推销工作不感兴趣，只当作谋生的工具，害怕被拒绝提不起精神、缺乏对推销品的信心、缺乏对推销工作的热爱、形象欠佳、信誉不好等都有可能引起顾客的异议。如推销人员看见客户时，戴着墨镜、穿着随便、走路摇摇晃晃、站或坐时不断地抖腿，试想谁会对这样的销售人员产生信任呢？

（二）来自潜在顾客的异议

1. 客户的消费习惯和偏见

客户会根据自身的购买经历、购买习惯形成对某些产品的依赖，即使可能带有片面性，但客户很难改正。

2. 客户未发现自身对产品的需求

例如在向客户推销一种新产品时，客户往往会拒绝。因为客户对新产品的市场前景往往持怀疑态度，不知道新产品是否能满足自己的功能需要或能够给自身带来更大的利润价值，故拒绝接受新产品。

3. 要求更好的销售条件

客户即使很需要推销品，但也有可能希望销售人员给予更优惠的条件，如"我再考虑一下吧，毕竟费用开支比较大，需要慎重考虑，等我考虑好了，给你电话"。

4. 顾客无经济支付能力

客户无钱购买，这属于客观的情况。但也有可能是客户对产品产生了需求，但觉得价格太高，需要优惠，也有可能不想接受推销品，或经销商可能对现款现货的购买产生疑虑，希望厂家改变货款支付方式等。这些都需要推销员认真区分和对待，判断顾客的"无支付能力"到底是真实的还是一种虚假异议。所谓真实异议，是指客户有意接受推销，出于自己的利益考虑对推销品或推销条件提出质疑和探讨。虚假异议，是指顾客并非真正对推销品或某推销条件不满，而是出于其他不便说明的原因而提出的异议。

【案例 8-2】 在实际推销活动中，虚假异议占客户异议的比例比较多。日本有关推销专家曾对 387 名推销对象做了如下调查："当你受到推销人员访问时，你是如何拒绝的?"结果发现：有明确拒绝理由的只有 71 名，占 18.8%；没有明确理由，随便找个理由拒绝的有 64 名，占 16.9%；因为忙碌而拒绝的有 26 名，占 6.9%；不记得是什么理由，好像是凭直觉而拒绝的有 178 名，占 47.1%；其他类型的有 39 名，占 10.3%。

这一结果说明，有近七成的推销对象并没有什么明确的理由，只是随便地找个理由来反对推销人员的打扰，把推销人员打发走。

5. 客户有固定的采购关系

在产业市场中，很多企业都与上下游企业之间存在着固定的合作关系。一种新的原材料或产品介入到原有的供应关系中，客户会产生严重的不信任或不关心，其根本原因在于客户无法确定推销品是否会给其带来更大的利润或价值。

6. 客户自身的偶然因素

如客户的情绪不佳、财务短期的紧张等都有可能导致客户对推销员说"不"。

三、医疗器械客户提出的常见异议的类型

（一）个人/家庭医疗器械消费者提出的异议类型与处理策略[1]

1. 价格异议

消费者对产品的异议大多与产品的价格有关。这也是最常见的一种异议。推销人员在推销过程中常常会听到"这种产品太贵了"、"要价太高了，别人比你的要便宜"、"我还是等跌价时再来买"、"能不能再便宜一点啊"等。对于顾客的这些价格异议，应正确认识和处理，否则会影响到推销的成功率。一般来说，顾客提出价格异议是因为他/她对产品有兴趣，有一定的购买意向，只是对产品价格不太满意，希望能够以更低的价格获得商品。作为推销人员，必须向顾客表明价格所连带的质量、服务、交易条件等是一体的，进行价格的转化处理。

2. 商品异议

对于大多数顾客来说，尤其是现代顾客在购买商品时更多的是看重商品本身的性能或效用。因为他购买商品的主要目的是为了消费。如果买后的商品不能给他带来预期效益，甚至带来许多麻烦，那么他就不愿购买。因此顾客在购买商品时较为谨慎，同时也会提出许多异议，如"性能是否可靠"、"质量是否上乘"、"商品是否新上市"、"产品结构很差，尺寸也不合理"等。商品异议主要是顾客对商品本身的质量、样式、设计、结构、规格等方面的异议，虽带有一定的主观色彩，但作为推销人员应先对推销的商品有充分的了解和认识，然后才能运用适当的方法和手段去消除顾客的异议。

3. 服务异议

这种异议也是较为常见的，如"顾客常常抱怨进货方式和时间不能满足顾客的需要"、"售后服务不够理想"等。服务异议同样由于顾客的不同背景和社会的影响带有较强的主观色彩，而且随着社会的进步、顾客自我保护意识的不断提高、市场竞争的加剧，这方面的异议会越来越多，提出的要求也愈来愈高，需要推销人员不断理解和掌握企业的政策规定和行销程序，提高自身的素质，运用恰当的方法去取得顾客应有的谅解、支持和合作。

4. 推销员的异议

有时候我们也会常常见到这样的情形，有些顾客购买商品时提出的异议不是因为商品本身质量方面引起的，而只是对推销人员个人或推销人员所代表的某个企业有一些偏见或成见，所以不愿去接近推销人员，更不愿去接近推销的产品。因此，作为一个推销人员，必须处理好与顾客之间的关系。有位营销大师曾这样说过："推销产品时，首先应推销自我。"这句话非常深刻，它告诉推销人员在推销产品时首先应做什么事。

5. 购买时机的异议

这类异议主要是顾客不想购买你所推销的产品时找出的一些托辞。如"过几天我再来看看"、"让我考虑考虑，然后给你回复"等。顾客提出这种异议，有时可能是因为顾客对你在推销说明中的某个观点还不明白，有时可能是觉得你提出的商品价格太贵，或者顾客没有最后的决定权。因此，对于这种情形应尽可能说服顾客做出决定。

6. 竞争者的异议

有时候顾客正在使用其他企业提供的同类产品，他们就会说："我用的是某某牌的产

---

[1] http://www.sjyx.cn/read/z2/115.htm.

品"、"我们已经习惯用某某品牌的商品"、"我从来没有听说过你们这种商品"等。对于这种异议，作为一个有经验的推销员来讲，不能操之过急，要因势利导，只要你能证明你推销的产品比竞争对手的产品更物美价廉，那么就能较好地消除顾客的异议。

7. 需要方面和支付能力的异议

这也是来自于顾客方面的异议。需要方面的异议主要是顾客对自己的生活方式往往把握不准，特别是对在改善现有生活方式过程中产生的需要，因受认识水平的制约而不能明了，结果当推销人员向其推销时持有不同的看法。有可能是顾客真的没有需求，也有可能是顾客没有认识或没有发现推销品对自己需求的满足。推销人员应认真判断顾客需求的真伪性和个性化，让顾客觉得自己的产品有助于他们解决自己的问题，不拥有该商品损失了一定的利益，这是他们的损失，从而使之动心。

支付能力的异议则是顾客自认为无钱购买推销人员所推销的商品而产生的一种不同看法。如"产品挺好的，可惜我没有钱买"、"商品是不错，过一段时间我有钱了再说吧"等。支付能力异议和非真实异议是两种不同的异议。一般来讲，顾客能购买多少商品主要取决于他们的支付能力，但是，顾客决定利用这笔钱购哪些商品则是另一个问题。因此，作为推销人员应认识到这一点，区分真假支付能力，根据具体情况分别来对待处理。

8. 决定权异议

这也是顾客常见的异议。即顾客认为自己对产品很感兴趣，但是购买这项商品需要慎重，要和家人商量后再答复。如"我不能做主"、"商品还不错，我回家和家人商量一下，再答复你"等。一般来说，顾客对产品动心了，立即促使其购买对销售人员来说是最有可能的，如果因为其他因素使顾客购买的迫切心情没有了，例如回到家与家人商量之后，很可能就改变购买的决定了。作为推销人员必须弄清楚他还有疑虑的原因，通过增强其购买信心，使之打消疑虑，或通过与对方的家人联系等，使之继续保持对产品的兴趣。

（二）经销商/代理商提出的异议类型与处理策略

经销商提出的异议类型通常有公司前景异议、价格异议、销售任务异议、交易条件异议、销售选择权异议和决策权力异议。

1. 公司前景异议

公司前景异议是指客户害怕公司的发展势头不好，或经销的产品质量不好，做坏了自己的信誉或担心产品卖不出去，或担心公司如果倒闭了，经销产品的售后服务无人负责等，这会耽搁和阻碍经销商自己的发展。如"你们公司/产品我从来未听说过，市场怎么开发啊？"、"你们公司这么小，产品的售后服务需要3~5年，我比较担心啊"等。

处理策略：当经销商/代理商对公司前景有异议时，销售人员可以采用三种方法来打消经销商的疑虑。一是带领客户公司进行实地考察，了解公司规模，参观公司的生产基地、研发机构等，打消其对公司的疑虑；二是安排客户到业内比较著名的终端客户，如正在使用公司医疗器械产品的医院对产品进行实地考察，让业内专家给公司产品一个客观的肯定；三是向客户提供有关产品的质量认证、鉴定证书、历年销售的快速增长数据、终端的销售活动开展等资料，增强客户销售产品的信心。

2. 价格异议

价格异议是指公司给予的代理价格与经销商的心理价位存在差异，客户认为推销产品价格过高，给他留下的利润空间太小。如"你们产品的出货价与竞争对手相比，高这么多，钱都被你们赚了，我赚什么"、"商品进货价这么高，分销商拿货有压力，你们还是再降低些出货价吧"等。

处理策略：当经销商/代理商对产品价格有异议时，销售人员可以把产品的性价比进行重新解释。不同档次的产品价格是不同的，性能是最终客户优先考虑的，使用者接受才能为经销商带来利润。具体处理方式如下。

◆ 迟缓价格的讨论。向客户介绍产品的时候，客户会问销售员多少钱，销售员总会说一句话："价格是最精彩的一部分"。这个意思就是说先暂且放慢价格的讨论。

◆ 让客户感觉到付款之后就可以带来一种好处。

◆ 用合理的理由来辨别价格。

◆ "三明治"法。把价值再添加附加价值，你住五星级饭店与你住三星级饭店，所享受到的住店服务的舒适程度不同，因此两种不同星级的饭店的价格是绝对不一样的，但是你到五星级饭店所接受的服务绝对超越三星级饭店，这也就是说价格和价值之间必然存在着差异性。

处理价格抗争的三种常用方法如下。

◆ 要用价格比较昂贵的产品来做比较。

◆ 把产品的使用年限延长。

例如，这个产品的确不便宜，但它的使用期可以长到3～5年甚至更长，而一般的产品不长的一段时间就坏了，这是否也等于没有价值呢？

◆ 把价格预算成最低的通用衡量指标。

例如，如果每天存5元钱，一年365天就等于存1825元钱，花一两千元就相当于每天才只用几元钱就能使用上这个东西，而且让您省下很多电。

【案例8-3】 价格与利益的转化

美国著名推销专家约翰·温克勒尔在他的《讨价还价的技巧》一书中指出："如果客户在价格上要挟你，就和他们谈质量；如果对方在质量上苛求你，就和他们谈服务；如果对方在服务上提出挑剔，就和他们谈条件；如果对方在条件上逼近你，就和他们谈价格。"

温克勒尔这段话给我们以极大的启示。作为一名推销员，你没有必要为自己推销的产品存在一些缺点而犯愁，从而在客户面前想方设法地掩盖这些缺点，这种行为恰恰是优秀的推销员所忌讳的。老练的推销员总是坦率地承认自己所推销的产品尚有些不尽如人意的地方，但更相信产品的优点会让客户轻视甚至忘掉这些缺点，从而做出购买的决定。

3. 销售任务异议

销售任务异议是指经销商对公司给予的销售任务量担心无法完成，从而无法拿到公司年底的销售额奖励。如"今年的销售额比去年同比增长20%，太高了，去年都是很艰难地完成的"、"销售任务这么高，恐怕完成不了，年底返利能否根据已经完成的销售额给予奖励"等。

处理策略：销售人员可以将客户所代理的区域市场情况和近年业内的发展情况做个整体介绍，将公司给予经销商、代理商的资源支持包括人力、费用、广告、促销活动设计等详细给客户分析，从专业的角度帮助客户分析市场拓展的可能性和可行性，公司制定的任务是有科学依据的。

4. 交易条件异议

交易条件异议是指经销商对达成交易的具体条款如付款时间、结账方式、销售支持等所提出的希望改善的看法。

处理策略：销售人员要判断客户提出的交易条件改善的可行性。如果交易条件与公司的销售政策没有矛盾，销售人员应努力为客户争取一些有利的交易条件，促成交易达成；如果经销商的交易条件是公司过去从来没有的，也非公司政策允许，销售人员可以表示理解客户的要求，但自己对公司的政策也无能为力，同时向客户提供一些其他的优惠政策，以满足客户受尊重的心理。

5. 销售选择权异议

销售选择权异议也是货源异议，即经销商有几个厂商生产的同类产品的选择，一个大的经销商，往往是众多厂商和销售人员的追逐对象，因此选择余地较大。在推销过程中，客户常会这样说："这种产品质量不可靠，我更喜欢××品牌的产品"、"我们现在销售的产品状况很好，不需要你的产品"等，这些都是货源异议。企业信誉不佳、同行之间出现激烈竞争、售后服务跟不上等情况均可能导致客户对货源方面提出反对意见。有时，客户的某种成见和误解也会影响到对企业整体形象的评价。

处理策略：客户对销售人员提供的产品或厂家不能接受，是因为还不知道该类产品能够给自己带来的价值。销售人员一是将公司的发展前景、公司产品在其他区域的销售状况和利润空间与其他竞品做个对比，将事实摆在客户面前；另外一方面可以先鼓励客户小批量的订购本公司的产品，如果试销还不错，会增加客户的销售信心。

6. 决策权力异议

上门推销时，客户有时会说："这件事我做不了主，需要跟上级领导商量后才能决定。"有的客户还会说："订货的事我无权决定。"类似这样的言语称之为决策权力异议。这种异议与其他异议一样，有真实与虚假之分，推销员要善于识别，准确判断，也许对方真的没有采购决策权，也许是因为出于其他的理由。比如客户需要时间了解信息，调查市场情况，以便在谈判桌上运用合理的策略来讨价还价，争取更大的优势。

处理策略：销售人员需要在跟客户进行会面之前，了解客户公司采购的决策人员构成，尽量与具有决策权的客户人员会面；另外，如果客户只是推辞，销售人员则无需纠正客户的说法，而是表现出非常看中客户的专业能力，多向客户表示很信任他的指导建议等，提供一些资料给客户，逐渐增强该人员对销售人员和产品的信任等。

总之，正确认识客户提出的种种异议及其产生的根源，是有效地处理这些异议的前提条件。在许多推销场合，客户异议的主要根源来自于客户的主观心理因素。因此，对客户的各种心理障碍进行全面分析，将有助于销售人员施展推销策略与推销技巧，采取正确有效的方法化解客户的异议。

第二节 医疗器械客户异议处理的原则与步骤

顾客异议产生后，作为推销人员来讲，最重要的就是采取积极的态度。要针对不同的异议，有的放矢地做好转化工作，从而建立起相互间的信任和合作关系，促使推销工作顺利进行。

一、处理顾客异议的原则

在处理顾客的异议时，应按照一定的原则、程序，把握恰当的时机，运用科学的方法来进行操作。主要的原则有以下几条。

(一) 推销前的充分准备

销售人员在走出企业大门之前就必须将客户可能会提出的各种拒绝列出来，然后考虑一个完善的答复。面对客户的拒绝心中早就有准备，从容应付。事前无准备，就可能张皇失措，不知所措；或是不能给顾客一个圆满的答复，说服顾客。加拿大的一些企业专门组织专家收集顾客异议并制订出标准应答语，要求推销员记住并熟练运用。

编制标准应答语是一种比较好的方法。具体程序是：①把大家每天遇到的顾客异议写下来；②进行分类统计，依照每一异议出现的次数多少排列出顺序，出现频率最高的异议排在前面；③以集体讨论方式编制适当的应答语，并编写整理成文章；④大家都要记熟；⑤由老推销员扮演顾客，大家轮流练习标准应答语；⑥对练习过程中发现的不足，通过讨论进行修改和提高；⑦对修改过的应答语进行再练习，并最后定稿备用。最好是印成小册子发给大家，以供随时翻阅，达到运用自如、脱口而出的程度。

(二) 推销人员面对顾客异议要自信

自信是一种良好的心理素质，推销人员要做到这一点，首先要知己知彼，即对自己的公司、商品及竞争者的状况、市场行情和顾客的需求点都要十分清楚；其次，衣着整齐，待客礼貌热情、周到，尤其是遭到对方的冷言冷语时，一定要沉得住气，不能流露出任何不满的言行和泄气的神情，要牢记，任何顾客都不愿与一个缺乏自信心的推销人员打交道。

(三) 推销人员应尊重顾客的异议，并进行认真分析

俗话说，要想得到别人的尊重，首先应尊重别人。作为一个推销人员，如果要取得顾客的信任、顺利展开推销工作，就必须先尊重顾客提出的各种异议。

一个人不管有理没理，当自己的意见被别人直接反驳时，内心总是不痛快，甚至会被激怒，尤其是遭到一位素昧平生的销售人员的正面反驳。屡次正面反驳客户，会让客户恼羞成怒，就算说得都对，也没有恶意，还是会引起客户的反感，因此，销售人员最好不要开门见山地直接提出反对的意见。

【案例 8-4】 请比较下面的两种说法，感觉是否天壤之别。

A："您根本没了解我的意见，因为状况是这样的……"

B："平心而论，在一般的状况下，您说的都非常正确，如果状况变成这样，您看我们是不是应该……"

A："您的想法不正确，因为……"

B："您有这样的想法，一点也没错，当我第一次听到时，我的想法和您完全一样，可是如果我们做进一步的了解后……"

只有这样，顾客才会主动将一些信息及时反馈给推销人员，推销人员才有机会去深刻地认识市场、商品真正的一些供需情况和问题，也才能更有利地按照市场的需要来解决一些商品的问题，使商品更能适销对路。

顾客的异议是一种自然现象，从某种意义上讲也是一种信息。作为推销人员应正确对待顾客的异议，并认真分析顾客的各种异议，寻找契机，根据顾客的不同类型、不同心理、不同要求及时采取对策，消除顾客的疑虑和不同意见。

(四) 与顾客永不争辩

推销过程，也是人与人之间相互交流、沟通的过程。作为一个推销人员与顾客保持良好、和谐的关系，可以说是推销工作能顺利展开的一个重要条件。因此，一旦顾客有异议，

最好不要与之争辩。在实际工作中常用的方法是倾听顾客异议，然后找机会再作下一步的行动。

【案例 8-5】 辩论的胜者，推销的败者

一位卡车推销员过去是司机，他对自己推销的卡车非常熟悉。在推销过程中，只要有人挑剔他的车，他就立即与之辩论，由于他经验丰富，且能说会道，因此，他经常是辩论的胜者。每当他走出顾客的办公室的时候，他总是自豪地说："我又教训了他一次。"事实上他确实以他丰富的商品知识和经验教训了很多顾客，取得了辩论的胜利，然而，从推销业绩看，他卖出去的车也少得可怜。

（五）选择处理异议恰当的时机

美国通过对几千名推销人员的研究，发现好的推销员所遇到的顾客严重反对的机会只是差的推销员的十分之一。这是因为，优秀的推销员对顾客提出的异议不仅能给予一个比较圆满的答复，而且能选择恰当的时机进行答复。懂得在何时回答顾客异议的推销员会取得更大的成绩。推销员对顾客异议答复的时机选择有四种情况。

1. 在顾客异议尚未提出时解答

防患于未然，是消除顾客异议的最好方法。推销员觉察到顾客会提出某种异议，最好在顾客提出之前，就主动提出来并给予解释，这样可使推销员争取主动，先发制人，从而避免因纠正顾客看法，或反驳顾客的意见而引起的不快。推销员完全有可能预先揣摩到顾客异议并抢先处理的，因为顾客异议的发生有一定的规律性，如推销员谈论产品的优点时，顾客很可能从差的方面去琢磨问题；有时顾客没有提出异议，但他们的表情、动作及谈话的用词和声调却可能有所流露，推销员觉察到这种变化，就可以抢先解答。

2. 异议提出后立即回答

绝大多数异议需要立即回答。这样，既可以促使顾客购买，又是对顾客的尊重。

3. 过一段时间再回答

以下异议需要推销员暂时保持沉默。

（1）不能马上给顾客一个满意的答复。

（2）若马上答复顾客的异议反而对推销工作产生不利。

（3）顾客的不同意见将随时间逐渐减少或消失。

（4）不想反驳顾客的不同意见。

（5）想避开顾客的不同意见而不进行任何反驳。

（6）顾客的不同意见离题太远等。

急于回答顾客此类异议是不明智的。经验表明：与其仓促错答十题，不如从容地答对一题。

4. 不回答

许多异议不需要回答，如：无法回答的奇谈怪论；容易造成争论的话题；废话；可一笑置之的戏言；异议具有不可辩驳的正确性；明知故问的发难等。推销员不回答时可采取以下技巧：沉默；装作没听见，按自己的思路说下去；答非所问，悄悄扭转对方的话题；插科打诨幽默一番，最后不了了之。

二、处理客户异议的步骤

（一）认真听取顾客的异议

回答顾客异议的前提是应弄清顾客有什么问题。我们与人交谈，总觉得知音难觅、和者

少，其原因之一就是人们几乎都对自己要说什么想得太多。倾听时，推销人员必须学会听出异议背后的真正意思，留意关键字是什么，静静地聆听。当推销员在不清楚顾客异议的情况下，要使顾客满意是不可能的。因此，推销员要做到以下两点。

1. 认真听取顾客的意见

要让客户感觉到你是乐意倾听客户的感受的，鼓励客户发言，设身处地体会客户的感受。

2. 让顾客把话讲完，不要随意打断

当顾客有异议时本来心里就有一种莫名的不快，如果推销员不虚心接受，积极想办法解决问题，而是竭力为自己辩解，甚至想方设法证明顾客是错误的，这无异于火上浇油，更激起顾客的反感，致使本来可以化解的小矛盾激化，从而导致交易的失败。

由此可见，理解顾客、诚恳倾听顾客的意见，是推销员应掌握的基本要求。当顾客提供一些你需要的资料信息时，应该真诚地表示感谢。

（二）回答顾客异议之前应作暂时停顿

顾客提出异议后，不要急于答辩。因为这样做容易使顾客产生误解，你来我往，容易造成争议的感觉，顾客也认为你是随便习惯性应付他的，而应该稍作考虑后再回答，这样让顾客觉得你是负责任的，诚实可靠的，同样也愿意配合你去解决问题。

（三）要对顾客表现出理解

顾客对企业或产品提出异议，一般是带着某种主观感情的。因此，推销员在回答问题时应表现出你对顾客的一种同情心理，让其觉得你是理解他的心情和要求的，这样顾客就会保持一种和气、友善的心境，也有助于问题的顺利解决。所以，第一是要对顾客的异议表示理解，第二是以问话的方式重复顾客提出的问题。许多优秀的推销员都是这样赢得顾客的。例如，顾客说："这个产品价格太高了！"推销人员回答："我理解您的意思，您认为这个产品价格较高，是吗？"

在表达对顾客理解的语言时，可用这样的话开头："你说的很有道理"、"我理解你的心情"、"我了解你的意思"、"感谢你的宝贵建议"、"我认同你的观点"、"你这个问题问得很好"等。

（四）清楚回答顾客提出的问题

在知道顾客异议的真实原因后，清楚地回答顾客提出的异议，是达成交易的一种有效的途径。回答异议时，必须注意：①增强顾客的亲和力；②不要超越自己的权限；③语言要简练。

【案例 8-6】 清楚回答顾客异议的例子

经销商说："你们欧姆龙电子血压计系列产品的报价太高了。"

销售员说："我们公司产品的价格是比国产的要高了点，但是欧姆龙集团是全球知名的自动化控制及电子设备制造厂商，掌握着世界领先的传感与控制核心技术。我们的售后服务、对经销商的指导与扶持力度以及对终端客户的投入都是其他国内厂家无法可比的。您综合比较一下，肯定收益更高的。"

附：LSCPA 法处理客户异议的流程

L：倾听——倾听客户的意见。

S：分担——你的心情我理解。

C：澄清——很多客户刚开始时都认为我们的价格偏高，但后来都接受了。

P：陈述——我们的产品质量提高了许多，所以价格也相应提高。

A：征求——我看您还是接受我们的价格吧？

（来源：孔雷．训练销售精英．北京：企业管理出版社，2008．）

【案例 8-7】 一瓶破损的啤酒

约翰先生在他家附近的圣班路连锁商店买了一箱啤酒。过了没多久，他发现有一支啤酒的瓶子是破损的，于是，他很生气地跑去该商店投诉，并要求赔偿。

圣班路商店里的销售人听完约翰先生的一通抱怨之后，就答应赔他一瓶啤酒。但是，约翰先生认为这不足以平息他的不满，要求赔偿一整箱，商店的销售负责人考虑了一下之后也同意了，赔偿了他一箱啤酒。

后来，约翰先生发现那瓶破损的啤酒是被他的小儿子不小心打碎的。他心里感到有点内疚，但更多的是感激，从此，他逢人便说："要买东西，就去圣班路商店，还有比那儿更好的地方吗？"

第三节　处理医疗器械客户异议的方法

由于客户异议发生的时间、地点、具体环境不一样，所以处理客户异议的方法应该是多种多样的，最常用的处理客户异议的方法有以下几种。

一、直接反驳法

直接反驳法是指推销人员以充足的理由和确定的证据直接否定顾客的异议。例如顾客说："这里的某产品价格比其他商店要贵得多。"推销人员可以直接予以反驳，告诉顾客他对情况可能不太了解，本店的某产品价格与其他商店相同类产品相比没有贵，小距离的差异是因为各商店选择的进货渠道不同，故进货成本上有一定的差异。

【案例 8-8】

（1）客户："这房屋的公共设施占总面积的比率比一般要高出不少。"销售人员："您大概有所误解，这次推出的花园房，公共设施占房屋总面积的 18.2%，一般大厦公共设施平均达 19%，我们要比平均少 0.8%。"

（2）客户："你们企业的售后服务不够好，电话叫修都姗姗来迟！"销售人员："我相信您知道的一定是个案，有这种情况发生，我们感到非常遗憾。我们企业的经营理念，就是服务第一。企业在全省各地的技术服务部门都设有电话服务中心，随时联络在外服务的技术人员，希望能以最快的速度替客户服务，以达成电话报修后 2 小时一定到现场修复的承诺。如果您以后还遇到这种情况，你就把接电话的服务人员和维修人员的工号记下来反馈给我们。我们一定会持续跟进的。"

前面强调尽量不要直接反驳客户。直接反驳客户容易陷于与客户争辩而不自觉，往往事后懊恼，但已很难挽回。但有些情况必须直接反驳以纠正客户不正确的观点。

例如，

- 客户对企业的服务、诚信有所怀疑时。
- 客户引用的资料不正确时。

出现上面两种状况时必须直接反驳，因为客户若对企业的服务、诚信有所怀疑，销售人员拿到订单的机会几乎可以说是零。例如保险企业的理赔诚信被怀疑，客户会去向这家企业投保吗？如果客户引用的资料不正确，销售人员能以正确的资料作为佐证时，客户会很容易接受，反而对销售人员更信任。

使用直接反驳技巧时，必须做到语气委婉、用词恰当，态度要诚恳、对事不对人，切勿伤害了客户的自尊心，要让客户感受到销售人员的专业与敬业。

二、间接否定法（"是的……如果"法）

推销人员首先承认顾客异议有一定道理的一面，然后从另一方面进行否定。这种方法的形式一般表现为"对……但"，或"是的……不过、然而、并且、还有、另外"等。例如顾客说："这件衣服的式样已经过时了。"这时，推销人员可以这样回答他："对的，这是上半年的式样，有点过时，不过现在我们正在打折，打折幅度也较大，且商品本身质量相当不错，您买了以后不会吃亏。"间接否定处理法是一种先退后进的处理法，一般不会直接冒犯顾客，有利于保全顾客的面子，也有利于保持良好的面谈气氛，使顾客更容易接受推销人员的看法。此种方法在大多数条件下都可运用，适用面较广。主要适用于受理顾客提出的无效异议。运用时应注意转折自然，理由要充分，尽量避免"但是"一词，以免引起反作用。在表达不同意见时，尽量利用"是的……如果"的句法，软化不同意见的口语。

【案例8-9】 "是的，如果"法的运用

（1）潜在客户："这个金额太大了，不是我马上能支付的。"

销售人员："是的，我想大多数的人都和您一样是不容易立刻支付的，如果我们能配合您的收入状况，在您发年终奖金时多支一些，其余配合您每个月的收入，采用分期付款的方式，您支付起来就会一点也不费力。"

（2）销售员A："您的想法不正确，因为……"

销售员B："您有这样的想法，一点也没错，当我第一次听到时，我的想法和您完全一样，可是如果我们做进一步的了解后……"

三、补偿法

补偿法，又称抵消处理法或平衡处理法。推销员在坦率地承认客户异议指出的问题确实存在的同时，指出顾客可以从其他方面得到另外的实惠，使异议所提问题造成的损失得到充分补偿。例如，潜在客户说："这个皮包的设计、颜色都非常棒，令人耳目一新，可惜皮的品质不是顶好的。"销售人员说："您真是好眼力，这个皮料的确不是最好的，若选用最好的皮料，价格恐怕要高出现在的五成以上。"

当客户提出的异议有事实依据时，您应该承认并欣然接受，强力否认事实是不智的举动。但记得，您要给客户一些补偿，让他取得心理的平衡，也就是让他产生以下两种感觉。

- 产品的价格与售价一致的感觉。
- 产品的优点对客户是重要的，产品没有的优点对客户而言是较不重要的。

世界上没有一样十全十美的产品，当然要求产品的优点愈多愈好，但真正影响客户购买与否的关键点其实不多，补偿法能有效地弥补产品本身的弱点。

四、询问法

询问法指推销人员对顾客异议进行具体察问，让顾客自己化解异议。顾客的异议分为有效异议和无效异议两种。所谓有效异议就是有一定道理的异议。所谓无效异议就是没有事实依据和不能成立的异议。对于有效异议，推销人员应根据异议具体情况，有针对性地处理；对于无效异议，利用此法可以使异议不攻自破。例如，客户说："我希望您价格再降百分之十！"销售人员说："王总经理，我相信您一定希望我们给您百分之百的服务，难道您希望我们给的服务也打折吗？"又或，客户说："我希望您能提供更多的颜色让客户选择。"销售人员说："报告张经理，我们已选择了五种最被客户接受的颜色了，难道您希望有更多颜色的产品增加您库存的负担吗？"

询问法在处理异议中有两个作用。首先，透过询问，可以把握住客户真正的异议点。销售人员在没有确认客户异议重点及程度前，直接回答客户的异议可能会引出更多的异议，从而使销售人员自困愁城。销售人员的字典中，有一个非常珍贵、价值无穷的词——"为什么"。销售人员不要过于自信，认为自己已能猜出客户为什么会这样或为什么会那样，要让客户自己说出来。其次，透过询问，直接化解客户的反对意见。有时，销售人员也能通过向客户提出反问的技巧，直接化解客户的异议。

【案例 8-10】 宝贵的"为什么"

潜在客户："这台复印机的功能好像比别家要差。"

销售人员："这台复印机是我们最新推出的产品，它具有放大缩小的功能、纸张尺寸从 B5 到 A3；有三个按键用来调整浓淡；每分钟能印 20 张，复印品质非常清晰……"

潜在客户："每分钟 20 张实在不快，别家复印速度每分钟可达 25 张，有六个按键能调整浓淡，操作起来好像也没那么困难，副本品质比您的要清楚得多了……"

这个例子告诉我们，销售人员若是稍加留意，不要急着去处理客户的反对意见，而能提出这样的询问，如"请问您是觉得哪个功能比哪一家的复印机要差？"客户的回答也许只是他曾经碰到××牌的复印机，具有六个刻度调整复印的浓淡度，因而觉得销售人员的复印机的功能好像较差。若是销售人员能多问一句，他所需要处理的异议仅是一项，可以很容易地处理，如"贵企业的复印机非由专人操作，任何员工都会去复印，因此浓淡调整过多，员工往往不知如何选择，常常造成误印，本企业的复印浓度调整按键设计有三个，一个适合一般的原稿，一个专印颜色较淡的原稿，另一个专印颜色较深的原稿。"经由这样地说明，客户的异议可获得化解。

销售人员的字典中，有一个非常珍贵、价值无穷的字眼"为什么"。

当销售人员问为什么的时候，客户必然会做出以下反应。

- 他必须回答自己提出反对意见的理由，说出自己内心的想法。
- 他必须再次检视他提出的反对意见是否妥当。

此时，销售人员能听到客户真实的反对原因及明确地把握住反对的项目，他也能有较多的时间思考如何处理客户的反对意见。

五、太极法

太极法，即推销人员对顾客异议不予理睬或一带而过。也即推销人员其实心里明白，表面却故作糊涂。因为有时候将顾客的话全部当真，并不一定有好处，甚至可能有更大的麻烦。

例如，顾客说："我知道，现在很多商品的利润都是暴利，我们可以杀价，且要狠一点。"推销人员可以不必回答或一笑带过去。

顾客说："这种商品说是名牌，其实不怎么样。"

推销人员指着另一种商品说："您看这种商品怎么样？"

太极法用在销售上的基本做法是当客户提出某些不购买的异议时，销售人员能立刻回复说："这正是我认为您要购买的理由！"也就是销售人员能立即将客户的反对意见，直接转换成为什么他必须购买的理由。顾客提出价格上涨了，销售人员可以说："是的，价格上涨了，以后还要上涨呢，最明智的办法就是尽快购买才好。"又或经销店老板说："贵企业把太多的钱花在做广告上，为什么不把钱省下来，作为进货的折扣，让我们的利润好一些？"销售人员说："就是因为我们投下大量的广告费用，客户才会被吸引到指定地点购买指定品牌，不但能节省您销售的时间，同时还能顺便销售其他的产品，您的总利润还是最大的吧！"

六、忽视法

忽视法，又称不理睬法，当客户提出一些反对意见时，并不是真的要求解决或者讨论，推销员判断与推销活动主题无关紧要，或是顾客有意刁难时，采取避而不答的异议处理办法。常用忽视法有微笑点头、同意客户的观点，或说："您真幽默"、"嗯、高见！"等。例如，当销售人员拜访经销店的老板时，老板一见到销售人员就抱怨说："这次空调机的广告为什么不找成龙拍？若是找成龙的话，我保证早就向您再进货了。"碰到诸如此类的反对意见，销售人员不需要详细地告诉他为什么不找成龙的理由，因为经销店老板真正的异议恐怕是别的原因，销售人员要做的只是面带笑容、同意他就好。

【本章小结】

处理好客户异议，排除推销的障碍，是实现推销成交的关键。客户提出异议，正是代表客户对推销人员的商品/服务产生了一定的注意和兴趣，是一种可能购买的信号，这其实为推销人员提供了一个销售机会。客户提出异议的主要原因有两方面：来自推销方面的原因和来自客户自身方面的原因。家用医疗器械消费者提出异议的类型主要有价格异议、质量异议、服务异议、推销人员异议、购买时机异议、货源异议、需要异议、支付能力异议和决策权力异议等。而经销商/代理商异议类型主要有公司发展前景异议、价格异议、销售任务异议、交易条件异议、货源异议、决策权力异议等。每种异议都应有相对应的处理策略。

处理客户异议时，必须持有积极的心态。处理客户异议的原则包括推销前的充分准备、推销要自信、推销人员应尊重顾客的异议，并进行认真分析、与顾客永不争辩、选择处理异议恰当的时机等。处理客户异议的步骤包括：认真听取顾客的异议、回答顾客异议之前应作暂时停顿、要对顾客表现出理解、清楚回答顾客提出的问题。处理客户异议的方法有很多种，常用的有直接否定法、简介否定法、补偿法、询问处理法、太极法、忽视法等。

【讨论与思考题】

1. 什么是客户异议？推销人员应该怎样看待客户异议？
2. 家用医疗器械消费者经常提出的客户异议有哪些？医疗器械经销商/代理商常提出的客户异议有哪些？这些异议的处理策略是什么？
3. 推销员处理客户的原则有哪些？处理客户异议的步骤是什么？
4. 每一种处理客户异议的方法有什么优缺点？

【案例分析】

鱼 与 熊 掌

客户要采购一些又轻又薄的笔记本电脑,可是自己的笔记本比主要竞争对手重一些,销售代表应该怎么克服这个缺陷呢?

客户要采购一些笔记本电脑,由于使用电脑的工程师经常出差,希望电脑轻薄一些。销售代表去拜访客户,客户提出了他的顾虑。

"韦主任,您好。"

"你好。"

"笔记本试用得好吗?"

"还好。不过我觉得你们的笔记本有点儿重。"

"哦?为什么您会觉得重呢?"

"你看,另一家公司的笔记本的重量只有2千克,你的笔记本却有2~6千克。"

"为什么重量对您这么重要呢?"

"因为使用电脑的工程师总是在外面出差,他们希望重量能够轻一些,尺寸小一些。"

"我明白了。工程师在外面出差,笔记本电脑是他们的工作工具,非常重要。您觉得对于这些工程师来讲,还有什么指标比较重要呢?"

"除了重量,还有可靠性和坚固性,当然还有配置,例如CPU速度、内存和硬盘的容量。"

"您觉得哪一点最重要呢?"

"当然最重要的是配置,其次是可靠性和坚固性,再后来是重量。但是重量也是很重要的指标。"

"每个公司设计产品的时候,都会平衡性能的各个方面。如果重量轻了,一些可靠性设计可能就要牺牲了。例如,如果装笔记本的皮包轻一些,皮包对电脑的保护性就会弱一些。根据我们对客户的研究,我们一直将可靠性和配置放在优先级较高的位置,这样不免牺牲了重量方面的指标。事实上,我们的笔记本电脑采用铝镁合金,虽然铝镁合金的重量重一些,但是更坚固。而有的笔记本为了轻薄,采用飞行碳纤维,但坚固性就差一些。"

"有道理。"

"基于这种设计思路,我们笔记本的配置和坚固性一直是行业界最好的。您对于这一点有问题吗?"

"鱼与熊掌不能兼得了。"

"您的比喻非常形象。我们在设计产品的时候更重视可靠性和配置影响了重量。这个初衷也符合您的要求,您也同意可靠性和配置的重要性。"

"对。"

分析讨论题:

1. 这位销售代表听到客户对产品重量不满时为什么不立刻去辩解?
2. 在听到客户提出产品异议时,销售人员可以有哪些解决办法?

第九章

医疗器械推销成交与合同的签订

【案例导读】

"眼泪"成交

一个新加入公司的销售代表刚上班,她的直接经理就让她负责一个银行的总部。她在新员工培训之后立即与客户接触。客户那时没有采购计划,但客户听说国外的同行已经开始试验网上银行并看到很多这样的报道。银行的高层认为网上银行是一个重要的趋势。信息中心开始研究,但由于缺乏资料,进展缓慢。销售代表通过邮件与美国的同事联系,找到了美国的案例。她将资料打印出来交给银行的客户。信息中心主任仔细研究了这些资料,认为大有潜力,管理层让信息中心立即立项,并争取在其他银行之前首先推出这项服务。

信息中心根据销售代表提供的资料立即设计方案,但遇到很大的问题,国内的银行系统与美国的完全不同,数据格式也不同。项目涉及应用软件、数据库、网络、存储系统和服务器,信息中心对于方案没有把握。最终,解决问题的是这位销售代表,她专门从美国请来了本公司设计过网上银行的顾问。美国的顾问在国内待了一个月,帮助客户设计方案。销售代表虽然不懂,但是她总是与客户在一起。一个月后,方案终于出来了。

按照规定,所有的采购必须采用招标的形式。信息中心将方案做成招标书,计划好日期,准备招标。这个订单不会有意外,信息中心的工程师和主任都把这位销售代表看成是最好的朋友。分管的副行长主抓这个项目,对于销售代表的帮助也非常感谢。这个标包含了很多产品,软件开发商、数据库、系统集成、服务器、台式电脑和网络设备。其中最重要的是服务器,也是销售代表的公司投的部分。因为从头到尾参与了方案的设计,方案很快就做完了。为了保证采购、实施和安装不出问题,信息中心的工程师们每天和销售代表的工程师一起做标书。不久,一份高质量的投标书就完成了。

标书交上去了,开标的时间终于到了,距离当初项目的酝酿已经将近一年。开标由行长主持,行长首先对厂家的代表表示感谢,然后逐个标宣读结果。最终中标的竟然不是她的公司!

她的眼泪一滴一滴地掉了下来,竟哭出了声响。主席台上正在宣读中标结果的行长清楚地听到了声响。昨天,是他拍板选了另外一家公司。分管技术的副行长坚决反对,表示如果选了其他公司,他不保证这个项目的成功。行长建议决策小组举手表决,最终还是选了另一家。结果宣布了,下面是签合同的仪式。没有中标的厂家默默离开了会场,银行的工程师们和她的同事都聚在她的身边安慰她。她的经理也过来了,说道:"我们这么大的公司,输个项目没关系。我们走吧。"

她站起来，忍着自己的眼泪和每一个工程师握手，接着是信息中心的主任和其他所有她认识的客户，向他们表示感谢。她来到副行长的身边，有礼貌地进行告别，并遗憾不能为该公司服务。她走向门口时遇到了行长。行长叫住了她，让她等会到他办公室。她、经理和公司的总经理一起在行长门口等待。大约一个小时以后，行长回来了，身旁跟着负责计划的处长。她因为哭声向行长道歉，行长仔细地询问了一遍她与银行信息中心一起做过的工作。然后转向处长："我们今年还有什么采购计划。我们来看一看。"

不久，她签了另外一个大订单，销售额比第一个还大。

【案例启示】

在该案例中，销售代表遭遇了推销的失败，但后来又取得了更大的成功。原因在于她坦然地承认了结果，客户总是对的，客户的选择没有公平与不公平之分。但她已经做了很多为客户提供解决方案的工作，客户看得到她的努力和专业，虽然这次丢失了订单，但客户在内心中会觉得有负于这个销售代表。如果继续努力，销售代表将产品卖给客户的机会一定会因为以前的失败而大增，客户希望下一次能够弥补她。所以销售代表在面临失败时，不是抱怨客户、放弃客户，而是应该立即拜访客户，因为销售代表已经同客户建立了互信的关系，了解了客户的很多重要资料，这在下一次的竞争中已经占据了领先地位。

第一节　推销成交的含义与时机

交易达成是整个推销工作的最终目标，其他阶段只是达成这个目标的手段。如何实现成交目标，取决于推销人员是否真正掌握并灵活运用了成交的基本策略和成交技巧。虽然成交的环境和条件会经常发生变化，成交的原因也有很大的差异，但交易达成还是有很多共性的特征和方法，推销人员熟悉了这些共性的成交信号、成交方法，将会很大程度提高推销成功的效率。

一、推销成交的含义

推销成交也叫交易达成，是指客户接受推销人员的购买建议及推销演示，购买推销品的行动过程。成交是推销工作洽谈工作的延续，如果推销人员顺利地约见、拜访了客户，并与客户进行多次洽谈后，一切的交易条件都谈妥了，客户对推销品很满意，达成交易就是顺理成章的事情。客户的购买行为一般显得相对被动。所以推销员需要积极主动地观察客户的语言、行动、面部表情泄露出来的信号，采用促使成交的技巧，从而促成交易顺利达成。推销成交的含义包括以下几点。

（1）推销成交是推销人员积极主动地进行客户需求挖掘，对客户进行针对性地推销成功的过程。

（2）推销成交是客户接受推销人员的推销建议、接受推销品的渐进过程。

（3）推销成交是推销人员与客户之间进行反复的信息沟通的过程。

二、识别成交信号，抓住最佳成交时机

（一）成交信号

成交信号是指客户在接受推销人员推销建议的过程中有意或无意地通过表情、体态、语

言信号等行为流露出来的各种成交意向。一般客户的购买信号主要有以下几种。

1. 语言信号

语言信号就是通过顾客的言语来判断和识别客户的成交意向。如客户询问价格、使用方法、货款支付方式、售后服务、交货期、保养方法、使用注意事项、价格、进行同类商品对比、对商品给予一定的肯定或称赞、征求别人的意见或看法（如总经理打电话给某职员："赶紧来我这里，有件事想问问你。"）等。这些语言已经明确地表达了客户的购买意向，是很好的成交信号。

回答潜在顾客语言信号的方法如表9-1所示。

表9-1 以反问方式回答潜在顾客提出的购买信号方面的问题

潜在顾客的提问	推销人员的回答
价格是多少？	您要买多少？
你提供哪些交易条件？	您想要哪种交易条件？
你什么时候能交货？	您想要什么时候交货？
我应该买多大型号呢？	您需要什么型号？
我现在和下月分两次订货能否得到这个特殊价格？	您愿意分两次装运吗？
你们有8、12、36、54英寸的管子吗？	您们常用这种大小的管子吗？
我要多少件货才能获得优惠？	您有意买多少？
有6400型号的现货吗？	那是您们最喜欢的一种型号吗？

注：吴健安. 现代推销理论与技巧. 第二版. 北京：高等教育出版社，2008。

2. 动作信号

动作信号就是通过观察客户体态、行为表现等来判断、识别客户的成交意向，如客户频频点头、端详样品、细看说明书、触摸试用产品、拿产品给旁边的人看、拿起订货单、对销售人员的态度比较热情、友好等，这就是迈向成交的时刻了。

3. 面部表情信号

表情信号是指通过观察客户的面部表情来判断和识别客户的成交意向。如客户的眼神一直盯着产品，或当推销人员解释说明并介绍优点之后、异议处理之后和要点赞许之后，客户显现出愉悦的表情，神态轻松、态度友好等，这些都表示出顾客对产品相当的满意。

4. 掌握客户的购买动机

（1）一般人都有一种求新的心理，也就是：我需要买新衣服、家电等新的东西，要买就买新的。

（2）好奇的心理，这个东西挺好玩的、很不错、很方便的、蛮精巧的，十分好奇。

（3）求变的心理，比如美容师经常把各种发型变过来变过去，他们做发型时，就是在满足客户的求变心理。

（4）有的人喜欢买便宜的东西，这就是求廉心理。

（5）还有的客户喜欢名贵的东西，这就是求名心理。

（6）有的客户买东西买的就是一种心安，他需要的是产品品质、售后服务等非常可靠。

（7）有的客户讲求实在，你不要跟我讲打多少折，你告诉我多少钱，什么时候送货，我希望的这个东西实际上是否有这些功能，价钱是否很合理，这叫求实心理。

（8）有的人买东西求档次，觉得买这个东西可以显出档次，这就是档次心理。

（9）有的人买东西是一种显耀，我们叫它是显露心理。

(10) 有些人的好恶受到一些风俗习惯的影响，这就是习俗的心理。

销售人员在和客户交谈的过程中，要随时体察客户购买的各种心理状态，掌握客户的购买动机。

（二）推销人员的成交心理障碍

推销过程的任何一个阶段，都有可能随时达成交易，推销人员必须灵活机动。有些推销人员善于寻找顾客、分析顾客，也善于说服顾客，但不善于抓住有利的成交时机，导致功亏一篑，错失良机。

【案例9-1】 一位推销人员多次前往一家公司推销。一天，这位推销员又去这家公司推销，他刚同公司采购部经理谈订货的事，该公司采购部经理就拿出一份早已签好字的合同，推销人员愣住了，问顾客为何在过了这么长时间以后才决定购买，顾客的回答让他吃了一惊："今天是你第一次要求我们订货，其实在你第二次来我公司，也就是一个月前，我们已经有购买的意思了。"采购部经理与推销员签完合同后说："小伙子，好在我们公司这段时间还没有别的推销员来推销这种产品，否则，这份订货合同可不是你的了！"结果，这名推销员是在第六次到这家公司登门推销时，才拿到订货合同。

推销人员常有的心理障碍包括以下几种。

（1）害怕被拒绝　达成交易或者达成协议，一般业务员最怕的有几种情形，就是他很怕听到说"我不要"，他也很怕听到客户说"我考虑考虑"，他更怕的是顾客说"你把材料留下来，我有机会再跟你联络"，所以在达成协议时一个销售员最怕的是听到拒绝。

（2）等客户先开口　客户绝对不会说"我要买"，你要用什么样的方式让顾客开口，如何去观察应变甚至于怎么样去做努力，都是一些技巧性的问题。

（3）放弃继续努力　客户说"我考虑一下"，你就放弃了，那就会前功尽弃。因此，在签订供销合同，或者是现款现货的交易中，一些销售人员抱着不良的心理倾向也就阻碍了这种成交，所以必须克服这种情形。

事实上，推销员必须学会接受客户"不"的答案，这是客户的正常权利。但推销人员也必须坚定对自我、对推销品和对公司的信心，坚信客户一定会接受适合其自身需求的推销品，可以通过反复的成交努力来促成最后的交易。

第二节　推销成交的方法

推销成交方法是指推销人员在适当的时机、地点，促成顾客做出购买决定，最终促使顾客购买推销品的方法和技巧。推销人员必须熟悉一些常用的推销方法和技巧，在实践中根据具体情况选择合适的推销方法，并不断地总结和完善。

一、推销成交的方法

1. 直接成交法

直接成交法即请求成交法，推销人员在推销活动中直接劝说客户购买推销品的方法。如："王经理，请您看看订单，我们已经谈妥了相关的交易条件，我马上将数字填入合同"或"你认为可以的话，我们可以签字了，祝合作愉快！"等。

【案例9-2】 美国谈判和推销专家麦科马克在《哈佛学不到》这本畅销书中，给我们讲了这样一则故事。麦科马克有一个朋友，担任一家大公司销售部门的经理。这位销售经理在私下场合，经常穿一件很滑稽的绿颜色的西装。麦科马克问他原因，他就讲了这件西装的来历。

一次他逛街，随便进了一家服装专卖店。销售员是一位热情、大方的年轻小伙。小伙为他挑选衣服，一件一件试穿，并逐一讲解，语言很有感染力。在试穿一件绿颜色的西装（也就是现在穿在身上的这件）时，销售经理照例由他摆布，并拿眼睛仔细观察这位推销员。只见小伙非常自信，围着销售经理转了一圈，然后语气坚定地说："好，就这件！"

好一个"好，就这件"！身为大公司销售部门的经理，在销售领域见多识广，尽管对衣服本身并不看好，但被眼前的这位年轻人深深地折服了，毅然购买了这件具有纪念意义的、滑稽的、绿颜色的西装。好用来告诫自己和自己的部下，自信以及其他的推销技巧是何等的重要。

"没问题吧，我给您开票啦。"我们经常听到商场的销售员如是说。这就是直接成交法。

直接成交法适用于下列情形：①老顾客；②理智型顾客；③推销员觉察到顾客喜欢产品；④推销员对达成交易充满自信；⑤把顾客思路引导到购买问题上来；⑥其他成交法未获成功，把直接成交法作为最后的尝试。但如果推销人员对成交的时机把握不准，如提出请求成交过早，可能给顾客造成一定的压力，导致顾客产生抵触的情绪。

2. 假设成交法

假设成交法，就是推销员在心中假设顾客肯定会购买商品，然后向顾客询问一些关键性问题来结束销售。询问的问题不应是关于商品本身的问题，而应是涉及如何交货、付款、保修及保管产品等，或着手写订货单、开发票等。

【案例9-3】 产业用原材料推销，推销员重点讲述了原材料质量好这一优点。产品介绍完之后，问顾客：

"我想，你们工厂的工人一定喜欢用质量好的原材料。"

"是的。"

"那我什么时候给您发货？"

假设成交法，特别适用于老顾客的推销。推销员与顾客很熟悉，对顾客情况比较了解，可以直接将填写好的订货单递给顾客。

"这是将要发给你们的货物。"

"这是本月你们需要的货物。"

推销员始终要有这样的信念：我推销的产品是物超所值的，我的推销能力是最棒的，顾客一定会购买产品。有了这种自信，推销员在与顾客的接触中，就会占据主动。只要顾客透漏出一丝购买信号，推销员即可发动攻势，提出成交假定，如果顾客不反对，买卖就成了。

3. 选择成交法

选择成交法，是指推销人员向准顾客提供两种或两种以上购买选择方案，并要求其迅速做出抉择的成交方法。它是假定成交法的应用和发展，先是假定顾客一定会购买，接着给顾客提供选择方案。顾客不是选择买与不买，而是选择不同的规格、型号、颜色、包装、交货日期等。TCL公司要求商场柜台的电视机销售人员在看到有顾客过来时，这样提问："先生、小姐，您是要看25英寸的，还是要看29英寸的？"（类似于"案例3-3"）

推销员向顾客提问，不应使用容易遭到顾客拒绝的提问方式，如："你买不买？"或"你要不要?"顾客很可能脱口而出"不买"、"不要"。

推销员应问顾客:"要多还是要少?"、"要这个款式还是那个款式?"无论顾客怎样选择,推销员都把产品卖出去了。推销员应当根据推销的具体情形,预先仔细地对提问进行设计。

4. 总结利益成交法

总结利益成交法,即是推销员在推销洽谈中记住准顾客关注的主要特色、优点和利益,在成交中以一种积极的方式成功地加以概括总结,以得到准顾客的认同并最终取得订单的成交方法。

总结利益成交法的优点很突出:将推销过程由产品解说、利益介绍等前期阶段有效地向成交环节推进。因此,该方法在实务中很受欢迎。总结利益成交法由三个基本步骤组成。

(1) 推销洽谈中确定顾客关注的核心利益。

(2) 总结这些利益。

(3) 做出购买提议。

【案例 9-4】 假定在推销洽谈中,准顾客(一位商店女经理)向推销员暗示了她对产品的毛利率、交货时间及付款条件感兴趣。以下是他们之间的对话。

推销员:张小姐,您说过您对我们较高的毛利率、快捷的交货及付款方法特别偏爱,对吧?(总结利益并试探成交)

准顾客:我想是的。

推销员:随着我们公司营销计划的实施,光顾你们商店的顾客就会增加,该商品的销售必将推动全商店的销售额超过平常的营业额,我建议您购买(描述产品和数量)。下两个月内足够大的市场需求量,必将给您提供预期的利润,下周初我们就可交货(等待顾客的回应)。

5. SRO 成交法

当你面对一个优柔寡断的准顾客,或者你希望准顾客大量购买,但种种迹象表明,如果他们现在都不购买的话,则将来更不可能购买。此时,即可用 SRO (standing-room-only close) 成交法促成顾客立即采取购买行动。SRO 成交法类似激将法,举例如下。

(1) 我不能保证还有这种尺寸的存货。如果有现货,您想要吗?

(2) 很多顾客一直在购买我们的产品,我不能确信是否有多余的卖给您。

(3) 好了,我知道您正盘算订购多少数量。我们确实期望您多订购一些,因为我们有现货供应,但到了夏天我们就不能保证满足所有客户的订购要求了。

(4) 这种设备下周就要提价 10%,您看是今天就装运呢还是愿多付 10% 的价款呢?

6. 从众成交法

从众成交法,即是推销人员利用从众心理来促成准顾客购买推销品的成交方法。"这是今年最流行的款式。"推销员说这句话有时是真的,有时是他编造的,以增强顾客的购买信心。一般人都有赶时髦的心理,谁都不愿落在时代的后头。但如果商品的流行性差、号召力不强,又遇到自我意识较强的顾客,就不宜采用此种成交方法来达成交易。

7. 最后机会成交法

最后机会成交法,即是推销人员向准顾客暗示最后成交机会,促成立即购买推销品的成交方法。

"这种型号货物的库存已经不多了,请您抓紧时间。"

"今天是展销会的最后一天,展销会结束后,您只能以正常价格购买这种商品了。"

"跳楼大削价,最后三天。"

这种方法利用人们"机不可失,失不再来"的心理,制造出有利于成交的环境氛围,而且给顾客带了真正的好处,有着较好的推销效果。

8. 优惠成交法

优惠成交法,即是推销人员利用优惠的交易条件来促成顾客立即购买推销品的成交方法。强调优惠的成交条件,以此吸引顾客成交,如利用价格、运费、折扣、现金(购物券)返还、赠品等。优惠成交法与最后机会成交法经常结合起来使用,威力更大。如"国庆(五一、元旦、春节)促销,活动期间,价格下调20%。活动结束,价格恢复。"

9. 小点成交法

小点成交法,指推销人员利用利益交易活动中的次要方面来间接促成交易的成交方法,即化整为零。如果推销员一开始向对方提出一个大的要求,会把对方吓跑。推销员的策略就是,从小处着眼,一口一口将对方吃掉。

【案例9-5】 汽车销售

国外有个汽车销售高手,顾客上门看汽车,他从来不这样问顾客:"先生、小姐,您要不要汽车?"他的做法是:预先设计一张表格,表格分项描述汽车特征。当有顾客前来光顾,他就拿出这张表格,一项一项询问顾客。您是要红色的还是黑色的?红色的,打个勾;您是要排气量大的,还是小的?排气量大的,打个勾;您是要有音响的,还是没有音响的?有音响的,打个勾……问完了之后,就把顾客带到符合这些条件的汽车面前,"这就是您要买的汽车。"

10. 保证成交法

推销员直接向顾客提供成交保证来促使顾客立即购买产品。有时候,顾客对交易条件不放心,担心质量问题、技术问题、价格过高等原因而不敢下购买决定。推销员应为顾客提供保证,解决顾客的后顾之忧。如福建一祛痘药妆品"迪豆"在售出其祛痘化妆品时,采用的是"20毫升+5毫升"套装出售,其中的5毫升单独成瓶,可以免费使用。若消费者觉得没有效果,可以退回20毫升瓶装容量的钱。很多消费者在得到这样的承诺后,纷纷去购买。

"王经理,您放心购买我们的设备,我们为客户提供10年的保修期,并应顾客的要求随时提供各种技术服务。"

"刘厂长,您放心购买我们的产品,我们提供优惠价格,保证我们的价格是全行业最低的。如果您购买后发现有其他地方比我们的价格更低的,我们将退回超过部分的款项。"

11. 哀兵策略成交法

哀兵策略成交法是指利用客户在年龄上或者头衔上超过销售人员的特点,使用哀兵策略以低姿态博得他人的同情。哀兵策略成交法在实际推销活动中,当推销人员费尽口舌也无法达成交易时,此时好像是山穷水尽。但由于推销人员多次地拜访客户,与客户多少建立了一些交情。这样,若推销人员面对的客户在年龄上或头衔上比自己都高出一等时,推销人员可以采用这种哀兵策略法,以让顾客说出真正的购买异议,这样,推销人员便可掌握顾客真正的异议。只要能够化解这个异议,推销员的处境将有180度的戏剧性大转变,订单将唾手可得。推销人员在推销实践中可以运用下列步骤,进行哀兵策略促成成交。

(1) 态度诚恳,做出请求状;
(2) 感谢客户安排时间让你销售;
(3) 请客户坦诚指导,自己销售时有哪些错误;
(4) 客户说出不购买的真正原因;
(5) 了解原因,再度销售。

【案例9-6】 一个业务员去拜访公司负责人，"张总，我已经拜访过您好多次了，总经理对本公司的汽车性能也相当地认同，汽车的价格也相当的合理，您也听朋友夸赞过我们公司的售后服务。今天我再次来拜访您，不是向您销售汽车的，我知道总经理是销售界的前辈，我在您面前销售东西实在压力很大，大概表现得很差，请总经理本着爱护晚辈的心怀，给予指点，我哪些地方做得不好，以便我早日改善。"总经理说："你不错嘛，你又很勤快，对汽车的性能了解得非常清楚，看你这么诚恳，我就坦白告诉你吧，这次我们要替公司的10位经理换车，当然换车一定要比他们现在车子更高级，以激励他们的士气，但是价钱不能比现在贵，否则我短期内宁可不换。"业务人员马上说："报告总经理，您实在是一位好的经营者，购车也以激励士气为出发点，今天我又学到了新的东西。总经理我给您推荐的车是由美国装配直接进口的，成本偏高，因此价格不得不反映到成本，但我们公司月底将从墨西哥OEM进来的同级车，成本很低，并且总经理又是一次购买10部，我一定能成功地说服公司尽可能地达到您的预算目标。"总经理说："喔，的确很多美国车都是在墨西哥OEM生产，贵公司如果有这样的车的话，倒替我解决了换车的难题了。"

二、成交环节最容易犯的错误

（1）因过程太长而未能实现成交 你的顾客是各种各样的，许多顾客并不都需要一个完整的推销展示过程，所以当顾客已经表示"买"时，仍然按部就班地进行"推销"展示就是多余的了。

（2）有不正确的认识倾向 如果你对你自己或所推销的产品心存疑惑，你的顾客也会感到的，因而有可能拒绝从你这里购买。

（3）每次拜访没有提出成交请求 成功的推销人员认为，应当使每次拜访都表现出为实现成交而做。

（4）老方法失效 推销人员应有意识地促使自己学习和使用一些新颖的成交意向表达方式。应当知道，如何提出成交请求，是一种技术，它可以不断改进提高。

（5）推销展示做得不充分 要想实现成交，应确保顾客明白你的产品或服务的优点是什么。

（6）没能不懈努力 如果在听到第一次"不"之后就泄气了，你也将成功的可能性束缚了起来。

（7）确定成交的时间过长 所有有经验的推销人员都听说过有关成交之后又停止的事。所以一旦成交，应在感谢顾客之后立即离开。

（8）缺乏演练 与同事进行演练，是提高请求成交技巧的一个好办法，也可以在与小业务往来客户的交往中锻炼，这样可有效地控制推销损失和获得有价值的销售经验。

（9）没有多种备用方案 应该在心中留有一个或更多的选择方案，针对不同的顾客用不同的方法。

第三节 医疗器械购销合同的签订

一、购销合同的含义及法律特征

购销合同是买卖合同的变化形式，它同买卖合同的要求基本上是一致的。主要是指供方

(卖方)同需方(买方)根据协商一致的意见,由供方将一产品交付给需方,需方接受产品并按规定支付价款的协议。购销合同是我国经济活动中用得最多最广的经济合同,也是经济合同法律关系中最基本的经济合同形式。

购销合同的法律特征如下。

(1) 购销合同的标的必须是财物　购销合同是转移财产的经济合同,其标的只能是具有价值和使用价值的实物形态的财产,如工矿产品、农副产品。凡不是以实物形态为内容而转移所订立的经济合同,都不是购销合同。同时,购销的财物必须是法律允许流通的。

(2) 购销合同转移的物质财产是有偿转让其所有权或者经营管理权　购销合同是依照等价交换的原则进行的。供方将自己生产或经营的一定数量的物质财产有偿转让给需方,也就丧失了对该财产的所有权或经营管理权,需方交付了价款也就取得了该财物的所有权或经营管理权。

(3) 购销合同可根据市场供需情况和当事人的实际需要来签订。

二、医疗器械购销合同的构成及主要内容

(一) 合同首部

主要包括以下内容。

(1) 名称——如医疗器械设备采购合同。
(2) 编号——如2012年第5号。
(3) 签订日期、地点。
(4) 买卖双方的名称等。

(二) 合同正文

合同的正文主要包括以下内容。

(1) 所采购医疗器械的品种、规格和数量　医疗器械设备或耗材的品种必须具体化,避免使用综合名称;买方所采购的医疗器械设备(耗材)名称、规格型号、颜色、式样、品牌、原产地等必须列清楚;产品的数量多少应按照国家统一的计量单位列出,并将明细表附上。

(2) 产品质量及售后服务　合同中必须规定产品应该符合的质量标准,注明是国家或部委颁布的标准;没有国家标准的应按照行业标准或企业标准,也可以双方协商凭样确定。买卖合同应对货物质量重点加以约定,以便于验收,避免纠纷。卖方应当按照约定的质量标准交付标的物,如果交付的标的物附有说明书的,交付的标的物应符合说明书上的质量要求。对实行保换、保修或保退办法的产品,应写明具体条款;对医疗器械包装材料、包装式样、规格、体积、重量、标志、及包装物的处理等,都必须详细规定。

(3) 产品价格和结算方式　合同中对产品价格和货款的规定必须详细、具体,规定付款方式、程序和时间等。

(4) 交货期限、地点和发送方式　交货期限必须按照双方的约定,并考虑双方的实际情况、产品特点和交通运输条件等。同时,明确产品的运输、交货方式以及期间所产生的运输费、装卸费、保险费用等。

(5) 产品验收办法　合同中必须明确而具体地规定在数量上验收和在质量上验收产品的办法、期限和地点以及商品的安装、调试等。

(6) 违约责任　签约一方若不履行合同导致对方损失,应承担的物质责任及赔偿对方的损失。如未按合同规定交付医疗器械耗材的数量、品种及型号;未按合同规定的质量标准交

货；未按合同规定时间交付货物或提供售后服务等。

（7）合同的变更和解除条件　在什么情况下可以变更或解除合同，什么情况下不可变更或解除合同，通过什么手续进行合同变更，必须在合同中予以规定。

（8）其他约定　双方另行协商约定的一些内容。

（9）纠纷仲裁　双方约定发生纠纷时的解决方式或仲裁机构范围等。

（三）合同尾部

合同尾部包括如下内容。

（1）合同的份数。

（2）使用语言及效力。

（3）附件　包括设备的配置清单、技术标准、技术文件的技术响应、设备的技术说明等，招标文件和投标文件同时作为合同附件存在。

（4）合同的生效及日期。

（5）双方的签字盖章等。

【案例9-7】

医疗设备器械购销合同

合同编号：

签约地点：

甲方（买方）：

乙方（卖方）：

1. 甲乙双方根据《中华人民共和国合同法》，在平等互利、协商一致的基础上，买方同意向卖方购买同时卖方同意授予买方以下设备（以下设备器械均简称设备）。

设备名称	规格型号	品牌	原产地	数量	单位	报价	成交金额

合计成交金额(大写)：　　　　　　　万仟佰整(RMB)

本合同若有详细的双方签字的配置清单，请详见附件。

2. 设备的交付期乙方在合同生效的＿＿＿＿＿＿＿天内向甲方交付上述设备，逾期将按照第7条规定执行。

3. 设备运输、安装和验收

3.1　乙方确保设备安全无损地运抵甲方指定现场，并承担设备的运费、保险费等费用，装卸费由＿＿＿＿＿＿＿承担（送货抵达前须告知医院设备处及使用科室，以便接收）。

3.2　甲乙双方对设备进行开箱清点检查验收，如果发现数量不足或有质量、技术等问题，乙方应在＿＿＿＿＿＿＿天内，按照甲方的要求，采取补足、更换或退货等处理措施，并承担由此发生的一切损失和费用。

3.3　设备到货后，乙方应在按到甲方通知后，一般设备在＿＿＿＿＿＿＿天内安装调试完成，特大型设备在＿＿＿＿＿＿＿天内安装调试完成。

3.4　甲、乙双方在符合国家相关技术标准的基础上，根据合同的技术标准（见附表）进行技术验收，验收合格后，双方在甲方《验收合格单》上签字确认。

4. 付款方式

□安装调试验收合格正常使用后以_____的方式支付货款，在3个月内付清。

□甲方在合同生效后_____内先以_____方式预付货款_____%计_____；到货后再以_____方式预付货款_____%计_____；安装调试验收合格正常使用后以_____方式付货款的_____%计_____；余款_____，以_____方式，在_____付清。

5. 伴随服务

5.1 乙方应提供设备的技术文件，包括相应的图纸、操作手册、维护手册、质量保证文件、服务指南等，这些文件应随同设备一起发运至甲方。

5.2 乙方还应免费提供下列服务

（1）设备的现场安装和调试。

（2）提供设备安装和维修所需的专用工具和辅助材料。

（3）乙方应派专业技术人员在项目现场对甲方使用人员进行培训或指导，在使用一段时间后可根据甲方的要求另行安排培训计划。

6. 质量保证及售后服务

6.1 乙方应保证所供设备是在_____（年月）后生产的全新的、未使用过的，并符合国家有关标准、制造厂标准及合同技术标准要求。如果设备的质量或规格与合同不符，或证实设备是有缺陷的，包括潜在的缺陷或使用不符合要求的材料等，乙方应在接到甲方通知后7天内负责采用符合合同规定的规格、质量和性能要求的新零件、部件或设备来更换有缺陷的部分或修补缺陷部分，其费用由乙方负担。同时，乙方应按本合同规定，相应延长修补或更换件的质量保证期。

6.2 乙方应提供保修期_____月，保修期的期限应以甲乙双方的验收合格之日起计算，保修期内免费更换零配件及工时费。乙方在保修期内应确保开机率为95%以上，如达不到此要求，即相应延长保修期。

6.3 报修响应时间_____小时，到场时间_____小时（不可抗拒力量下除外）。

6.4 保修期满后，人工费为单次故障不高于_____元，年度定期预防性维护保养次数，不少于_____次。

6.5 乙方负责设备的终身维修并应继续提供优质的服务，储备足够的零配件备库，保修期满后，以_____的优惠价供应维修零配件，消耗品的供应应由双方另设协议决定。

7. 索赔条款

7.1 如经国家食品药品监督管理局检验确认货物不符合本合同约定，买方有权选择下列方式之一要求卖方进行补救：

7.1.1 同意买方退货，并将全额货款偿还买方，并负担因退货而发生的一切直接损失和费用。

7.1.2 按照货物的疵劣程度、损坏的范围和买方所遭受的损失，将货物贬值。

7.1.3 调换有瑕疵的货物，换货必须全新并符合本合同规定的规格、质量和性能，卖方负责因此而产生的一切费用和买方的一切直接损失。

7.2 如果乙方没有按照合同规定的时间交货和提供服务，甲方应从货款中扣除误期赔偿费而不影响合同项下的其他补救办法，延期交货和延期服务的赔偿费均按每周迟交仪器的合同价的百分之零点五（0.5%）计收，直至交货或提供服务为止。但误期赔偿费的最高限额不超过合同价的百分之五（5%）。一周按7天计算，不足7天按一周计算。一旦达到误期赔偿的最高限额，甲方有权终止合同。

7.3 乙方应保证甲方和使用单位在使用该设备或其任何一部分时免受第三方提出侵犯其专利权、商标权或工业产权的起诉。

8. 争端的解决

双方如在履行合同中发生纠纷，首先应友好协商，协商不成，双方均应向合同签订地法院起诉。

9. 合同生效

9.1 本合同在甲、乙双方签字盖章后生效。

9.2 本合同一式_____份，以中文书就，甲方执叁份、乙方执壹份，具有相同的法律效应。

10. 合同附件　合同附件是合同的不可分割的组成部分，与合同具有同等法律效力。

10.1 配置清单　设备的配置清单。

10.2 技术标准　投标文件的技术响应设备技术说明。

11. 特别约定_____

甲方：　　　　　　　　　　　　　　　乙方：

（盖章）　　　　　　　　　　　　　　（盖章）

甲方法定代表人或授权委托人　　　　　乙方法定代表人或授权委托人

第四节　医疗器械货款回收与售后服务管理

一、货款回收

销售的结束以货款回收为标志，回收决定利润，企业销售商品必须按合同付款方式及时结算和回收，以使销售工作能够及时、安全、顺利地进行，保证销售利润的实现。当与代理商已经签订了购销合同，代理商开始将医疗器械产品或耗材分销，医疗设备等已经在医院通过了装机验收时，推销人员必须根据合同的约定向客户收回货款。

（一）货款未能及时收回的原因

很多时候由于各种原因，导致货款未能及时收回。一般来说，造成不良货款的原因有以下四方面因素，即：卖方原因、买方原因、买卖双方原因、宏观环境因素。

1. 卖方原因

（1）缺乏法律凭证，要账讨债无门　由于企业在进行赊销、寄库代销、委托代销、先发货后付款等商业信用时，没有严格办理有关手续，因而缺少有法律效力的凭据。这种缺乏信用工具的信用形式，很难保障债权人的权益。

（2）对客户缺乏资信调查　有些企业当事人在交易中感情意气用事，对客户缺乏理性认识，缺乏资信调查，因此许多华而不实、债台高筑的企业乘虚而入，结果货是顺利地发出去了，而货款却打了水漂。

（3）进入赊销陷阱　①市场竞争激烈：在市场竞争激烈的情况下，产品销售的各种条件难以胜出对手时，便使出"赊销"这个杀手锏，作为拉拢客户有效的手段，并且未进行资信调查。②企业领导急功近利：有些企业领导好大喜功，下达了不切实际的销售任务。销售员迫于销售任务的压力，哪怕赊销会带来回款的风险也只好豁出去了。③当事人心太软：有些销售员也深知赊销的麻烦，起初尚能坚持现款现货的交易原则，但经不住客户的软磨硬缠，最后放弃了自己的原则。

（4）货款回收制度不健全　由于一些企业货款回收管理滞后、松懈、脱节，对业务员回款缺乏一定的风险责任约束或没有约束，因此在这种现象下容易使业务员滋生以下三种弊端：①企业对销售人员的考核数量指标只重视销售额指标，而不重视回款指标。②推销人员伙同债务人诈骗货款，然后从中渔利。③人情关系。我国的人情关系比较复杂，有许多交易往往是在熟人、熟客的帮助下完成的，客户不能还款，有些业务员怕得罪客户，也就"睁只眼，闭只眼"。

2. 买方原因

（1）经营状况不佳　有些客户经营无方，管理不善或用人失当，"内耗"严重，导致企业经营每况愈下，使企业入不敷出，负债累累，自然也就无力还款。

（2）资金周转不佳　有些企业在交易前一直稳健经营，颇有资金实力，可是由于某种原因一时在业务或项目上给"卡"住了，弄得马失前蹄，囊中羞涩。

（3）故意拖欠　有些单位堂而皇之地提出"拖欠货款就是效益"的口号，谁能把货款拖得时间长、拖得住，谁的功劳就大。

3. 买卖双方原因

（1）合同纠纷　这种不良货款大多事出有因，有两种情况：一是由于销售人员在业务洽谈或签订合同或协议时不够认真或疏忽大意，造成合同的有关条款在执行中的争议，进而影响了货款的回收；二是由于买卖某一方违反合同规定造成合同纠纷，从而影响了货款回收。

（2）产品滞销　由于产品滞销，客户自然不愿痛痛快快地付款。造成产品滞销的原因也是多方面的：如产品快要过时或面临淘汰；产品包装落后；产品销售价格缺乏竞争力；产品有严重缺陷等。

4. 宏观环境因素

如我国的信用管理体系不完善，经济立法不完备、不健全，经济不景气等。

（二）货款回收前的准备

货款回收是一件很棘手的工作。因此，销售员需要掌握以下五种收款前的准备技巧。

（1）准备齐全发票、签收单等收款凭证。

（2）确保账目清楚，定期向客户发出货款征询函，要求客户盖上印章。

（3）确认客户的关键人员，向关键人物催款。

（4）预约不到客户时，则以突然袭击的方式来拜访客户，使其无法逃避。

（5）联合其他厂家，一起出击客户，使其无力招架。

（三）货款回收的技巧

当客户拖欠货款时，销售员可以采用以下九大技巧来催回货款。

（1）博得同情　向客户"哭诉"自己催不回货款的不良后果，以博得客户的同情。

（2）利益诱导　暗示客户还款可以带来的利益，以诱导客户主动还款。

（3）指桑骂槐　在此客户面前贬斥其他客户，在彼客户面前夸奖此客户，使客户因为不好意思而还款。

（4）吹捧客户　多给客户灌蜜糖水，使客户一时得意就还款。

（5）威胁客户　以投诉等手段来威胁客户，使其为了维护自己的形象而还款。

（6）以毒攻毒　声称要扶植其他客户，使客户为了维护自己的地位而还款。

（7）以情动人　多表达自己对客户的信任与尊重，使客户因为内疚而还款。

(8) 服务制胜　为客户提供更好的服务，使产品销售更为顺畅，从而使客户因为感激而还款。

(9) 磨，黏，韧　紧紧地贴住客户，使客户为了求得安宁清净而还款。

有些销售人员可能在跟客户沟通回款时，不太谨慎、细心，结果遇到了客户设下的陷阱。所以，销售员在回款时需要注意以下事项，如切勿立下给客户留下口实的减免字据；避免陷入客户纠缠不清的三角债之中；防备客户以无用产品来抵债务等。

二、医疗器械的售后服务管理

(一) 售后服务的内涵及医疗器械售后服务开展的必要性

售后服务，就是企业在商品出售以后所提供的各种服务活动。在追踪跟进阶段，推销人员要采取各种形式的配合步骤，通过售后服务来提高企业的信誉，扩大产品的市场占有率，提高推销工作的效率及效益。售后服务做得好，能达到顾客提出的要求，顾客的满意度自然会不断提高；反之售后服务工作做得不好或者没有去做，顾客的满意度就会降低，甚至产生极端的不满意。

医疗设备产品具有高技术、专业性比较强的特点，售价加高，且使用期限比较长。企业与医院签订医疗器械购销合同，这只是双方真正合作的开始，医院会非常重视医疗器械的售后服务，包括产品的详细介绍、送货、安装、调试、维修、技术培训、上门服务等。在前面的章节中已经介绍过GE在中国医疗设备售后服务体系包括电话指导和上门维修服务；向使用该公司医疗设备的医院提供一流的专业性服务，如技术支援、技术交流会和使用培训会；提供场地规范建议和安装工程建议，以完善的合约式维修服务，提供最佳的保障等。

(二) 售后服务的原则

1. 礼尚往来的原则

人们的潜意识中，最有威力、影响力的就是一种礼尚往来原则。我们到百货公司购物时，有些促销员会请我们尝一瓶牛奶，如果觉得很不错，我们会买上一大瓶的牛奶，这就是礼尚往来原则。别人对我们所做的事情使得我们也很想替对方做点事。这种心理状况，通常称之为互惠原则，你对我好，我也要对你更好，这是一种社会与文化的规范，当别人给我们帮忙的时候，我们就希望也能够为别人做点什么来予以回报。同样，我们在和顾客达成交易的关系时，也别忘了在适当的时机，带一些有纪念性的用品，或者说有一些小东西送给顾客，顾客会觉得，你在重视他。当你需要一些信息时，我相信这个顾客也会告诉你，买了你的产品以后，用得怎么样，他会把一些信息全都告诉给你，同时也会把你的竞争对手的一些信息告诉给你。所以每次当你帮顾客的忙，那位顾客就会感觉到自己也应该替你做些什么似的，每当你对顾客的要求做个什么让步，顾客内心就会感到对你好像有种亏欠，以此可以增进你俩的关系，就有了做成下一次生意的可能。这叫做礼尚往来原则。

2. 承诺与惯性原则

在心理学上，影响人们动机与说服力的一个最重要的因素叫做承诺惯性原则。它是指人们对过去做过的事情有一种强烈连贯性的需求，希望维持一切旧有的形式，使用承诺来扩充观念。顾客有一种什么样的习惯，或者说他有什么样的旧的做法，做事的方法或处理事物的一些态度，你要掌握这种惯性的原则。这个承诺惯性的原则就是我们怎么样更进一步地与我们的顾客相处，以及找到顾客内心里一种需要层次的提升。

3. 社会认同原则

威力无穷的潜意识影响称之为社会认同原则。购买某个产品和服务的人数深深地影响着客户的购买决策。如果你与顾客关系处理得很好，这时公司又开发了一个新的产品，当你到顾客那里时，也可以用这种方法告诉顾客，"你看我们的产品还没有上市就已经有很多顾客向我们订了单子，你看这是某某报纸对我们这个商品的报道，社会对我们的评价都不错……"当他看到这样的一个东西或者一个信息时，他会觉得，"嗯，不错，人家都买了，我也应该买"，这叫做社会认同原则。也就是购买某产品或者服务的人数深深地影响客户的购买决策。

4. 同类认同

假如医生都在使用这个产品，或接受这样的服务，那你给护士推销，护士也可以接受。假如律师都用这种产品，那你向其他的律师再推销这种产品时，其他律师也会接受，这就叫社会认同。

5. 使用者的证言

这也是促使顾客购买产品的一种因素，利用曾经买过我们的产品的人，或使用我们产品的人，用他们的一些见证，告诉我们的顾客，这也是影响顾客购买决定的一种方法。当然你必须要取得一份现有顾客的名单，他们用了我们的产品以后，看看他们的一些感觉。

6. 喜爱原则

比如一种化妆品，某某明星在用，所以我也想去用它，因为我喜欢那个明星；那个明星穿什么样的衣服，我也想买什么样的衣服，目前很多促销广告，都找一些名人，也就是在运用这种喜爱原则，去激发顾客采取购买行动。

7. 友谊原则

客户介绍的潜在客户比全新的顾客更为有利，因为它的成功几率是全新顾客的15倍，一个拔尖的销售人员，他永远知道在培养他的老顾客，同时他也不断地开发他的新顾客，而新顾客的开发来源，最好的方法就是由老顾客介绍。而这种老顾客的介绍，就是人们在运用友谊的原则。

今天的售后服务并不是顾客已经买了推销品，推销员给他做服务，而是在建立一种和谐的人际关系。顾客还没有买推销品之前，推销员就可以用这些原则，促进顾客更相信推销品，更相信自己。而对于买过产品的客户，推销员也要让他更进一步地跟自己维持一种更信赖的关系。

（三）恰当时机的感谢函

1. 初次访问的顾客反应不错时

我们要在适当的时间致以感谢函，一个顾客无论有没有做购买的决定，有没有买你的东西都不重要，重要的是要在访问的时候反映不错，这就需要你在拜访过后马上发感谢函给他。现在发感谢函的方法都很简便，电子邮件几分钟就过去了，可以省下你很多时间。

2. 签订契约的时候

当你与顾客见面或顾客买了东西以后，你一定要心存感恩，感谢顾客。客户的第一印象来自于销售人员。你的服装仪容是不是很好，甚至于当你和顾客寒暄的时候，你是否谦恭有礼，是否让人感觉到你很专业，都会影响印象分。所以要记住，你今天在做销售：①首先在推销你自己；②在销售商品的效用，也就是在替顾客解决问题。

销售商品的效用或价值的下一个阶段是销售商品、销售你的服务，所以你在写感谢函的时候，一定要把这种心存感恩的心境告诉你的顾客，因为每个人都有一种感觉，当你写了一封信给他，或者说是寄一张贺卡给他时，他通常是不太容易把它忘掉的，这样可以加深顾客对你的一种信任。

3. 承蒙顾客帮忙时

还有一种需要写感谢函的情形是承蒙顾客帮忙时。去拜访顾客,不管他是否买过你的产品,你有一点小小的礼物送给他,他会在礼尚往来的触动之下心里觉得有点内疚,所以他一定会帮你的忙。你还是不要忘记,永远心存感恩,致以感谢函。

4. 从旅游地向平日惠顾的顾客致谢

你可以告诉你的顾客,什么地方休闲不错,可以提供给顾客;什么地方有一场足球赛,你有票,会在什么时候叫快递给他送过去……这样顾客就觉得,有这么一个人,时时在关心着他,他一定很感动。同时,你也会收到很多回馈、很多关心。你去玩的时候,别忘了带回一些小纪念品送给你的顾客,这样可以增加你和顾客之间一种信赖的关系。

(四)视察销售后的状况

对于购买你的商品的客户,你要经常做回访,直到顾客使用熟练为止。在还没有熟练之前,顾客总会遇到许多问题,特别是那些机械一类的东西,使用一段时间之后需要更换零部件,所以你要做经常性的售后访问。对于消费型产品,有必要调查顾客的使用情况,这些都是比较重要的问题。

(五)提供最新的市场

为顾客提供经营情报,介绍公司的新产品、新服务项目,都需要在做售后服务时去做,这等于不断地与客户建立良好的关系。要善于运用礼尚往来、承诺友谊等各种原则,在为顾客提供公司新产品、新服务的经营情报的同时,还可以从顾客那里以得到很多有关其他公司的情报。

【案例9-8】 湖北九州通的医疗器械售后服务管理[1]

1. 目的及适用范围

1.1 为及时有效处理器械退货、投诉、返修等工作,明确售后服务的工作内容与职责,为业务开展提供一站式售后服务、产品知识咨询和培训支持,强化器械部售后服务工作的管理,使产品的返修、退货、投诉得到有效落实,特制定本办法。

1.2 本办法适用于九州通医药集团股份有限公司湖北事业部医疗器械售后服务管理工作。

2. 参考文件

《客户服务管理办法》

《医疗器械总部客户服务管理制度》

《医疗器械销售退回流程》

3. 术语

3.1 器械售后服务:包括器械产品维修与调试、客户咨询、客户投诉处理及回复、器械退货管理等。

3.2 首问负责制:指最先受理或接待前来本单位办事、电话咨询、来访者的工作人员,应承担起为来访者解答、办理或引导办理有关工作事宜,并负责将该项事宜跟踪至妥善办理完毕。

4. 职责

4.1 配送部

---

[1] http://wenku.baidu.com/view/f7bebe68a45177232f60a292.html.

(1) 负责将客户要求返修的器械产品带回并交给医疗器械部客服组。
(2) 负责将已经返修好的器械产品带回给相应的客户。

4.2 质管部退货组
负责将无法确定是否可以退回的器械产品交由医疗器械部客服组处理。

4.3 市场部客服组
负责将关于器械的产品咨询、维修、换货等信息整理好，交给医疗器械部客服组。

4.4 医疗器械部

4.4.1 客服组组长
(1) 负责检查质管部退货组退回器械产品的质量，审核退货原因，判断处理方式。
(2) 负责根据《销售退回管理办法》协调处理销售退回相关事宜。
(3) 负责参与采购谈判，洽谈售后服务事宜。
(4) 负责定期上门拜访重点客户、主动了解服务问题，进行沟通交流，提供支持服务。

4.4.2 客服管理岗
(1) 负责接受客户对产品知识及使用的咨询，及时解决客户的产品问题。
(2) 负责为采购员、配送员、开票员、业务员提供产品售前、售中的知识、注意事项等咨询。
(3) 积极争取厂家售后政策，及时反馈业务人员与配送员。
(4) 负责协助完成对客户返回的产品的常规问题进行维修以及联系厂家售后服务相关事宜。
(5) 负责根据医疗器械总部安排，定期接受医疗器械总部培训及到医疗器械供应商或生产商处学习新产品的相关知识，并负责对部门各岗位进行转训。
(6) 负责收集终端客户的各类信息反馈、处理各类客户投诉并及时将处理结果反馈给客户。
(7) 负责根据公司规定将客户准确分类，并定期整理各类客服信息，进行汇总和分析。
(8) 负责根据《销售退回管理办法》协调处理销售退回相关事宜。
(9) 负责协助定期维护产品知识库，收集产品维护相关信息并定期更新客户服务指南。

4.4.3 客户服务岗
(1) 负责处理客户投诉：受理客户投诉，安抚客户的情绪，对客户进行合理的解释，并及时记录客户投诉内容、备档；跟踪客户投诉问题的解决情况，并向客户反馈解决进度。
(2) 负责处理客户退货和返修工作
① 为客户提供退货咨询服务，并进行退回货物验收登记；
② 及时清理返修器械和退回货物清单，联系相应厂家，解决处理问题；
③ 将货品处理结果及时反馈给客户。
(3) 负责产品维修管理
① 制定产品维修的费用标准，并根据市场实际情况的变化，进行符合标准的调整和维护；
② 负责管理产品维修用备件、配件及相关工具。
(4) 负责统计分析产品退货和客户投诉的数据，并将结果进行通报。

4.5 湖北仓储管理组
负责核实客户投诉中收到器械货物短少、发错、破损的情况，并以处理，将处理结果反馈至医疗器械部客服组。

5. 工作程序

5.1 客户投诉受理

5.1.1 电话投诉

客户投诉管理实行首问负责制：任何员工接到客户电话（服务请求或问题投诉），无论是否属于自己工作职责范围，均应礼貌地向客户做出回应，告知并引导客户使用公司客服热线；当客户不愿拨打客服热线时，接电话的员工需将问题详细记录下来，并于第一时间将投诉内容反馈给医疗器械部客服组。

5.1.2 现场接待客户投诉

(1) 如客户到医疗器械部办公室或者展厅投诉，医疗器械部任何员工接待都需把客户引导到比较安静的位置坐下来沟通，不要在展厅和客户争执。

(2) 能现场解决的果断解决，不能现场解决的需通过有效的引导，洞察客户的真正意图和目的，对客户不符合公司规定的要求要适当合理的降低客户期望值，并承诺解决的大致时间，把客户送走之后将重点内容记录下来反馈给相关责任人。

5.1.3 投诉跟进与处理

(1) 投诉跟进

客服管理员在接收到客户投诉信息4小时内必须和用户联系，了解客户诉求。对于一些简单和在职权内的问题要求在24小时内落实清楚给客户回复处理方案；如超出职权的问题要求在接收到客户投诉24小时内反馈到部门负责人处，部门负责人在24小时内给出处理意见，由客服管理员24小时内将处理意见回复客户和实施人员。

(2) 责任划分及回复客户

所有处理情况必须全部登记到《投诉（问题）反馈表》，落实属于哪个环节的责任：如查实确属工作疏忽，对责任人给予扣罚3分/次，情节严重者另行处理，并由责任人负责处理方案的实施；如查询不到责任人的（系统问题、数据丢失等），根据部门负责人意见为客户进行处理，由客服管理员负责方案的实施，确定处理方案后如实施人员不实施或者不按时实施的扣罚3分/次，情节严重者另行处理。

(3) 实施与监督

在确定处理方案后，对应责任人员为投诉处理实施人，必须在2天内实施处理方案。客服管理岗为监督人员，监督处理方案的实施，整个处理时间不得高于5个工作日。特殊重大投诉，如行业稽查、客户出现了重大的经济损失（5000元以上）、行业曝光需在4小时内报客服管理员，客服管理员需在接收到信息2小时内报部门负责人，向部门领导寻求专人协助处理。重大事件的处理，责任人为客服组组长，医疗器械部部长为监督人员，监督处理方案的实施。

(4) 电话回访工作标准

① 开场用语：您好，我是九州通集团医疗器械部客服代表，请问您是×××医药公司的×总吗？占用您几分钟时间，做一个回访调查，可以吗？

② 结束用语：感谢您支持九州通集团医疗器械部！再见！

③ 每个电话正常回访时间在3分钟以内，如客户主动延长除外。因为过长的电话回访会耽误受访人的时间，且一般来说，客户真正的不满和投诉不是单靠一个电话来解决的，电话回访目的是体现九州通对客户的关怀。

④ 分公司客户专员的回访任务：医疗器械部客服管理员每月电话回访200个客户，其中A类客户10%（20个），B类客户60%（120个），C类客户30%（60个）。

5.2 销售退回

参见《器械销售退回流程》

5.3 客户维修

5.3.1 业务员将所属片区客户要求返修的器械产品带回,交给对应开票员,由开票员送至器械客户服务岗处,并填写《客户维修登记表》,器械客户服务岗进行维修,维修好之后由开票员交由对应业务员返还给客户。

5.3.2 配送员将客户要求返修的器械产品交由器械客户服务岗,并填写《客户维修登记表》,器械客户服务岗进行维修,维修好之后由配送员返还给客户。

6. 记录与存档

6.1 本办法产生以下记录:《投诉(问题)反馈表》、《客户维修登记表》

6.2 存档期限见《档案管理办法》。

7. 发放范围

湖北事业部总经理、销售部、市场部、湖北仓储部、配送部、医疗器械部等相关部门负责人及员工。

8. 附件

8.1 《投诉(问题)反馈表》　　　　　　　　　附件1
8.2 《湖北事业部医疗器械部产品维修登记表》　附件2

附件1

投诉(问题)反馈表

记录编号:N湖北2009×××××××

受理时间	投诉(反馈)人或单位	联系人	联系电话	内部问题/产品投诉
所属区域	地区具体名称	被投诉(需协调)部门	被投诉(需协调)岗位	完成时间
投诉(问题)等级	投诉(问题)项目	产品名称	生产厂家	产品规格

投诉问题描述:

如是产品问题,填已实施处理措施(如是公司内部流程且本部门已经解决好,可写出解决方案,供以后处理此类问题做参考)

部门领导处理意见:

说明:1. 记录编号规则:如果是投诉产品售后问题编号以C开头;如是反馈公司内部流程等其他问题编号以N开头;接收投诉信息的区域是新一区,第二、三个字母就是一区,××××为投诉月日,001代表当日投诉顺序号
2. 各分公司保存电子数据,总部随时抽查
3. 如果不是投诉产品问题的就不需要描述产品名称和产品规格
4. 重大投诉需要升级到总部请填写《升级投诉(问题)反馈表》

附件 2

湖北事业部医疗器械部产品维修登记表

检修单号	客户名称	联系人	电话	商品编码	商品名称	购买时间	是否更换配件	配件名称	数量	客户收货时间	客户签字	收费合计

登记人： 　　　　　　　　　　　　　　　　　　　　医疗器械部长：

1. 检修单号规则：W2009×××001(2009×××表示受理时间、001 为顺序号)
2. 一个检修单号可以对应多个配件
3. 客户签字后方可证明产品已返还客户，服务结束
4. 本登记表手写版本请分公司保存好以便备查
5. 备注栏目至少需要填写换下来的旧件名称、旧件数量；也可填写所有需要补充说明的内容。旧件名称请使用厂家规范名称填写

【本章小结】

推销成交是指客户接受推销人员的购买建议及推销演示，购买推销品的行动过程，是推销洽谈工作的延续。推销员需要积极主动地观察客户的语言、行动、面部表情泄露出来的信号，采取促使成交的技巧，从而促成交易顺利地达成。推销人员必须熟悉和掌握常用的提示成交的办法。

推销成交还应通过努力把成交结果书面化——签订购销合同。购销合同的内容一般包括合同首部、合同正文和合同结尾。合同正文的内容包括产品的规格、型号、质量、包装、售后服务、价格和付款方式、验收标准、违约赔偿、解决争议的方式、有关产品技术标准的附件等。双方签订了购销合同后，推销人员还必须通过售后服务管理与客户建立良好的关系，不断提升客户的满意度。

【讨论与思考题】

1. 什么是推销成交？推销成交的信号一般有哪些？
2. 推销人员为什么不敢主动提出推销成交请求？推销成交的方法和技巧有哪些？
3. 医疗器械购销合同一般包括哪些内容？
4. 货款难以收回的原因一般有哪些？推销员怎样提升货款回收的效率？
5. 医疗器械售后服务管理应该注重哪些内容？

【案例分析】

克里斯·亨利的推销经历

克里斯·亨利是一个工业用阀门、法兰、密封圈及密封剂的推销员，他正在反问壳牌石油公司的购买者格雷·马斯洛，希望他能使用 Furmanite 牌子的密封制品来防渗透。克里斯刚和购买者讨论完产品的特色、优点、利益，也说明了公司的营销计划和业务开展计划，他

感觉到快大功告成了。以下是他们二人的推销对话。

克里斯：让我来总结我们曾经谈到的。您说过您喜欢由于快速修理所节省下来的钱，您也喜欢我们快速反应而节省的时间，最后一点我们的服务实行3年担保。是这样的吧？

格雷：是的，大概是这样吧。

克里斯：格雷，我提议带一伙人来这里修修这些阀门渗透，您看是让我的人星期一来呢？还是别的什么时候？

格雷：不用这么快吧！你们的密封产品到底可不可靠？

克里斯：格雷，非常可靠。去年，我们为美孚做了同样的服务，至今为止我们都未因担保而返回修理，您听起来觉得可靠吗？

格雷：我想还行吧。

克里斯：我知道您做出决策时经验丰富、富有专业性，而且您也认同这是一个对你们厂正确的、有益的服务，让我安排一些人来，您看是下星期还是两周内？

格雷：克里斯，我还是拿不定主意。

克里斯：一定有什么原因让您至今犹豫不决，您不介意我问吧？

格雷：我不能肯定这是否是一个正确的决策。

克里斯：就是这件事让你烦恼吗？

格雷：是的。

克里斯：只有您自己对自身的决策充满自信，您才可能接受我们的服务，对吧？

格雷：可能是吧。

克里斯：格雷，让我告诉您我们已经达成共识的地方。由于能够节省成本，您喜欢我们的在线修理服务；由于能得到及时的渗透维修，您喜欢我们快捷的服务回应；而且您也喜欢我们训练有素的服务人员及对服务所做的担保。是这些吧？

格雷：没错。

克里斯：那什么时候着手这项工作呢？

格雷：克里斯，计划看起来很不错，但我现在没有钱，或许下个月我们才能做这项工作。

克里斯：一点也没问题，格雷。我珍重您在时间上选择，下个月5号我再来您这里，确定维修工人动身的时间。

分析讨论题：

1. 列表说明推销员使用了哪些成交方法？
2. 克里斯是否应该再次提出成交？为什么？
3. 假定克里斯觉得他能达成更多的成交额，您认为他可能会怎样做？

第十章

医疗器械销售组织和团队的组建

【案例导读】

销售团队化建设

王莫曾经是某饮料企业的销售"明星",曾经一个人用一个月的时间攻下了一座华南重镇。但是,最近他越来越感到力不从心。对手数据的收集、市场动态的监测等诸多方面的事情让他分身乏术。

销售领域内,销售明星风光无限的日子已经接近尾声了。面对复杂多变的市场,芜杂的信息流以及越来越挑剔的客户,个人的努力已经无法解决在销售中遇到的大部分问题。

把销售人员从单枪匹马闯江湖的状态转变成团队工作,是目前销售管理的新趋势。大部分的经理人尽管能够说出团队化的种种优点,但对于具体怎样实行却存有疑惑。管理大师肯·布兰佳(Ken Blanchard)博士在 SellingPower.com 上发表文章,为这些困惑的经理人提供实现销售工作团队化的三个技巧。

1. 让销售人员分享公司信息

与你的销售人员分享关于公司的各种策略和相关信息,能激发他们面对问题的创造力,同时让他们对公司的前景充满信心,让客户觉得他们更加可信赖。

2. 让销售人员与其他部门分担责任

让销售人员短期参与客服、后勤的工作内容,让销售人员更能理解其他部门的工作价值,在面对顾客时能换位思考。

3. 让销售团队共享利益

更多地鼓励团队工作的成绩,而不再像从前那样强调某个人。"你的管理工作不再专注于寻找'第一名',而是转向'人人为我,我为人人'。"

作为经理人,对于王莫——曾经的销售"明星",可以应用这三个小技巧,让"明星员工"变成"明星团队",为公司也为销售人员个人带来更大的成功和利益。

【案例启示】

在销售团队建设中,学会团队建设及管理技巧是让团队良好运作的前提条件。建立高效销售组织体系是确保销售业务高效运转的前提。因此,销售部门的组织模式是企业销售战略的重要内容。销售人员是公司与顾客之间的纽带。对许多消费者来说,销售人员就是公司。反过来,销售人员又从客户那里带回许多公司需要的市场信息。所以,对于销售队伍的设计问题，即制定销售队伍的目标、策略、结构、规模等问题，公司应该做深入的考虑。在我国企业的销售实战中，有不少企业在销售组织建设上还没有明确的思路，尤其是不能从战略高度进行组织设计，从而制约了销售功能的正常发挥。

第一节　销售组织及其基本原理

一、销售组织的基本含义

销售组织是指企业销售部门的组织，它使构成企业销售能力的人、商品、金钱、信息等各种要素得到充分利用和发挥。简言之，就是将生产或经营的商品销售给客户的销售部门。

当一群人在一个团体内为同一个目标而工作时，就会产生"组织"的需求，换句话说，组织就是将员工在工作中的地位、职责和权利，以及他们相互间的关系加以明确的规定。为了发挥最高效率并达到销售目标，必须组织一个强有力的销售队伍，这是对一个销售管理者的要求。销售队伍中的每一个销售人员都是公司在某种条件下分派来的，如何把这些人组成一个团队，并使这个团队具有强大的战斗力是销售管理者首要的责任。一般来说销售队伍的组成比例是5:4:1，前者是指优秀销售人员，他们能完成销售额的50%，中者是一般销售员，他们能完成整个销售额的40%，后者是落后的销售人员，他们只能完成整个销售额的10%。

组成企业组织有四个关键概念：分工、协调、授权、团队。

（一）分工

公司为追求既定的利润目标，必须依靠各部门分工合作才能完成。例如产品分析、采购、仓储、促销、推销、收款等工作，只有通过专业的分工，企业才能最终获得效益。产品的销售涉及促销、推销、售后服务等。客户分布在不同的区域，因此，销售人员需要分工，才能完成好企业的销售任务。

分工导致企业销售组织的部门化与阶层化。所谓部门化，是指企业如何划分必须做的销售工作，经过划分的销售工作分配给哪一个单位去做的问题。换句话说，销售组织的部门化，也就是把分配给各销售组织单位的工作种类、性质、范围加以区别限定。

（二）协调

分工带来工作上的绩效，但也会产生各种问题。特别是实行了目标管理后，各部门人员对公司总体目标不了解，只以部门目标为最终目标，本位主义妨害到公司整体的目标。企业谋求补救之道，就是运用协调这一方法，使部门与部门之间协调，人员彼此之间协调，相互了解沟通、消除冲突、整合力量，发挥各部门力量，达成整体效果。

销售工作是一个自由度较高的工作，销售人员分布在不同的地方，更需要协调，以便按照企业的销售计划统一行动。销售经理需特别留意，要实施销售战略上的协调与业务上的联络、洽商及信息交换，以及与各部门意见的沟通，以免发生误会或不协调。总公司的销售部与分公司的销售部门要充分联络和协调。总公司销售部经理应尽量找机会访问分公司或办事处，不可总是把分公司的人叫到总公司来。访问公司时，需要做必要的指示、引导、激励与慰问，不要以总公司的名义烦扰分公司的人。

(三) 授权

所谓授权，是授予发布命令与执行权力。随着企业销售工作的发展与膨胀，企业内部的销售工作分工越来越细，销售组织层次不断增加，销售组织的阶层化日益形成。形成了公司销售管理层、部门销售管理层、一线销售管理层、销售作业层四个阶段，这四个阶段各负其责。当销售部门间有分歧、无法取得一致，或是销售上下层部门在执行的细节上无法协调、公司的最大效益无法获得时，企业当局必须建立授权制度。另外，销售人员一般远离公司独立作战，他们必须面对客户做出适当的反应，因而需要一定的管理决策权限。所以，销售经理在分配任务时，就应当授予他们一定的权限。

(四) 团队

团队可定义为在特定的可操作范围内，为实现特定目标而共同合作的人的共同体。换言之，团队就是一些人一起做某件事情。团队涉及销售队伍组织的策略问题，即销售人员以何种方式与目标客户接触。是单打独斗，还是采用小组推销、推销会议或推销研讨会的方式。从目前发展的趋势看，销售工作越来越需要集体活动，需要其他人的支持配合。因此，团队形式的小组推销越来越受到重视和顾客的欢迎。

二、影响销售组织设置的因素

建立销售组织时，需要考虑以下几个因素，即商品特征、销售策略、商品销售的范围、渠道特性以及外部环境等。

(一) 商品特征

不同的商品具有不同的销售特征，应采用不同的销售组织，因此，在建立销售组织时，首先要考虑的是该商品的性质和特征。例如，本公司将出售的商品究竟是生产资料还是消费资料，面对的是消费品市场还是工业品市场、是专用品还是一般商品等。

由于商品性质的不同，在销售方式上技术方面的因素便显得十分重要，因而销售组织也不尽相同。特别是当产品技术复杂，产品之间联系少或数量众多时，按产品专门化组成的销售队伍就较为合适。例如，柯达公司就为它的胶卷产品和工业用品配备了不同的销售队伍。

除上述外，销售人员还应考虑本公司预备商品是否齐全，在预备商品的过程中，是否要安排重点商品。如果商品少、重点性强，那么就要采取按地区建立销售组织的方式。

(二) 销售策略

企业如何销售产品影响着销售组织的设计，企业是通过广告销售还是人员推销来销售产品则对企业销售组织的要求不同。例如通过广告销售产品的企业销售人员较少，则其销售组织较简单；若是通过人员推销就要求有较多的销售人员，则销售组织结构较复杂。企业是通过中间商销售产品还是直接销售产品，其销售组织也不一样。例如美国安利公司采用直接形式，其销售队伍庞大，销售组织也较复杂。此外，企业的售后服务政策怎样也影响着企业的销售组织结构。

在销售策略中，影响企业销售组织结构最大的因素是推销形式。各公司为从消费者手中获得订单而互相竞争。它们必须有一套销售策略，即在适当的时间以适当的方法去拜访顾客。销售代表（人员）可用以下几种方法和消费者打交道。

(1) 一个销售代表对一个顾客　一个销售代表通过电话或亲自拜访，和一个现存顾客或潜在顾客进行交谈。

(2) 一个销售代表对一群顾客　一个销售代表尽可能多地结识顾客群体的成员。

(3) 销售小组对顾客群体　公司销售小组向顾客群体进行销售工作。

(4) 推销研讨会　公司销售小组为客户单位举办一个有关产品技术发展状况的教育讲座。

因此，企业采用什么样的推销形式就要求设立相应的销售组织。

(三) 商品销售的范围

在最简单的销售组织中各个销售代表被派到不同地区，在该地区全权代理公司业务。商品销售的区域范围影响着销售组织的结构。区域由一些较小的单元组成，如市或县，它们组合在一起就形成了具有一定销售潜力或工作负荷的销售区域。划分区域时要考虑地域的自然障碍、相邻区域的一致性、交通的便利性，等等。因此，产品销售区域范围小，销售组织则相对简单；产品范围大，销售组织则较复杂一些。例如，地区性产品销售组织就不同于全国性的销售组织，而国际性的销售组织也不同于全国性的销售组织。

(四) 渠道特性

还有一个重要的问题是要考虑商品的流通渠道有多宽，还要看各渠道的不同行业性质。如果渠道宽且行业性强，那么就要按顾客对象或商品建立销售组织。此外，如果整个企业组织采用部门制，那么就要考虑其部门是按商品类别还是按商品群类别建立。

(五) 外部环境

企业外部环境对销售组织变化影响较大。一般来讲，在比较稳定的外部环境中，企业的销售组织结构一旦确定，就会在一个较长的时间内发挥效用，而不会产生剧烈的变动。而在迅速变动的外部环境中，企业的销售组织乃至整个公司的组织体系也会经常呈现出一种相应的变动状态。导致销售组织变动的外部因素主要有两个，一是市场需求变化，二是竞争状况。从消费者市场来看，市场需求的变化也会影响销售组织的调整。如家电在城市市场逐渐趋于饱和时，开拓农村市场就成为家电企业销售工作的新增长点，一些企业相应地加强了对农村市场的促销力度，并成立了专门的销售部门承担这项工作。从竞争角度来看，企业为了谋取竞争优势，往往需要加强某一方面的销售力量或增加某些销售组织结构。例如，一些公司为了提高销售管理质量，聘请了销售管理专家，并且设立了销售策划部，以加强对企业销售工作的指导。另外，一些奉行市场跟随战略的企业，也往往会学习竞争者的销售组织设计模式，增加或调整某些销售部门。又如外国企业进入我国市场加剧了市场竞争的激烈程度，也影响了许多企业的销售组织设置，一些企业模仿外国企业设立了相应的销售组织部门。

三、建立销售组织的步骤

(一) 明确销售组织设立的目标

设立销售组织的第一步骤，是决定所有要达到的目标。最高管理阶层决定公司的全盘目标，主要销售业务的负责人决定销售业务部门的目标。大部分销售部门的目标是：①获取销售量；②获取净利润；③服务客户。

短期特定的目标精细而明确，能较好地提高销售管理效率。销售业务部门的人员与其他部门的人员一样，如指派的目标明确，则工作将更为有效，可以避免浪费时间、精力与金钱。

特定的目标应随时调整、修订、改变。如果销售方向或重点不发生根本改变，那么销售部门的基本组织不需要变化太大。当销售情况改变及特定的目标变动时，组织应随之而改变。销售业务部门的长期目标是影响销售业务工作的基础，需要相当时间才能完成。无论一般的或特定的目标,都应是销售政策建立的起点。总之,销售业务部门目标的彻底检查或修订,是设计合理销售业务组织的起点。

(二) 分析达到销售组织目标所必须完成的各种工作

要达到销售组织目标,首先应确定要完成何种销售活动。销售业务部门的管理,需要计划、组织、协调、执行与控制。

为推动销售业务部门的工作,职务、责任须合理地分配到各销售业务岗位。销售活动必须分类,将相关的工作分派到同一个职位掌握,并采用高度专业化的组织,再由这个职位来管理这个活动。

当然,在实际销售活动中,为求销售管理的经济性,一个职位往往要负责管理几个活动。若设置职位较多时,凡属相关的工作,应归纳一起,在部门下汇集而成立分部。

(三) 确定合适的人员上岗

根据销售活动的职位要求,将任务下达给销售人员。为此,首先要确定相应销售职位的人员任用资格与编制。

在确立销售组织框架后,应选择确定适合的销售人员来担任相应工作,以便销售工作顺利完成。企业甚至可对这些销售人员培训后再让其上岗。

(四) 制定协调与控制方法

销售活动分工复杂,人员之间也存在着层次,因而需要协调和控制,以保证销售活动按照既定的目标进行。在管理销售活动时应有适当的授权,以推动工作;并有足够时间来协调各种销售活动以及销售部门与其他部门之间的关系。

销售业务部门的销售人员应对销售组织架构进行研究,以明白自己在组织内的位置、应对何人报告、与他人的关系、应如何与他人合作等。

(五) 改善销售业务部门的组织工作

销售业务组织运行后,要思考是否符合既定的销售目标,当实际与目标有差异时,要加以修正。

实践表明,企业为了竞争、服务客户、扩大销售版图、增加新部门等,经历一段时间之后,其原先的销售组织往往存在某些问题,因此需要及时加以调整。

第二节 销售组织的类型

一、区域结构型组织

按地区划分销售区域是最常见的销售组织模式之一。相邻销售区域的销售人员由一名销售经理来领导,而销售经理向更高一级的销售主管负责,图10-1是按地区规划的组织模式。

这种模式的特点可以归纳为以下内容。

1. 优点

(1) 地区经理权力相对集中,决策速度快。

(2) 地域集中,费用低。

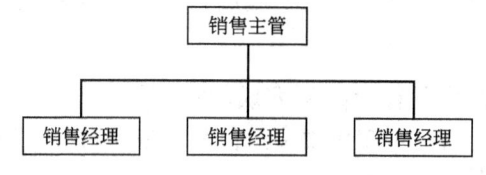

图 10-1 按地区规划的销售组织

（3）人员集中，容易管理。

（4）区域内有利于迎接销售竞争者的挑战。

2. 缺点

销售人员从事所有的销售活动，技术上不够专业，不适应种类多、技术含量高的产品。

【**案例 10-1**】 Campbell 公司是一家食品零售业的供应商，它原来的组织模式是按产品来划分的，结果，往往是一家零售商被多次访问，这样费用很高。另外随着市场竞争的日趋激烈，零售商受当地促销活动影响较大。所以 Campbell 决定针对不同地区的营销状况，成立以地区划分的组织模式，取消部门经理，增设品牌经理，并赋予基层经理充分的权力，增加了地区竞争力及产品价值力，取得了很好的效果。

可以说在考虑销售组织时，应根据地域来考虑销售组织的结构。无论是采用何种形式，最终销售组织单位的分布都是根据各地的因素而定的。那么安置在各地区的销售点数量是多少呢？这要由销售渠道的长度、渠道的使用形式、商品的购买特性和需求特性等因素确定。这种销售组织结构见表 10-1。

表 10-1 决定销售点数量的因素

影响因素及其划分		销售点数量
流通渠道的长度	长	少
	短	多
渠道的使用形式	利用型	少
	专用型	多
商品的购买特性	选择性商品	少
	非选择性商品	多
需求特性	地区集中	少
	地区分散	多

销售组织需按地区分布，组织之间要统一管理，并明确下放权限。分布在各处的销售点的称呼，通常都是与地区的各级划分相对应的，如销售部、销售分公司、销售点、经销处、办事处等。要明确这种上下级组织关系，并统一管理。统一管理就是使指示命令、销售商品的责任、功能范围和任务及指导性建议内容等明确化。上级销售组织对下级销售组织实施统一管理的同时，还要明确下放权限，彼此要互相确认具体的活动范围。

二、职能结构型组织

职能结构型的销售组织就是按照不同职能组建的销售组织，如销售业务科、销售计划科、售后推销科、售后服务、客户管理等。销售人员不可能擅长于所有的销售活动，但是有可能是某一类销售活动的专家，基于这种思路有些公司采用职能型组织模式。由于这种组织模式管理费用大，因此经济实力小的公司不宜采用；规模较大的公司，由于销售队伍庞大，很难协调不同的销售职能，较多采用这种模式。

吉列公司采用按职能规划销售组织模式，一个部门负责销售产品及协调产品的价格，另一个部门负责检查他们的商品展示，协助他们销售吉列产品，图10-2显示了按职能划分的销售组织模式。

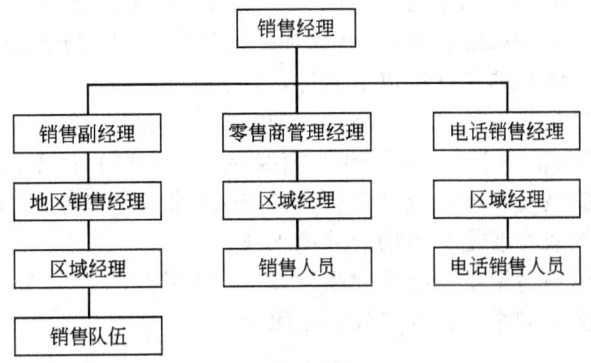

图10-2　职能结构型组织

建立不同的职能销售组织的条件有以下五种。

(1) 企业规模比较大，需要将销售所需的各种职能专门化并需辅助经营者和管理者。

(2) 销售分公司、经销处、办事处广泛分散在各地区，并且由于销售渠道的关系，销售点较多。

(3) 生产的商品或经营的商品品种繁多，需要突出个体、体现差别。

(4) 销售人员的素质水平高，可以根据各种销售职能指示完成指标。

(5) 根据各种销售职能所建立的推销制度已成为其他竞争公司的焦点。

这种销售组织模式既有优点又有缺点。其优点是销售职能可以得到较好地发挥，并可进行专门而合理的销售活动，因而销售活动分工明确，有利于培养销售专家。其缺点是指示命令系统复杂，如果各职能间失调，就会发生混乱；责任不明确；销售活动缺乏灵活性等。

职能型组织结构也可按销售活动的功能类型划分，如图10-3所示。

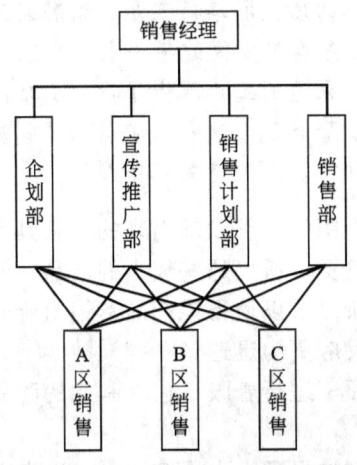

图10-3　职能型销售结构组织

要想使不同职能的销售组织有效地发挥作用，就应注意以下几点。

(1) 给各职能之间设定明确的职能范围，密切进行相互之间的联系和调整。
(2) 使指令系统一元化，避免因繁多的指令而造成不必要的混乱。
(3) 使销售组织的运行带有灵活性，避免迟缓和不适宜的情况出现。

三、产品结构型组织

所谓产品结构型的销售组织是指按照不同商品或不同的商品群组建的销售组织。比如 A 商品销售部、B 商品销售部、C 商品销售部等。但是在一些情况下，其基层组织会按地区来划分。

建立不同产品销售组织的条件有以下四种。
(1) 公司商品的种类之间性质明显不同，如家电和食品。
(2) 各商品的销售方法和销售渠道不同，如化妆品和计算机的销售渠道和方法就不相同。
(3) 各商品的推销技巧不同，或是必须具备特殊的推销主体条件（推销工程师）。
(4) 商品打入市场较晚或是在市场的处境不佳。

产品结构型销售组织适用于拥有多种品牌或生产多种产品的企业，尤其是对于产品品种太多或产品种类差异太大的企业更为有效，见图 10-4。

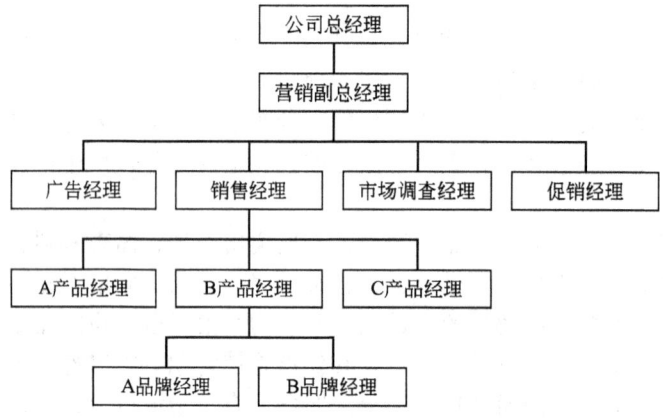

图 10-4　产品结构型组织

【案例 10-2】　1927 年，美国的宝洁公司按照产品式组织机构来从事企业的营销活动。当时宝洁公司推出了一种佳美牌的新型肥皂，但是，这种新产品的销售非常不好。后来，公司任命了一位名叫纳·H·麦克埃尔罗伊的年轻人（后来升任宝洁公司总经理）来专门负责这种新产品的开发与销售，结果他的工作取得了巨大成功。于是，宝洁公司又针对其他产品项目增设了新的产品经理。从那时起，这种组织机构形式流行开来。食品、卫生用品以及化学制品等行业纷纷采用了这种方法来组建其营销部门。

产品型销售组织是由职能型销售组织发展而来的，它具有四个优点。
(1) 由于产品项目有专人负责，所以那些较小的产品一般也不会被忽视。
(2) 专人负责某项产品，所以可以使得该产品营销组合的各个要素更加协调。因此产品经理更加贴近市场，对市场的反应更为迅速。
(3) 容易实现销售计划，便于进行着眼于追求利润的商品管理，而且还易于进行生产与销售之间的调整。
(4) 产品型销售组织是年轻的经理人大展宏图、一试身手的场所。

然而，产品型销售组织机构也有一些弊端，比如，成本支出费用较高；产品经理对其他营销职能部门的依赖性较强；许多销售人员要应付同一位顾客，浪费人力且会使顾客感到麻烦；

销售人员的视野会逐渐狭窄,他们在销售活动中缺乏灵活应用的能力;由于产品经理的频繁更换,造成营销活动缺乏连续性。因此,不同产品结构型销售组织的运用关键在于以下三点。

(1) 在实施销售部门和计划销售部门之间进行认真的调整。

(2) 越是基层销售组织,按商品建立组织就越是不适宜,应调整与不同地区组织要素和不同顾客组织要素之间以及按商品分管制度之间的关系。

(3) 设法提高销售人员灵活推销的能力。

四、顾客结构型组织

顾客结构型的销售组织是根据不同的顾客对象(根据客户、销售活动对象或销售途径)组建的销售组织。对不同的顾客销售相同的产品,但由于顾客的需要不同,销售人员所需要掌握的知识也不同,企业按顾客类型规划销售组织模式,便于销售人员集中精力服务各种类型的顾客,从而成为服务于某类顾客的专家。图10-5说明按顾客类型规划的组织模式。

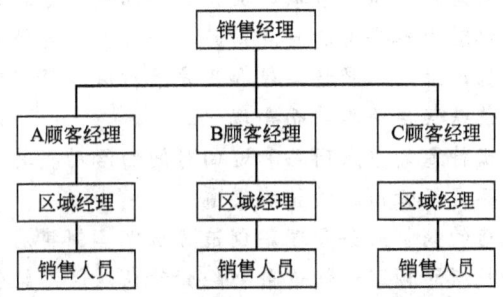

图10-5 顾客结构型组织

在下述三种情况下可以组建这种类型的销售组织。

(1) 针对各销售活动的对象要求的销售技巧不同。

(2) 商品的关联性强,或是在商品的处理和采用方面有较强的关联性,能够进行关联性销售。

(3) 本公司的商品在市场上处于强有力的地位。

顾客结构型的销售组织具有以下优点。

(1) 更好地满足顾客需求,有利于改善交易关系。

(2) 可以减少销售渠道的摩擦。

(3) 易于展开信息活动,为新产品开发提供思路。

(4) 易于加强销售的深度和广度。

然而这种类型的销售组织也有缺点。

(1) 商品政策和市场政策由于受销售对象的牵制而缺乏连贯性。

(2) 由于负责众多的商品,销售人员的负担加重。销售人员要熟悉所有产品,因而培训费用高。

(3) 主要消费者减少带来的威胁较大,且不同销售对象之间无法进行商业活动。

(4) 销售区域重叠,造成工作重复,销售费用高。

因而,在运用顾客结构的销售组织时要注意以下几点。

(1) 要看清楚整个市场、整个行业、整个公司的潮流和动向。

(2) 不要造成销售人员只专一项,其他不闻不问,而应发展多项能力。

(3) 不要搞成偏向销售对象的销售活动。

【知识拓展】

销售组织类型的新发展[1]

无论企业采用哪种类型的销售组织，都必须视企业的特性、对客户的服务、企业的产品与市场的组合而定。上述四种形式的销售组织各有利弊，企业可根据实际情况决定选择一种适合自己的销售组织形式，也可以是四种的综合体。

把销售组织看成是一成不变的东西是很危险的，它应当能够应付各种各样的变化。销售组织是随着公司内外的环境变化而不断变化的，有时也需要并使用不同的组织结构，随着市场的发展和技术的进步，企业的销售组织发生了新的变化。

（一）巡回销售与派驻人员制度

1. 巡回销售

企业的销售环境会不断发生变化，例如本公司下属的颇有成绩的商店在销售渠道中出现的变化、本公司商品或经营商品的需求领域的变化、商品使用方式的变化以及与竞争商品的关系变化等。这些条件变化对于本公司的重点商品和核心商品的销售产生了影响。因此，要在确定重点商品和时间的基础上，以销售渠道和用户为对象展开巡回销售活动，以便公司在出现这些变化的情况下，使销售措施具体而合理化。

巡回销售活动就是定出特定的重点商品和巡回时间的活动。其目的在于以下几点。

（1）完善本公司的商品或经营商品的销售渠道。

（2）加强对各经销商店的销售业务管理，创造并确保各销售店不断售出商品的态势。例如开辟新的销售渠道，寻找新的顾客；促使最初经营的商店连续经营、最初使用的顾客不断使用这些产品。

（3）进一步挖掘现有需求领域的潜力，开辟特殊的需求领域。例如，动员现有销售渠道经营新产品，号召现有客户采用新产品。

（4）收集各巡回对象的信息。

在进行巡回销售活动时需注意以下问题。

（1）定期进行这种巡回销售活动（一年一次或两次），根据各商店的信息和情况编制销售预算，将其纳入公司的整个销售活动体系中。

（2）明确任务的优先顺序，突出活动的主题，并将活动标准和活动程序编成手册以实施事前教育训练。

（3）将信息汇总后分析，并根据巡回销售活动的结果来策划和制定各项具体对策以及以地区市场为单位的销售战略。

2. 派驻人员制度

在考虑销售组织的设立时，需考虑派驻人员制度。派驻人员制度就是在重要的销售点周围或地区布置销售人员，使其承担销售活动，而无需经常去公司上班，也叫派驻推销员制度。厂方人员派驻管理以及组建经营商专业经销代表队伍是许多外企，特别是日化类公司（如宝洁、联合利华、强生、金百利、高露洁）销售政策的重点，派驻的厂方代表通过管理经销商及其下属销售代表，最大限度地实现网点覆盖和产品的最佳陈列。由于经销商专业销售代表的奖金由厂方代表通过协同拜访考核发放，厂方所要求的铺点陈列、POP张贴等目标一般也能较认真地贯彻执行。这种制度一般是在必须依靠有限的人员负责广泛的地区和需要直接掌握市场和销售渠道等情况下实施。

---

[1] 查尔斯．M．雷特福尔．销售管理．第二版．北京：高等教育出版社，2005.

派驻人员制度可使销售活动更为有效。其成功的关键在于结构、任务分配和管理系统的完善。参与派驻人员制度的人员中，管理者的任务如下。

（1）每天向派驻人员发出指示并上报情况。

（2）接受联系。

（3）向所处理项目的各有关部门发出指示。

（4）出席公司的销售战略会议和全国性销售会议等。

派驻人员的任务如下。

（1）承担销售人员的一般性任务，巡回走访销售活动对象。

（2）接受每天的指示并报告活动的结果。

（3）定期出席报告和协商会议。

（4）出席销售战略会议和全国性销售会议。

3. 团队销售

团队销售（team selling）受到越来越多的企业的重视，它是企业巡回销售和派驻人员制度的发展。销售团队将进行销售访问所需求的合适人选和资源集中起来，可以使顾客很快得到大量的信息、建议、意见，甚至还有决策服务。销售团队的建立首先要求团队明确，其次要选择合适人选，团队成员要有合作意识。最后，要加强领导和控制，保证销售团队顺利运行。

（二）利用外部销售组织

一般企业在建立销售组织时只是着眼于公司内部，而忽视了公司外部销售组织资源的利用。随着竞争的加剧和合作意识的兴起，许多企业将本公司外部的批发商、零售商和客户组织起来，形成销售组织的补充队伍，以使销售组织发挥更大的作用。这是因为通过被组织起来的客户进行销售，其销售效果更好，还可挖掘新的销售措施和诀窍。

1. 将批发商纳入企业的销售组织体系之中

这是指在企业的批发商中，根据特别有影响的特约销售商、特别合作商等标准将这些批发商组织起来。这些被特别组织起来的批发商可作为整个特约商政策渗透和组织化的媒介，也可作为特殊措施的试验点和检查本公司设想及措施方案的基地。

2. 零售商的组织化

同批发商的组织化一样，它也是将特别有影响的零售商店和特别合作商店组织起来。其目的如下。

（1）开辟有效的现场推销方法。

（2）开拓有效的橱窗陈列。

（3）开发有效的销售用具。

（4）投放新产品时进行销售试验等。

随着顾客主导市场局面的来临，有些公司加强了与最终客户的合作，从而出现了最终客户的组织化。它是指将大客户组织起来，或将现有客户愿意合作的组织起来，作为介绍新客户和反复购买商品的关键性单位。此外，还可起到试验性基地的作用，可以用来开拓现有商品的有效推销方法和有效的销售用具以及有效的商品陈列等。

20世纪90年代，随着战略联盟的兴起，企业利用外部销售组织的方式也发生了变化，出现了销售联盟。销售联盟是指处于同一个营销渠道的两方或多方成员（供应商与分销商）之间通过签订协议的方式，形成风险——利益联盟集团，按照商定的销售策略和游戏规则共同开发市场、共同承担市场责任与风险、共同调整和规范销售行为，并共同分享销售利润的一种销售战略。如企业与批发商、零售商进行联合销售，共同开发市场；与最终用户通过协议形成一个俱乐部式的联系（会员制）进行合作，互相遵守游戏规则、互相协调、互相信任、共同发展，达到买卖双方共赢的目的。

3. 辅助性销售组织的发展

在现代市场营销观念的指导下，现代企业的销售组织无论是采用职能型模式，还是地区型模式；无论是产品型模式，还是职能型模式，其组织设计的一个基本的特点就是注意辅助性销售部门（即服务于一线销售工作部门）的发展。这些部门包括：销售参谋机构（如销售企划部或市场研究部）、信息处理机构、顾客服务机构或客户呼叫中心、产品促销机构，等等。实践证明，这些机构的设立，对于增加销售部门的技术含量、提高销售决策的科学化程度是必不可少的。

4. 销售组织的网络化

伴随着企业实力的进一步增强，竞争加剧。为了更好地服务于顾客，销售组织的发展将逐步趋于网络化。从横向看，网络化组织表现出越来越完善的功能性特征，并分别获得相对独立的发展。除了传统的企划、服务、市场调研、广告活动外，还会增加诸如营销投资、渠道辅导等方面的机构。一些专业性的辅助机构也获得迅速地扩充，进而有可能成立专门的公司，并作为企业的一项新增业务获得发展。从纵向看，网络化销售组织表现出复杂的综合性特征。从销售组织设计的方法上看，既要考虑到功能分化的要求，又要体现区域化销售的特征，还得体现企业产品多元化的要求；从市场范围看既要考虑国内销售的要求，又要反映国际化经营的大趋势；从组织控制的角度看，既要不断完善企业自身的销售组织，又要充分发挥社会销售网络的功能。

第三节 销售组织的改进与团队建设

一、销售组织是变化的

由于市场、技术、环境的变化，企业的销售组织也是不断变化的。这就要求销售管理者时刻关注公司环境的变化并相应地调整内部的组织结构，从而加强企业的销售竞争力。

（一）公司外部条件变化

因不景气而造成的需求停滞不前、在市场成熟情况下销售增长率降低和竞争加剧、竞争焦点的变化和本公司在市场中的地位以及商品在各销售渠道中的流通比率的变化等，都要求当地改变销售组织的结构。例如，由于家电销售价格的下降，价格战成为许多家电企业的营销手段。如果企业不加入价格战，就必须在提高产品质量、加强售后服务、减少流通上下工夫，因此，企业需要改变销售组织结构，加强售后服务组织体系的建设。

（二）公司内部条件的变化

(1) 由于新产品和新业务的增加，出现了本公司要开发的新市场。
(2) 本公司产品在寿命周期上的位置发生了较大变化。
(3) 本公司产品之间的销售比率出现较大变化。
(4) 本公司的流通政策有了较大的变化。
(5) 本公司销售人员的质量结构出现变化。

既然公司内外都发生了变化，那么就应当考虑销售组织的变化。

（1）简化销售组织改变的手续，以便迅速做出销售决策，使其具有可应付内外条件变化的灵活性。

（2）重新集结力量，以便能够展开最恰当的销售活动，实现销售组织的目标。

（3）克服单打独斗和不进行销售职能间调整的缺点。

（4）明确销售人员个人在达到目的和目标方面具有什么作用、占什么位置。

由此来看，销售组织并非总是不同职能销售组织、不同商品销售组织、不同地区销售组织、不同顾客销售组织中的某一种，而要根据条件的变化和市场的变化采用不同的销售组织形式。

二、销售组织的改进

销售组织并不是一成不变的，而是根据环境的变化灵活地变化并改变现行组织。销售组织是否需要改进，关键是看销售组织的基本职能是否发挥了良好的作用；在确定销售目标、管理客户、开展销售活动、确保回收目标和目标利润等项具体业务方面，销售回收、利润指标等职能是否发挥了作用；销售辅助活动方面是否发挥了作用。另外，还应当关注企业的内部管理体制的职能是否发挥了正常作用，如培养人才、灵活应用信息、使业务合理化、顺利提供商品等。

具体来讲，当企业发现销售管理存在下列缺陷时，必须迅速检查销售组织的运作，并加以改善。

（1）销售业绩不振。

（2）企业的营销措施与行动无法及时推行。

（3）市场开拓和销售面临瓶颈问题。

（4）销售责任不明。

（5）本位主义盛行。

（6）销售组织系统混乱。

（7）极端的劳逸不均。

（8）公司整日充斥低效率的会议。

（9）其他弊端。

三、销售组织改善的步骤[1]

（一）评价销售组织的运行绩效

首先以销售组织为单位，或以组织成员为单位汇总工作成果，进行总结，评价其优点及缺点，这样可提高个人和组织的热情，搞活整个组织。

评价分为数量评价和质量评价两种。数量评价可以根据销售组织完成销售额指标、利润指标、回收指标的情况进行。

仅进行数量指标方面的评价是不现实的。目前旨在实现最终销售目标的销售活动也在增加，如新产品及重点产品的销售、特价销售、广告宣传等，而且还建立了承担这些工作的销售组织。因此新商店开辟数量、成绩卓著的商店数量、参与广告宣传活动的商店数量等指标也需要对创造成绩过程中的活动内容进行评价，如销售组织贯彻销售战略、维持良好销售状况；在实行商品特价销售方面，扩大利润的目标以及与此相对的扩大充实销售网点的方针是

---

[1] 查尔斯. M. 雷特福尔. 销售管理. 第二版. 北京：高等教育出版社，2005.

否适应。

除对销售组织的销售绩效进行数量评价及质量评价外,还应对销售的结果和过程进行评价。即不仅要对最后成果进行评价,还需要对其过程评价。拜访单位价值(每次拜访的销售额)、拜访效率(拜访订单量)、拜访方式和拜访时的活动内容都是对过程进行数量和质量评价的内容。

(二) 确定销售组织改进的内容

(1) 确定销售组织改进的目标。
(2) 确定完成上述目标的工作要点与销售人员的工作规范。
(3) 确定如何完成销售工作的计划,划分原始责任。
(4) 确定完成销售工作所需的销售组织类型。
(5) 确定销售人员编制及工作分配。
(6) 检查销售部门组织的健全程度。

(三) 销售组织改善的检查项目

销售组织的运行绩效应定期考核,如销售不佳,应随时改进,以加强销售竞争力量。

1. 销售组织的检查

销售组织的结构是否以市场导向为依据?销售员如何安排其推销区域?区域的大小如何?这些区域的潜在销售情况如何?

2. 销售员效率的检查

每位销售员的推销成绩与他所应该获得的销售成绩(潜量)相比较如何?销售方法是否科学?销售效率如何?

3. 销售政策的检查

(1) 如何给销售员指示?
(2) 分析订货次数与每次订货的数量。
(3) 检查销售员拜访的次数。
(4) 销售员是否了解正确的销售成本。
(5) 销售人员的最佳分配。
(6) 销售区域的大小。
(7) 最经济的销售路线。
(8) 访问次数与成交笔数相比较。

企业必须经常评估销售部门的绩效,并留心外界的变化。

四、销售团队的建设

(一) 销售团队的构成要素

一个运动队的队长要负责协调每一位队员的努力,并最终对成果负责。为了取得成功,队长必须充分利用每一位队员的技能。销售经理的工作和运动队队长的工作毫无二致。他必须学会如何下达任务以及鼓励同事们做出最大的努力。团队的构成有几个重要的要素,总结为"5P",分别为目标、人、定位、权限、计划。

1. 目标(purpose)

团队应该有一个既定的目标,为团队成员导航,指引前进的方向。没有目标,这个团队就没有存在的价值。自然界中有一种昆虫很喜欢吃三叶草,这种昆虫在吃食物的时候就都是成群结队的,第一只趴在第二只的身上,第二只趴在第三只的身上……由一只昆虫带队去寻找食物，这些昆虫连接起来就像一节一节的火车车厢。科学家做了一个实验，把这些火车车厢一样的昆虫连在一起，组成一个圆圈，然后在圆圈中放了它们喜欢吃的三叶草。结果它们爬得精疲力竭也吃不到这些草。这个例子说明团队失去目标，团队成员就不知道上何处去，最后的结果必然影响到团队存在的价值。团队的目标必然跟组织的目标一致。此外还可以把大目标分成小目标具体分到各个成员身上，大家合力实现这个共同的大目标。同时，目标还应该有效地向大众传播，让团队内外的成员都知道这些目标，有时甚至可以把目标贴在团队成员的办公桌上、会议室里，激励所有的人为这个目标去工作。

2. 人（people）

人是构成团队最核心的力量。两个（包含两个）以上的人就可以构成团队。目标是通过人员具体实现的，所以人员的选择是团队中最为重要的一部分。一个团队中可能需要有人出主意，有人定计划，有人实施，有人负责协调，有人监督工作进展，评价团队最终的贡献。因此在人员选择方面要考虑人员的能力如何，技能是否互补，人员的经验如何。

3. 定位（place）

团队的定位包含两层意思。

（1）团队的定位　团队在企业中处于什么位置，由谁选择和决定团队的成员，团队最终应对谁负责，团队采取什么方式激励下属。

（2）个体的定位　作为成员在团队中扮演的角色，是定计划还是具体实施或评估？

4. 权限（power）

团队当中领导人的权力大小跟团队的发展阶段相关。一般来说，团队越成熟，领导者的权力相应越小，在团队发展的初期，领导权是相对比较集中的。团队权限关系包括以下两个方面。

（1）整个团队在组织中的决定权　如财务决定权、人事决定权、信息决定权。

（2）组织的基本特征　比方说组织的规模多大，团队的数量是否足够多，组织对于团队的授权有多大，它的业务是什么类型。

5. 计划（plan）

团队计划包括两个层面的含义。

（1）目标最终的实现，需要一系列具体的行动方案，可以把计划理解成程序之一。

（2）提前按计划进行可以保证团队的进度。只有按计划操作，团队才会一步一步地接近目标，从而最终实现目标。

（二）销售团队容易存在的问题和原因[1]

1. 团队工作比较忙乱

这个问题是销售团队最常见，也是最容易被忽视的现象。这种现象的典型表现是：整个团队工作非常繁忙，每一位成员都在满负荷地拼命工作，对于他们来说，"不加班"就能算是福利，同时，团队达成目标却总是极其痛苦，通常需要主管对下属不断地施加压力，而下属们则需要依赖"压货"、"客户欺骗"等非法手段才可能实现，团队管理客户的能力差，信用状况不佳。

2. 反应力及行动力不足

这个问题是销售团队最直接，也是最典型的现象。这些团队在面对突发的市场变化时总是比竞争对手反应迟钝，并且制定有针对性的市场方案往往需要更长的时间，而在方案的执

---

[1] http://www.merston.com/news/201212/14/news_info_3777.html.

行和推广过程中，团队的推进速度缓慢，各种矛盾激烈，并且存在很大的执行偏差。

3. 内部沟通困难，障碍重重

这个问题是营销团队的必然表现，也是造成其能力低下的原因之一。在团队内部，各部门各自为政，部门间沟通困难，每一个重要项目都需要高层主管亲自负责，亲自跟踪才能实现，同时，每一个方案都必定来自于高层管理者，至少源于其某一个思想或某一句话。

4. 组织抗力

有时一些进入公司年限相似的人，行政职务相同的人，合作时间较长的上下级之间很容易形成营销"老人"团队，他们对公司新政策、新规定、新人员，尤其是危及到自身利益的各种措施及政策、人员都会呈现出较强的排他性，并且"排他性"的理由十分充足、十分雷同，使得营销新政、锐意改革都会遇到很强的阻力。

（三）销售团队建设成功的关键因素

1. 销售队伍的热情和士气是高效团队的基本条件

打造一支士气高涨的团队是一个系统工程。首先需要招聘具有乐观精神、勇于挑战、积极进取的员工。二则树立典型和样板，激发销售团队的潜能，别人能做到的你一定能做到。三则选好团队的领导，领导都无精打采就不要指望下属能生龙活虎了。四则做好培训，培养一种赢文化。五则做好激励和处罚，表扬先进，鞭策后进，整体提升。

2. 先对事后对人，明确责任，事事有人负责

人的管理是最难的，尤其对有一定阅历的销售人员。销售团队管理的目的是做好事情，达成公司的目标，也就是说管理好事情，让销售人员达成公司期望的目标就达到了销售团队管理的目的。所以包括销售目标在内的所有目标必须分解到责任人，人人对自己的目标负责。通过对事的管理来达到管人的目的。

3. 以结果为导向，量化管理

销售目标进行月度分解以门店为基本单位，各级销售人员对自己的目标负责。导购负责所促销的门店，业务代表负责自己管理的片区，城市经理负责整个城市，省级经理负责全省，大区对整个大区销量负责，销售总监则对全国负责。前提是销售目标的制定和分解科学，可执行性强。可以通过设立较高的目标充分挖掘销售队伍的潜力，进行目标完成率排名考核，处罚下游，鼓励中游，奖励上游。另外一种是设立较低的目标，大多数人超额完成，能鼓舞士气，同样进行完成率排名。总之不管考试题的难易，最终优胜者是排名靠前的。一定要考试，不然就不知道好坏了。所有的销售人员都参加数字化的目标考核。销售团队的管理就以结果为导向，对自己的销售目标负责。

4. 销售同比增长率排名的考核公平简单地反映出销售团队的业绩

对人员管理的大忌就是不公平，如果销售目标设置的不公平就先天造成销售队伍的不稳定，比如说两个导购的门店基础不同，而目标任务设置一样，就造成基础较差门店导购的离职等。销售同比增长率就是大家都和自己的过去比，比的是进步的速度，落后就要挨打了。整体平均增长300%，为什么你的区域只有30%呢？针对这种市场就要分析原因，对症下药了。

5. 对特殊需要整改的市场，可单独设立目标考核

往往需要大力调整的市场，参加一刀切的考核时雪上加霜，更不利于市场的培育和调整，只能造成进一步恶化和业务队伍的频繁换人。这种市场可单独报备公司审批独立考核。

6. 以门店管理为基础，所有的管理考核落脚点在终端门店（家用医疗器械）

解决了终端门店的问题，销售就形成了良性的循环。终端门店的销量提升分解点有：单品分销条码执行、零售价格管理、陈列执行、导购管理、缺货、赠品管理、特殊陈列、促销活动执行等，每项管理进行细化，设立"神秘人"检查，反馈到总部再下发到当地整改，再检查，再反馈，再整改，如此循环。公司的稽核部可下设一个终端门店稽核小组，以顾客的身份检查所有项目。该"神秘人"的设置能有效规避当地经理弄虚作假，加强对终端门店的管控力度，对经销商也能发挥监督作用。

7. 严格执行医院终端、直销终端和家用医疗器械连锁经营终端的销售策略

规划和计划设定的再好，如果没有销售团队的高执行力，一切都是空谈。作为医疗器械售卖，必须关注医院使用终端和零售终端所开展的销售活动有没有严格贯彻执行公司对客户的管理、销售策略，从而建立起长远的客户联络关系，这是销售持续的关键性因素。

【本章小结】

销售组织是指企业销售部门的组织，它使构成企业销售能力的人、商品、金钱、信息等各种要素得到充分利用和发挥。简言之，就是将生产或经营的商品销售给客户的销售部门。组成销售组织有分工、协调、授权和团队四个关键概念。影响销售组织的因素有商品特征、销售策略、商品销售的范围、渠道特性、外部环境等。建立销售组织的步骤包括：明确销售组织设立的目标、分析达到销售组织目标所必须完成的各种工作、确定合适的人员上岗、制定协调与控制方法和改善销售业务部门的组织工作。

常见的销售组织类型有区域结构型组织、职能结构型组织、产品结构型组织、顾客结构型组织和混合结构型组织等。随着市场的发展和技术的进步，销售组织同样在发生变化，如巡回销售与派驻人员制度、团队销售、利用外部销售组织、将批发商和零售商纳入组织体系，实现销售组织的紧密合作，充分利用网络资源，提供给客户最大化的价值。

销售组织不是一成不变的，随着外部条件、组织的发展和壮大，销售组织是否需要改进，关键是看销售组织的基本职能是否发挥了良好的作用；在确定销售目标、管理客户、开展销售活动、确保回收目标和目标利润等项具体业务方面，销售回收、利润指标等职能是否发挥了作用；销售辅助活动方面是否发挥了作用。销售团队的建设是一项系统的、长期的工作。

【讨论与思考题】

1. 什么是销售组织？销售组织建设包括哪些要素？影响销售组织建设的因素有哪些？
2. 建立销售组织的步骤包括哪些？
3. 常见的销售组织有哪些类型？试对其优缺点进行评价。
4. 销售组织变化受到哪些因素影响？销售组织变化有哪些新趋势？
5. 销售团队建设包括哪些要素？如何构建一个成功的销售团队？

【知识拓展】

销售团队常遇到的问题及解决方法

带领一个营销团队是否让你感到疲惫不堪呢？作为营销团队中的一员，你是否感到无法发挥自己真正的实力，无法得到团队中其他成员的认可呢？你的营销团队中是否存在某些问题，严重阻碍了整个团队的前进呢？你是否想过要如何改变团队不和谐状态呢？现在，我们为你总结了在销售团队管理中常遇到的困惑以及解决办法。

1. 新员工受到老员工的排挤，如何解决？

支招：销售人员互相排挤是与利益分配密不可分的。建议设立梯队建设制度。如可以让老员工带新员工，同时新员工的收入可适当拿出一部分来回馈老员工。

2. 如何更加有效地控制销售成本？

支招：商品本身成本是由销售部门发起，结合其他同行业销售现状，同时考虑到自身盈利毛利点来定价，制定出完善的价格体系。在价格体系的基础上，设定打折权限，如销售总监7折、店长8折等。如在价格体系之内，则直接进行销售，如越过权限，则需上级领导审批，这样就可以避免事事汇报的窘境。

3. 员工抢夺客户造成损失，怎么办？

支招：这种情况一般是由绩效考核制度带来的。如果可以按照班次来进行利益分配，可以较好地解决同班次争抢客户的情况。同班次的员工，如果人数在5人以下，可进行班次统筹管理，即该班次完成总任务得到的总提成拿出80%~90%平均分配，剩下的一小部分，由该班次负责人根据当班的情况来奖励表现特别突出的员工。强调一点，只有英雄的团队，而无英雄的个人。

4. 如何做销售部的绩效考核？

支招：销售部门的绩效考核有下几个关键指标：①公司成本、各销售区域成本〔商品成本、销售预算成本、维修安装成本、其他成本、总部摊销成本（总部人员薪酬、贷款、总部办公费用、租赁费用等）〕，这个可以从财务报表中体现；②公司毛利率，这个是公司是否盈利的关键点；③公司销售额，这个是考核公司行业占有市场比的能力；④营销活动预算，在达成任务的同时能尽量减少公司的开支；⑤如有压批销售的企业，还需要考核回款率及回款周期。

5. 除了薪酬还有什么方法可以激发销售团队的斗志？

支招：狼性销售，更多的是强调热情、主动出击的态度。除了待遇、提成可以激发大家的销售热情，还可以定期进行团队野外训练，内容不必复杂，重要的是形成一种氛围，抢争第一的氛围。

6. 如何才能带动起销售人员的积极性？

支招：销售人员的职业特点注定我们在给他们设计薪酬方案的时候需要采用高激励性的薪酬方案，也就是说，首先需要解决的就是制定并严格执行符合本企业特点和岗位特点的薪酬标准和考核方案；其次，在对销售人员的管理方面，建议减少对其日常行为的管理，着重关注业绩和客户满意度等方面的指标。

7. 如何让公司新业务员迅速上手？

支招：从三方面解决吧：①在招聘的环节，必须明确企业的用人标准，除了明确表面的学历、专业、工作经验等内容外，还得掌握每个岗位的胜任特质以及和企业文化的匹配度；②加大对新员工的培训，包括企业整体情况、企业文化、产品情况、市场情况、薪酬考核体系等内容，让新员工完全明白这些基本的内容；③直接上级应该在企业文化的指导下安排员工开展工作。

8. 医药销售有哪些比较好用的招聘网站呢？

支招：医药行业有一些专门的网站，比如适合销售人员招聘的猎才医药网和医药英才网、适合研发人员的丁香园人才网和小木虫论坛等。

9. 好的销售人员招不来、厉害的销售人员留不住，如何办？

支招：这个是属于薪酬方案制定的问题。①要了解同行业同岗位的薪酬，企业要做到中等偏上；②要有良好的团队氛围，很可能虽然收入差不多，但是工作环境较好就会留住员工；

③尖兵员工，要"画饼"，就是要让他们看到希望。或是走管理路线，或是走个人经营路线（高提成）。

10. 销售混乱的现象该如何制止？

支招：这个是属于公司制度问题。主管权限和普通员工权限是不一样的，那么主管掌握的内容和普通员工也是不一样的，有的是需要主管亲自去抓。而一些普通工作（拿发票、退货）则可以交给一般人员去做，要学会分工！

11. 工作环境和氛围上要留住团队人员，怎么留呢？

支招：伞式管理，只有一个领头的，不能有小团体（有的话就调岗，起码不能在工作中互相影响），领导做到不偏不倚，公正无私。

12. 销售与管理的区别大不？

支招：如果需要开拓市场，就需要一个既富有开拓精神又富有管理精神的人来带领团队；如果需要维护市场，就需要一个管理能力强的人来负责。从个人的角度来讲，我不太赞同只具有市场开拓能力而没有管理能力的人来带领销售团队。

13. 如何善意提醒总经理开会啰嗦导致员工加班现象？

支招：会前制定会议章程，按章程开会，同时由主持人把控时间。时间是在会前与每位需要发言的人员提前沟通好的，无特殊情况，不能超过已拟定好的会议时间。

14. 人员流失严重短时间采取什么办法比较好？

支招：短时间只能提高员工的待遇。但长期的话，只能从公司整体业务提升来解决，所谓大河有水小河满，大河无水小河干。

15. 如何才能快速招聘到一批销售人员？

支招：销售人员不一定是要专业出身的。标准：①热爱销售工作，充分做好销售准备；②自律性强，执行力强的人；③能尽快熟悉公司业务的人。

16. 销售人员常年在外，又如何监控他们呢？

支招：日报、周报、月报、月总结、月度分析会议、季度销售总结大会，很多和销售沟通的方式。

17. 如何改变销售在公司的话语权太高这种格局？

支招：销售成为企业发展的"龙头部门"是无法避免的，因此会出现薪水高、强势等问题。其他部门先将心态放平和，要看到销售辛苦付出。其次，对于销售部门人员的强势，是由管理层、老板以及企业文化所造就的。作为人力资源或者其他部门，如果已经身处在"销售人员强势"的企业，唯一能改变的路径就是对于原则性的规章制度要立场坚定地去要求销售部门遵守。

18. 请问新进销售人员缺乏定性，流失率高怎么办？

支招：新人员流失率高最主要的原因是不能很快融入团队。要做好岗前培训，让员工了解公司，了解自己的职责，了解自己的晋升渠道。同时安排老员工帮助新人尽快融入团队。

19. 新来了一批刚毕业的销售人员，怎么让他们稳定呢？

支招：合理的同行业薪酬，合理的晋升渠道，良好的企业氛围。做好这几点，是去是留是看他们自己了。

【案例分析】

某高科技公司加强团队建设案例分析

【客户行业】 高科技企业

【问题类型】 销售团队组织构架优化

【客户背景及现状问题】

该科技有限公司是一家专业从事大屏幕显示产品设计开发、生产制造、工程安装和售后服务的高科技企业。公司拥有雄厚的技术实力、丰富的工程经验、高素质的经营管理队伍及专业的技术人才。经过多年的发展，凭借过硬的产品质量及完善的售后服务，该科技有限公司在众多大屏幕公司中逐渐脱颖而出。

然而，随着行业的进入壁垒逐渐降低，有限的市场份额使得该公司面临着日益激烈的行业竞争，除了进一步提高技术水平，通过创新增强实力之外，建设一支具有实力的销售团队的任务已经摆在了该科技有限公司的面前。

目前，该公司的销售团队业绩情况并不理想，销售团队内部管理混乱，直接影响到公司业绩目标的实现。专家团队经过初步的访谈与调研，发现该科技有限公司销售团队的组织构架和运营模式如下。

（1）销售团队的组织构架是北京总部销售总监领导下的9个分公司，另外还成立了统一的销售部和策划部。各个分公司的销售人员分别管辖全国不同的区域，这些销售人员负责寻找客户资源、商务谈判、签订合同一条龙的业务流程，这种单兵作战的模式经常因各个地区市场需求不同而造成销售人员"忙闲不均"，以及销售能力薄弱的业务员丢掉"大单"等问题。

（2）整个中国市场管理混乱，所有的业务人员像是无头的苍蝇一样没有目标地工作。销售能力强的业务人员没有被有效地配置在合适的位置，致使其业绩难以提升，这种人才浪费的问题最终导致大量优秀业务人员的流失、跳槽或者是被同行"挖走"。

【问题分析】

该科技有限公司销售团队管理混乱、销售业绩不佳的原因，主要是销售团队的组织构架存在缺陷，而且销售团队内没有明确的职责划分，造成业务人员毫无目标的单兵作战、优秀人才流失等一系列问题。专家团队经过对其表象的问题进行深入的讨论和分析后，认为该公司应该从以下两个方面改善销售团队整体业绩下滑的问题。

§ 建立与其他部门有效的信息沟通体系，有效地整合资源

经过了解，专家发现由于没有建立有效的信息传达和共享的平台，销售部门往往孤军奋战，销售业务人员往往无法及时地将市场一线客户的需求及时地反馈给公司，公司也就无法及时调动技术人员给予支持，销售部与其他部门的两分离局面是导致许多大单"丢失"的根本原因。

§ 明确职责，让适当的人做适合的事

该公司让销售人员一个人单枪匹马地跑项目的全部流程——客户沟通、合同签订和技术咨询，往往会因为某个环节能力的薄弱而在众多同行业竞争者激烈的较量中"败下阵来"。该公司并非不具有专业的技术人员、商务合同专员和销售人员，缺乏的是怎样的"排兵布阵"。怎样把销售、技术和商务合同的专业人员合理地配置，明确各自的职责和分工才是完善该公司组织构架的关键。

【解决方案】

前期经过与该企业负责人的访谈和交流，并对该公司销售团队运营模式进行了一次全面梳理后，专家了解了公司销售团队的现状，提出构建"专业化销售团队"的解决方案，期望能够为企业提供建设性的建议和帮助。

（1）专业化销售团队建设的出发点

首先，改变过去以技术为导向的发展模式，向以市场为导向的模式转变，必须提高该科技有限公司对市场的感受力。因此，要有效地整合公司所有部门的人力、物力资源，积极地

搭建"以客户需求"为导向的公司运营模式，从而在日益激烈的市场环境中赢得先机。

其次，企业不仅仅是占有人才就可以获得内部核心竞争力的提高，最关键的是有效发挥人才的优势，使人力资源有效地、"零浪费"地转化为企业的人力资本，从而为企业业绩的整体提升创造价值。这样的用人方略才能达到"人尽其才"和"留住人才"。

(2) 专业化销售团队组织构架的内涵

搭建专业化的销售团队，首先应该从组织构架的优化方面来完善。

专业化销售团队的成员包括客户沟通专家、解决方案专家和商务合同交付专家。三位专家共同构成了面向客户的铁三角单元，客户沟通专家也就是通俗的销售业务员，解决方案专家就是技术人员，商务合同交付专家就是销售团队中负责合同的专员。

专业化销售团队打破固有组织结构中的功能性壁垒，形成以项目为中心的团队运作模式。销售团队的共同目标是为了满足前线客户的各种需求，销售人员寻找客户目标和机会，并由技术人员和交付专员协作配合销售人员将机会转化到结果上。

该公司要实现专业化销售团队组织构架的变革，关键的转变是由一线销售业务人员单兵作战转变为小团队作战，后方起保障作用。以销售目的为驱使，一切为前线销售着想，共同配合总部有效地调动全面资源。

(3) 专业化销售团队的优势分析

§ 优化销售团队组织构架，降低组织成本，提高组织绩效

该公司过去的销售团队人员配置方式是各个分部配备固定的销售人员，这种人员分配模式会造成各个分公司忙闲不均导致的人员分配比例与业务量相脱节的现象，有些分公司人员过剩，有些却销售力量严重不足。现在构建的专业化销售团队可以根据各地市场的需求，灵活地组织临时销售团队，可以大大降低人员成本的浪费。

专业化销售团队是一种合理配置人才、发挥"能人效应"的组织构架，当所有人才都能在适合的岗位中发挥其优势的时候，他的个人绩效也会随之提高，最终带来整个组织绩效的提高。

§ 专业化销售团队较之传统的单兵作战更能有效感受市场需求和调动所有资源

以销售目标为导向的团队合作模式，改变了传统单兵作战中因各个部门信息沟通不畅所导致的资源调动不及时的问题。专业化销售团队的组织构架中，客户沟通专家是获得市场情报的第一人，其他成员处于待命状态，为客户沟通专家随时可能出现的市场需求提供后方的技术和人员准备，并在前线一发现目标和机会时就能及时发挥作用，提供有效的支持。

(来源 http://www.sino-manager.com/2012514_34620.html.)

分析讨论题：

1. 该销售团队整体业绩下滑的原因是什么？
2. 什么是"专业化销售团队"？怎样构建？

第十一章

医疗器械销售人员的招聘与选拔

【案例导读】

医疗器械销售公司人员招聘

在公司所有工作中,销售人员的工作可谓最复杂。这也许是因为客户在购买公司的产品前,首先购买的是销售人员的服务。还可能是因为销售方法过去10年里从广告到咨询服务都发生了巨大变化。也可能是因为好的销售人员需要掌握很多相反甚至自相矛盾的技能:(1)听说能力;(2)产品知识和人的品位;(3)销售策略和市场渗入策略;(4)具有说服力,但又不使用花招的沟通能力;(5)既有取得较好个人业绩的欲望,又有服务客户的强烈意识;(6)富于弹性,又讲原则;(7)做事积极主动,又善于和他人合作。

下面一些问题可以评估应聘者在这方面的能力。

& 请讲讲你遇到的最困难的销售经历,你是怎样劝说客户购买你的产品的?

& 人们购买产品的三个主要原因是什么?

& 关于我们的产品生产线和我们的客户群体,你了解多少?

& 关于销售,你最喜欢和最不喜欢的是什么?为什么?

& 若受到奖励,你有什么感想?

& 你最典型的一个工作日是怎样安排的?

& 为取得成功,一个好的销售人员应该具备哪四方面的素质?你为什么认为这些素质是十分重要的?

& 电话推销和面对面的推销有什么区别?为使电话推销成功,需要什么样的特殊技能和技巧?

& 在你的前任工作中,你用什么方法来发展并维持业已存在的客户?

& 若让你给新员工上一堂销售课程,你在课堂上要讲些什么?为什么?

& 请讲一下你在前任工作中所使用的最典型的销售方法和技巧。

& 讲一个这样的经历:给你定的销售任务很大,完成任务的时间又很短,你用什么办法以确保达到销售任务目标的?

& 你是否有超额完成销售目标的时候,你是怎样取得这样的业绩的?

& 一般而言,从和客户接触到最终销售的完成需要多长时间?这个时间周期怎样才能缩短?

& 你怎样才能把一个偶然的购买你产品的人变成经常购买的人?

& 当你接管了一个新的行销区或一个新的客户群时，怎样才能使这些人成为你的固定客户？

& 在打推销电话时，提前要做哪些准备？

& 你怎样处理与销售活动无关的书面工作？

& 请向我推销一下这支铅笔。

& 你认为推销电话最重要的特点是什么？为什么？

& 和业已存在的老客户打交道，以及和新客户打交道，你更喜欢哪种？为什么？

& 如果某位客户一直在购买的产品和你的产品相似，但价格却低于你的产品，你该怎样说服这个客户购买你的产品？

& 具备什么样的素质和技能才能使你从众多的销售人员中脱颖而出？

& 假如你遇到这样一种情况：你的产品和服务的确是某公司需要的，但是那个公司内部很多人士强烈要求购买质量差一些但价格便宜的同种产品。客户征求你的意见，你该怎样说？

【案例启示】

销售人员所面对的是一项非常有挑战性的工作，每天需要面对不同的客户、解决客户不同的问题。在进行销售人员招聘时，招聘人员不能仅从理论角度去考虑销售人员是否了解销售知识，更应根据应聘人员灵活处理客户异议、帮助客户解决不同问题时所展现出来的沟通能力、销售技巧等来判断其是否能够胜任销售岗位的工作。

第一节 销售人员的招聘

合适的人才对于任何企业都是非常重要的，因为企业中的任何工作都只有具有相应条件的人才能胜任。人力资源使用和配置的起点正是体现在招聘这一环节上。

一、销售人员招聘的概念

一般而言，销售人员招聘是指组织为了发展的需要，根据人力资源规划和工作分析的数量和质量要求，从组织内部和外部吸收人力资源的过程。

哈罗德·孔茨教授认为，招聘就是招收人选补充组织结构中的职位。在人力资源的著作中的定义是：招聘过程是在正确的时间内为正确的职位选择正确的人选。人力资源专家E·迈克纳和N·比奇提出的概念：招聘是企业与内部或外部人力资源的一种有计划的交接方式。

二、销售人员招聘的意义

1. 销售人员招聘是企业有效活动的保证

人力资源配置不适当会导致组织结构不仅不能成为实现企业目标的保证，而且还会干扰企业的有效活动、阻碍和破坏目标的实现。因此，能否选聘好的销售人员直接影响到企业活动的成效。

2. 销售人员招聘是企业发展的保证

企业发展的能动因素是人，销售人员的招聘成效对企业的发展息息相关。招聘的目的不仅在于配置目前所需的各种人员，而且是为将来做好人才储备。通过内部人员的优化配置和外部人员注入新的人力，可以保证组织的活力。

3. 销售人员招聘是协调销售人员个人目标和企业目标的有效途径

成功的销售人员招聘可以使企业更多地了解销售人员到本企业工作的动机和目的，企业可以从更多的候选人中选择个人发展目标与企业目标基本一致，并愿与企业共同发展的销售人员。这对销售人员发挥自己的潜能十分重要，也是组织减少协调成本的重要途径。

4. 销售人员招聘可以扩大企业的知名度。

一般来说，进行销售人员招聘要通过媒体做大量的广告，可以让外界更好地了解本企业，提高了企业的知名度。

三、销售人员招聘的程序

1. 制定招聘计划

人力资源管理部门制定招聘计划时要有一定的依据。其依据具体包括：公司的生产经营规模、公司内部人员的变动情况和业务变动需要的新管理人才。一般来说，招聘计划的具体内容应包括以下几点。

① 招聘的岗位、每个岗位的人员需求量、每个岗位的具体要求；
② 招聘信息的发布时间、方式、渠道和范围；
③ 招聘对象的来源和范围；
④ 招聘的方法；
⑤ 招聘实施的部门；
⑥ 招聘预算；
⑦ 招聘结束时间和新销售人员到位时间。

2. 组建招聘组织

专门的招聘组织一般由人力资源部门负责，吸收各方面的用人部门人员参加，若有必要时可以请一些专家、学者参加招聘工作。通常来说，医药商业企业内部都设有人力资源部进行招聘工作。

3. 发布招聘信息

医药企业要通过各种渠道将招聘信息传递给大众，要把本单位的用人计划、所需人员的素质要求、招聘时间、招聘地点、联系电话、联系人等情况向社会发布，以确保应聘人员的广泛性和高素质性。发布招聘信息时应注意以下几个问题。

（1）信息发布的范围　信息发布的范围应由招聘对象范围来确定。发布信息的面越广，接收到该信息的人越多，应聘的人就越多，这样招聘到高素质人才的可能性就越大，但同时招聘费用也会上升。

（2）信息发布的时间　在可能的情况下，招聘信息应该尽早向社会发布，这样有利于缩短招聘时间，同时也可以吸引更多的人前来应聘。

（3）招聘对象的层次性　由于具有对人员素质的要求，一般来说，招聘的对象大致都处于某个特定的层次上，因此在发布信息时，要根据招聘岗位的要求与特点，向某些特定的人员发布招聘信息。

4. 接受应聘者的资料

向社会发布招聘信息后，招聘部门可以开始收集应聘者的个人资料。这些资料包括以下内容。

（1）申请表。这是收集应聘人有关资料的最常用方法，一般可以从申请表中获取健康、教育、工作经验和社会关系等方面的资料。

（2）应聘者原工作单位的评价材料。对于非首次就业的人可通过原单位对应聘人员的评价意见和候选人的离职原因，了解应聘人的情况。

（3）各种学历、技能、成果（包括获得的奖励）证明。

四、销售人员招聘的渠道

选择优秀的销售人员要求企业寻找多种多样的招聘渠道，所以企业要清楚每种招聘渠道的优缺点，以便根据具体情形正确选择。一般而言，招聘渠道可分为四大类，如表 11-1 所示。

表 11-1　招聘渠道的类型及内容

招聘渠道	内容
内部招聘	现有人员推荐、非销售部门、公司人才数据库
公开招聘	招聘会、媒体人员、网络招聘、校园招聘
委托招聘	职业介绍所、人才交流中心、专业协会、猎头公司
隐秘招聘	供应商、客户、竞争者

1. 内部招聘

企业内部竞聘的优势非常明显，首先，应聘者熟悉产品类型，熟悉公司运作，能更好地理解岗位需求，同时对企业文化也更加认同。其次，因为省掉了广告费、会务费等，内部招聘比外部招聘成本低。再次，企业对应聘者往往较为了解，很容易选择到一些有潜力和对企业有较高忠诚感的销售人员。另外，还容易使所有员工感觉到，企业为大家提供了广阔的发展空间，从而增加员工的工作满意度。

但是内部招聘也存在不足，例如，可能缺少适合岗位的人选，应聘者被拒绝后可能不满意，应聘者对销售工作有误解，应聘者在转向销售岗位工作时有一段困难的适应期等。

内部招聘形式包括现有人员推荐、非营销部门、公司人才数据库提供等。

（1）现有人员推荐

公司现有人员特别是销售人员，往往可以推荐优秀的推销人员。被推荐的人一般有丰富经验，理解岗位要求，对职位有浓厚的兴趣。若接受被推荐的人，公司给推荐人奖励并根据后期业绩追加奖励；若不接受或接收后又解聘，则应当给推荐人以适当解释，并继续鼓励其推荐新的人选。

（2）非销售部门

考虑在公司内部进行调研，从策划、设计、生产、财务、人力等部门挑选人员，挖掘内部潜力，是让人才各得其用的有效途径。公司可以短期、低费用获得熟悉产品、公司、顾客、竞争对手、行业状况的候选人，但候选人可能缺乏销售技巧，并倾向形成帮派，造成管理困难。

（3）公司人才数据库

这种渠道适用于大中型公司。销售经理协同人力资源部查询公司数据库保存的文件，选择符合条件的候选人。他们大多数是忠诚度极高、背景参差不齐的销售人员。

2. 公开招聘

（1）招聘会

这种途径的优点是：能与面试者面对面交流，提高招聘质量，甚至可以介绍初试流程；

能很好地介绍和展示公司实力,更容易吸引应聘者;可以按照标准招聘、减少私人偏见,节省时间和成本,直接获取候选人的详细资料;节省招聘时间,很容易一次实现招聘目的;能更好更直接地了解其他公司招聘策略和招聘方法。

这种招聘的不足是:对优秀的销售人员招聘难度很大,因为优秀的销售人员往往不情愿去招聘会找工作;应聘人员容易在了解公司要求后填写简历,造成简历失真现象。

(2) 媒体广告

传统的媒体广告有广播、电视、报纸、杂志等。

(3) 网络招聘

现阶段,随着互联网的普及和应用,网络招聘也随之兴起。有关研究显示,《财富》500强中使用网络招聘的已占88%。

网络招聘具有时效性强、速度快、效率高、成本低、费用省、覆盖面广、招聘方式灵活等优势。但该渠道虚假信息多,信息处理难度大。这种方式往往对使用的群体有限制,所以其效果还要看具体招聘的岗位如何。通常在互联网及其相关行业,以及管理类、销售类企业的效果相对较好。

(4) 校园招聘

企业选择招聘普通高校或职业院校具有营销理论基础的应届毕业生,是由于企业能够在校园中找到足够数量的高素质人才,应聘者学习愿望和学习能力一般比较强,可塑性较强,更容易培训;应聘者渴望开始工作,工作热情高,应聘者已展示了建立和实现目标的能力;与具有多年工作经验的人相比,毕业生的薪酬要求相对较低;应聘者更年轻、更有精力投入到工作中去,更具有适应性和愿意被重新分配,比老销售员更乐于出差等。

招聘应届毕业生一般要注意的问题是:应届毕业生的心理素质、社会适应性、个人期望值等都有一个适应成熟的过程;缺少工作经验,可能并不完全理解销售工作的要求,需要进行一定的培训才可以胜任工作;可能在一定程度上不成熟,新销售人员比老手有更高的销售拒绝率;更多应届毕业生在刚刚步入社会时,对工作的期待往往过于理想化,对自身的能力也有不现实的估计,由此往往容易产生对工作的不满。

3. 委托招聘

(1) 职业介绍所

企业提供详细的工作说明书及求职条件,请介绍所的专业顾问帮助筛选,以简化程序,获取合格的候选人。不过该渠道的候选人大多是能力不高且不易找到工作的人。

(2) 人才交流中心

人才交流中心储备了大量的候选者的信息,并代表企业选择优秀的销售人员。

(3) 专业协会

专业协会了解行业的情况和销售特点,经常拜访厂商、经销商、销售经理和销售人员,企业可以请专业协会或行业协会帮助招聘。

(4) 猎头公司

猎头公司是现代招聘中高级销售人才非常有效的途径。猎头公司往往掌握了很多中高级销售人才的资料,可以给招聘单位提供较多的选择性。同时,可节省招聘单位人力资源部门的招聘和初选过程,大大节省了时间成本。而且,猎头提供的人员具有较强的专业性和职业性,职业道德普遍较好,能满足企业人才快速使用的需要。

4. 隐秘招聘

(1) 供应商

供应商的人员了解产品质量、性能及使用方式,所以许多零售商聘请供应商的销售人员,他们可以熟练地展示产品及使用技巧,但是这种招聘费用高、培训难。

(2) 客户

产品销往政府机构中的企业,往往聘请曾就职于政府部门尤其是采购部门的人员,以获得更好的销售业绩。客户了解市场及产品,知晓购买产品的决策者,拥有客户关系基础,但可能缺乏谈判技巧或销售品质。销售经理最好征得候选人主管的同意,采取谨慎态度,否则将永远失去客户。

(3) 竞争者

这种渠道的优点是应聘者具有丰富的销售经验,并了解他们自己的企业,了解购买公司产品的客户类型,对销售工作有实际的理解,应聘者已建立了客户群,并可能带来客户,具有可供评价的销售记录,可能对应聘公司产品有所了解。

这种渠道的缺点是雇佣费用比较高;忠诚度较低;已养成了固定的工作方式,难以再培训;应聘者离开可能会带走客户。

【案例 11-1】 宝洁公司的校园招聘

宝洁公司完善的选拔制度得到商界人士的首肯。在 2003 年中华英才网首届"英才大学生心目中最佳雇主企业"评选活动中,宝洁名列综合排名的第五位和快速消费品行业的第一位。

我们考察宝洁所取得的成就时,肯定不能忘记的是宝洁独特的人力资源战略。其中,尤其值得称道的是宝洁的校园招聘。曾经有一位宝洁的员工这样形容宝洁的校园招聘:"由于宝洁的招聘实在做得太好,即便在求职这个对学生比较困难的关口,自己第一次感觉自己被人当做人来看,就是在这种感觉的驱使下我应该说是有些带着理想主义来到了宝洁。"

一、宝洁的校园招聘程序

1. 前期的广告宣传

派送招聘手册,招聘手册基本覆盖所有的应届毕业生,以达到吸引应届毕业生参加其校园招聘会的目的。

2. 邀请大学生参加其校园招聘介绍会

宝洁的校园招聘介绍会程序一般如下:校领导讲话,播放招聘专题片,宝洁公司招聘负责人详细介绍公司情况,招聘负责人答学生问,发放宝洁招聘介绍会介绍材料。

宝洁公司会请公司有关部门的副总监以上高级经理以及那些具有校友身份的公司员工来参加校园招聘会。通过双方面对面的直接沟通和介绍,向同学们展示企业的业务发展情况及其独特的企业文化、良好的薪酬福利待遇,并为应聘者勾画出新员工的职业发展前景。通过播放公司招聘专题片、公司高级经理的有关介绍及具有感召力的校友亲身感受介绍,使应聘学生在短时间内对宝洁公司有较为深入的了解和更多的信心。

3. 网上申请

从 2002 年开始,宝洁将原来的填写邮寄申请表改为网上申请。毕业生通过访问宝洁中国的网站,点击"网上申请"来填写自传式申请表及回答相关问题。这实际上是宝洁的一次筛选考试。

宝洁的自传式申请表是由宝洁总部设计的,全球通用。宝洁在中国使用自传式申请表之前,先在中国宝洁的员工中及中国高校中分别调查取样,汇合其全球同类问卷调查的结果,从而确定了可以通过申请表选拔关的最低考核标准。同时也确保其申请表针对不同文化背景的学生仍然保持筛选工作的相对有效性。申请表还附加一些开放式问题,供面试的经理参考。

因为每年参加宝洁应聘的同学很多，一般一个学校就有1000多人申请，宝洁不可能直接去和上千名应聘者面谈，而借助于自传式申请表可以帮助其完成高质高效的招聘工作。自传式申请表用电脑扫描来进行自动筛选，一天可以检查上千份申请表。宝洁公司在中国曾做过这样一个测试，在公司的校园招聘过程中，公司让几十名并未通过履历申请表这一关的学生进入到了下一轮面试，面试经理也被告之"他们都已通过了申请表筛选这关"。结果，这几十名同学无人通过之后的面试，没有一个被公司录用。

4. 笔试

笔试主要包括3部分：解难能力测试、英文测试、专业技能测试。

（1）解难能力测试　这是宝洁对人才素质考察的最基本的一关。在中国，使用的是宝洁全球通用试题的中文版本。试题分为5个部分，共50小题，限时65分钟，全为选择题，每题5个选项。第一部分：读图题（约12题），第二和第五部分：阅读理解（约15题），第三部分：计算题（约12题），第四部分：读表题（约12题）。整套题主要考核申请者以下素质：自信心（对每个做过的题目有绝对的信心，几乎没有时间检查改正）；效率（题多时间少）；思维灵活（题目种类繁多，需立即转换思维）；承压能力（解题强度较大，65分钟内不可有丝毫松懈）；迅速进入状态（考前无读题时间）；成功率（凡事可能只有一次机会）。考试结果采用电脑计分，如果没通过就被淘汰了。

（2）英文测试　这个测试主要用于考核母语不是英语的人的英文能力。考试时间为2个小时。45分钟的100道听力题，75分钟的阅读题，以及用1个小时回答3道题，都是要用英文描述以往某个经历或者个人思想的变化。

（3）专业技能测试　专业技能测试并不是申请任何部门的申请者都需经过该项测试，它主要是考核申请公司一些有专业限制的部门的同学。这些部门如研究开发部、信息技术部和财务部等。宝洁公司的研发部门招聘的程序之一是要求应聘者就某些专题进行学术报告，并请公司资深科研人员加以评审，用以考察其专业功底。对于申请公司其他部门的同学，则无须进行该项测试，如市场部、人力资源部等。

5. 面试

宝洁的面试分两轮。第一轮为初试，一位面试经理对一个求职者面试，一般都用中文进行。面试人通常是有一定经验并受过专门面试技能培训的公司部门高级经理。一般这个经理是被面试者所报部门的经理，面试时间大概在30~45分钟。

通过第一轮面试的学生，宝洁公司将出资请应聘学生来广州宝洁中国公司总部参加第二轮面试，也是最后一轮面试。为了表示宝洁对应聘学生的诚意，除免费往返机票外，面试全过程在广州最好的酒店或宝洁中国总部进行。第二轮面试大约需要60分钟，面试官至少是3人，为确保招聘到的人才真正是用人单位（部门）所需要和经过亲自审核的，复试都是由各部门高层经理来亲自面试。如果面试官是外方经理，宝洁还会提供翻译。

（1）宝洁的面试过程

主要可以分为以下四大部分。

第一，相互介绍并创造轻松交流气氛，为面试的实质阶段进行铺垫。

第二，交流信息。这是面试中的核心部分。一般面试人会按照既定的8个问题提问，要求每一位应试者能够对他们所提出的问题作出一个实例的分析，而实例必须是在过去亲自经历过的。这8个题由宝洁公司的高级人力资源专家设计，无论您如实或编造回答，都能反映您某一方面的能力。宝洁希望得到每个问题回答的细节，高度的细节要求让个别应聘者感到不能适应，没有丰富实践经验的应聘者很难很好地回答这些问题。

第三，讨论的问题逐步减少或合适的时间一到，面试就引向结尾。这时面试官会给应聘者一定时间,由应聘者向主考人员提几个自己关心的问题。

第四,面试评价。面试结束后,面试人立即整理记录,根据求职者回答问题的情况及总体印象作评定。

(2) 宝洁的面试评价体系

宝洁公司在中国高校招聘采用的面试评价测试方法主要是经历背景面谈法,即根据一些既定考察方面和问题来收集应聘者所提供的事例,从而来考核该应聘者的综合素质和能力。

宝洁的面试由8个核心问题组成。

第一,请你举1个具体的例子,说明你是如何设定1个目标然后达到它。

第二,请举例说明你在1项团队活动中如何采取主动性,并且起到领导者的作用,最终获得你所希望的结果。

第三,请你描述1种情形,在这种情形中你必须去寻找相关的信息,发现关键的问题并且自己决定依照一些步骤来获得期望的结果。

第四,请你举1个例子说明你是怎样通过事实来履行你对他人的承诺的。

第五,请你举1个例子,说明在完成1项重要任务时,你是怎样和他人进行有效合作的。

第六,请你举1个例子,说明你的1个有创意的建议曾经对1项计划的成功起到了重要的作用。

第七,请你举1个具体的例子,说明你是怎样对你所处的环境进行1个评估,并且能将注意力集中于最重要的事情上以便获得你所期望的结果。

第八,请你举1个具体的例子,说明你是怎样学习1门技术并且怎样将它用于实际工作中。

根据以上几个问题,面试时每一位面试官当场在各自的"面试评估表"上打分。打分分为3等:1~2(能力不足,不符合职位要求;缺乏技巧、能力及知识),3~5(普通至超乎一般水准;符合职位要求;技巧、能力及知识水平良好),6~8(杰出应聘者,超乎职位要求;技巧、能力及知识水平出众)。具体项目评分包括说服力/毅力评分、组织/计划能力评分、群体合作能力评分等项目评分。在"面试评估表"的最后1页有1项"是否推荐栏",有3个结论供面试官选择:拒绝、待选、接纳。在宝洁公司的招聘体制下,聘用1个人,须经所有面试经理一致通过方可。若是几位面试经理一起面试应聘人,在集体讨论之后,最后的评估多采取1票否决制。任何1位面试官选择了"拒绝",该生都将从面试程序中被淘汰。

6. 公司发出录用通知书给本人及学校

通常,宝洁公司在校园的招聘时间大约持续两周左右,而从应聘者参加校园招聘会到最后被通知录用大约有1个月左右。

二、校园招聘的后续工作

发放录取通知后,宝洁的人力资源部还要确认应聘人被录用与否,并开始办理有关入职、离校手续。除此以外,宝洁校园招聘的后续工作还包括以下内容。

1. 招聘后期的沟通

宝洁认为他们竞争的人才类型大致上是一样的,在物质待遇大致相当的情况下,"感情投资"便是竞争重点了。一旦成为宝洁决定录用的毕业生,人力资源部会专门派1名人力资源部的员工去跟踪服务,定期与录用人保持沟通和联系,把他当成自己的同事来关怀照顾。

2. 招聘效果考核

在公司招聘结束后,公司也会对整个招聘过程进行一些可量化的考核和评估,考核的主要指标包括:是否按要求招聘一定数量的优秀人才;招聘时间是否及时或录用人是否准时上岗；招聘人员素质是否符合标准，即通过所有招聘程序并达到标准；因招聘录用新员工而支付的费用，即每位新员工人均因招聘而引起的费用分摊是否在原计划之内。

三、对宝洁公司招聘的评价

1. 宝洁公司招聘的特点

（1）大多数公司只是指派人力资源部的人去招聘，但在宝洁，是人力资源部配合别的部门去招聘。用人部门亲自来选人，而非人力资源部作为代理来选人才。让用人单位参与到挑选应聘者的过程中去，避免了"不要人的选人，而用人的不参与"的怪圈。

（2）科学的评估体系。与一般的国有企业不同，宝洁的招聘评估体系趋向全面深入，更为科学和更有针对性。改变了招人看证书、凭印象来判断的表面考核制度，从深层次多方位考核应聘人，以事实为依据来考核应聘者的综合素质和能力。

（3）富有温情的"招聘后期沟通"，使应聘学生从"良禽择木而栖"的彷徨状态迅速转变为"非他不嫁"的心态，这也是宝洁的过人之处。它扩展了传统意义上的招聘过程，使其不仅限于将合适的人招到公司，而且在招聘过程中迅速地使录取者建立了极强的认同感，使他们更好地融入公司文化。

2. 宝洁公司的招聘中值得商榷的方面

（1）宝洁公司招聘程序多，历时较长，最短也需要1个月左右。普遍来看，在学生有很多选择机会，又有尽快落实用人单位倾向的情况下，用人单位很容易因为决策缓慢而导致一些优秀的人才转投其他用人单位。

（2）宝洁坚持每年只在中国少数几所最著名的大学招聘毕业生，但最著名的学校并不总是宝洁公司最理想的招聘学校。这些学校的毕业生自视颇高，进入公司之前，在签约后出国留学时毁约事件经常发生；在进入公司后，又不愿承担具体繁琐的日常工作。这有碍于他们对基层工作的掌握和管理能力的进步，而且这些员工的流失率相比之下也颇高。

第二节 销售人员的甄选与测试

销售人员的甄选就是企业从应聘候选人中挑选出合适的人员配备到合适的岗位的过程。这是企业招聘工作的重心，也是企业能否招聘到合格销售人员的关键。

一、销售人员甄选的重要性和注重因素

企业找到优秀的销售人员对于企业的发展而言是非常重要的，招聘且留住优秀销售人员是企业销售管理的关键环节。

（一）销售人员甄选的重要性

1. 销售是企业经营最后的一个关键环节

企业经营者从研究及了解顾客的需求和欲望入手，生产出符合市场需要的产品，建立自己的分销渠道及设计包装。然而，在企业实现盈利的过程中，如果没有合适的销售人员，产品就很难销售出去，从而无法盈利，因此，销售是企业运营中最后的一个关键环节，也是决定企业运营成败的关键。只有通过销售人员把商品销售到消费者的手中，企业才可以获取收益，实现企业的利润目标。

2. 销售人员是企业与消费者之间的纽带

销售人员在销售产品、洽谈业务时,代表的是企业,这些人员对企业的成败负有重大的责任。出色的销售人员能认清和解决顾客的疑难问题,为顾客提供优质的服务,使企业与顾客之间建立起良好的关系。

3. 销售人员能够为企业创造良好的外部环境

企业成功的关键之一是使顾客了解企业,在这里,企业形象起着至关重要的作用。销售人员身在销售一线,通过销售活动和宣传活动,既能促进顾客的实际购买行为,使产品顺利到达消费者的手中,为企业赚得更多的利润,又能为企业赢得社会和广大顾客的信任,在他们心目中树立企业的良好形象,从而提高产品的信誉,为扩大产品的销量和长远的销售创造了良好的外部条件。

4. 销售人员能促进产品的研发和创新

要保持企业的发展,研发和创新是必不可少的,但几乎每一种产品的问世都需要一个有朝气、有创新能力的销售方案和销售队伍,才能使企业的销售活动达到理想水平。另一方面,销售人员身处市场,与顾客打交道,既可以了解企业的一般环境,也可以了解到各方面的经济信息和市场具体情况,调查竞争对手产品质量的优劣,从而收集到市场的第一手资料,把握市场行情和发展变化趋势。尤其是在与顾客接触中能得到顾客对产品的评价和一些改进意见,为企业改造老产品、开发新产品提供决策依据。

5. 销售人员是战胜竞争对手的法宝

现代企业间的竞争主要是人才的竞争,由于科学技术的进步,企业间的产品差距越来越小,此时销售人员就成为影响竞争成败的主要因素。销售人员应适时有效地拜访潜在顾客,为顾客提供满意服务,创造销售业绩,从而使企业战胜竞争对手。

销售人员是企业营销工作中的一个非常重要的组成部分,企业必须重视销售人员的招聘与选拔。

(二)甄选销售人员时注重的因素

不是所有人都适合做销售,也并不是所有做销售的人都能够成功。普通销售人员和高效销售人员之间的水平有很大差异。一项对500多家公司的调查结果说明:27%的销售人员共创造了52%的销售额,同时大多数公司的销售人员只有68%的人坚持工作到当年年底,而留下的人中,仅有50%的人是公司希望在下一年中继续聘用的。那么,一个优秀的销售人员应该具备哪些特征呢?应该具备良好的心理素质、经验和专业素质的结合、良好的市场悟性、功利主义的价值取向、追求实现特定目标的个人动机、洞察他人心理活动的能力、良好的语言表达能力、组织活动及信息的能力和较强的社会交往能力等。

【案例11-2】 某销售公司是A厂的子公司,负责A厂产品在全国各地区的销售工作,A厂依据销售额和销售货款回收率这两大指标的完成状况对销售公司进行考核;相应地,销售公司也以这两个指标为主来考核销售员的工作实绩。

随着产品销售量的不断增加和营销策略的不断深化,销售公司感到人手紧缺,急需补充销售队伍。为此,从厂里录用了赵明、钱达、孙青和李强4名职工,进行为期3个月的实习试用,作为正式销售人员的候选人。目前,他们的实习期将满,销售公司萧经理正考虑从他们中选拔合适人员作为正式销售人员,从事销售工作。根据平时对他们的观察和同事及用户对他们的评价,萧经理对他们的个人素质和工作状况进行了初步的总结,作为选拔的依据。

赵明,工作主动大胆,能打开局面,但好几次将用户订购的产品规格搞错,用户要大号，他却发给小号的。尽管经理曾多次指出，他仍然时常出差错，用户有意见找他，他还冲人家发火。

钱达，工作效率很高，经常超额完成自己的销售任务，并在销售过程中与用户建立了熟悉的关系。但他常常利用工作关系办私事，如要求用户帮助自己购买物品等。而且，他平时工作纪律性较差，上班晚来早走，并经常在上班时间回家做饭。销售公司的同事们对此颇有微词，他曾找领导说情，希望能留在销售公司工作。

孙青，负责广东省内的产品销售工作。她的主管曾带她接触过所有的主要用户，并与用户建立了一定的联系，但她自己很少主动独立地联系业务。有一次，她的主管不在，恰巧有个用户要增加订货量，她因主管没有交代而拒绝了这一笔业务。

李强，负责河北省的产品销售工作。他经常超额完成销售任务，并在销售过程中注意向用户介绍产品的性能、特色，而且十分重视售后服务工作。有一次，一个用户来信提出产品有质量问题，他专程登门调换了产品，用户为此非常感动。尽管如此，他却时常难以完成货款回收率指标，致使有些货款一时收不回来，影响了企业经济效益指标的实现。

萧经理必须在月底以前做出决定，哪些人将留在销售公司成为厂里正式销售员，哪些人要离开。

二、销售人员甄选的步骤

一般而言，销售人员甄选过程应包含以下几个步骤。

1. 资格审查与初选

资格审查是对应聘者是否符合职位要求的一种审查。最初的资格审查是人力资源部门通过审阅申请人的个人资料或申请书进行的。人力资源部门将符合要求的应聘者名单与资料移交给用人单位，由用人单位进行初步选择。初步选择的主要任务是从合格的应聘者中选出参加面试的人员。

2. 面试

面试是供需双方通过正式交谈，使企业能够客观公正地了解候选人，获取候选人的第一手材料，例如，业务知识水平、仪表举止、表达能力、工作经验、求职动机等。同时，求职者可以通过面试进一步加深对企业的了解，比较个人的期望与企业的发展是否一致。因此，面试是销售人员招聘过程中非常重要的一步。

3. 测试

测试也叫测评，是指为了获取有关应聘者的特殊兴趣、特征、知识、能力或者行为的信息而采取的一种客观的测试方法，是在面试的基础上对面试者进行进一步了解的一种手段。其主要目的是通过这种方式，剔除应聘者资料中与面试中的一些"伪信息"，提高录用决策的准确性。

常用的测试类型如下。

（1）认知能力测试

认知能力测试可分为一般认知能力测试和特殊认知能力测试。一般认知能力测试主要是借助智力测试的方法。智力（IQ）测试是对一般智慧能力和认知能力的测试。特殊认知能力测试主要是测量应聘者归纳推理和演绎推理能力、记忆能力和数字能力。这种类型的测试也称为才能测试，一般结合应聘职位所需的专业知识进行。

（2）体格测试

体格测试主要包括对应聘者身体健康状况的检查和身体协调能力、应变能力的测试，如测试手指的灵活性、手臂的灵活性、身体的平衡性、举重能力等。通过这种测试判断应聘者是否具有担任某些工作的能力及基本身体素质情况等。

(3) 性格和兴趣测试

仅测试一个人的智力和体格，对于解释其工作绩效是不够的。其他影响工作的因素也很重要，如个人的动机和内在技能。为了测试这些无形的影响个人绩效的因素，常常要引入性格和兴趣测试。

① 性格测试

个性是一个人能否施展才华、有效完成工作的基础。销售人员选拔就是要将应聘者个性与空缺职位销售人员应具有的个性标准进行比较，选拔两者相符的销售人员。特定的工作需要特定的个性，如会计、秘书均需要具备心细的个性特征，而市场销售人员必须具备强烈的创新和开拓意识。

② 兴趣测试

兴趣测试的主要目的是了解应聘者想做什么和喜欢做什么。如果能根据应聘者的职业兴趣进行职位与人员的合理配置，就可最大限度地发挥销售人员的潜力，保证工作效率。

(4) 专业技能和知识测试

技能测试因职位的不同而不同。如对会计人员的招聘，要考查其珠算、记账、核算等能力；对秘书则测试其打字、记录速度和公文起草能力等。

技能测试可以通过现场测试的方式进行，也可以通过验证应聘者已获得的各种能力证书，如会计上岗证、计算机能力等级证书、外语四、六级证书等进行。知识测试会因岗位的不同而不同。

(5) 情景模式测试

情景模式测试是根据工作岗位的特点、性质和要求，设计一种与岗位工作近似的情景，让应聘者置身其中处理和协调有关事务，以观察和考查其能力。情景模式测试的重点主要是考察应聘者对拟担任岗位工作业务的熟练程度，工作效率、效果，以及在处理和本岗位有关问题中的技巧和分析能力、创造能力、决策能力、交际能力、组织领导能力和语言表达能力等。

情景模式测试方法主要包括无领导小组讨论法、公文处理模拟法、企业决策模拟法、访谈法、角色扮演法、即席发言和案例分析法等。

① 无领导小组讨论法，也称无会议主持人测试法。该方法由美国管理学教授麦克尔·米修斯提出。所谓"无领导"，就是没有指定人员充当讨论的主持人，也不布置议题和议程，更不提出任何要求。讨论一般围绕一个简短案例进行，其中隐含一个或多个待决策的问题，以引导小组开展讨论。具体做法是：在测试中，将应聘者中的4～5人分为一个小组，在不明确主持人的情况下，大家就某一个问题开展讨论。在讨论过程中，管理部门和其他测评人在一边观察，同时进行记录和评价。待讨论结束后，测评者根据讨论中各应聘者的表现进行评分。这种测试方法不仅能考查应聘者的领导组织能力、应变能力、语言表达能力、人际协调能力和创新能力等，而且还具有培训的功能。

② 公文处理模拟法，是测评人将一批待处理的文件提交给设定在某一岗位的应聘者，限定其在一定的条件下进行处理，以考核应聘者的有关能力和素质的测试方法。具体来说，就是在测试过程中，测评者向应聘者提供在拟担任职位的工作中可能遇到的各类公文，文件大概有15～25份，有下级呈上的报告、请示、计划、预算，同级部门的备忘录，上级的指示、批复、规定、政策，外界用户、供应商、银行、政府有关部门的函电、传真、电话记录、建议和投诉，等等。在测试时，根据应聘者处理公文的速度、质量和处理公文的轻重缓急等指标对其进行评分。这种方法相对来讲较为科学，因为情景十分接近真实的现场工作环

境，对每个被测试者都是公平的，即所有的被测试者都面临同样的标准化测试情景。所以，这种方法在近年来被采用得较多。

③ 企业决策模拟法。企业决策模拟法的具体做法是：应聘者中的 4～7 人组成一个小组，该小组就是模拟中的企业，小组在协商的基础上规定好每人应担任的职位，各个"企业"根据组织者提供的统一"原材料"，在规定的时间内"生产"出自己的产品，再将这些产品推销给组织者。

4. 征询意见

在对应聘者进行完面试和所有的测试后，决定正式录用之前，为了对应聘者有更为深刻的了解，组织还可以向组织内外征询有关拟录用对象的意见。主要目的是更进一步认定以前各个步骤所获得的信息的真实性、可靠性。征询意见可以采取当面征询、电话征询、书面征询等方式。

5. 决定录用

通过上述步骤后，向合格的应聘者发出录用通知书。

【本章小结】

人员招聘与选拔是一项实务性很强的工作，仅有人力资源战略，缺少实施战略的合适人选和具体方法是无法达到预期效果的。企业只有解决了如何实现人员招聘与选拔的目标，把招聘与选拔的工作落到实处，如何从实际出发，设计出行之有效的方案，如何把招聘与选拔的各项工作加以细化，如何避免人员选拔中可能出现的个人偏好等这些问题以后，才能找到合适的营销人才，企业才可能最终实现盈利和永续经营。

【讨论与思考题】

1. 合适的销售人员对企业而言有哪些重要作用？
2. 销售人员招聘渠道有哪些？
3. 人员甄选的意义是什么？
4. 招聘的一般程序是什么？

【案例分析】

某医疗器械公司营销人员招聘面试方案（校园）

一、选拔程序与方法

选拔程序	甄选方法	对象	使用工具	备注
1. 招聘信息发布与简历收取		应届毕业生		
2. 简历筛选与初试	非结构化面试	符合基本要求的毕业生		
3. 填写履历与笔试	纸笔测试	初试合格的毕业生	履历表、笔试卷	
4. 复试	结构化面试（情景面试题）	初试合格的毕业生	情景面试题、面试评价表	
5. 性格与能力测试	人机测评	拟录用人员	测评软件	
6. 新员工培训		录用人员		
7. 参观生产现场与实习		录用人员		

二、具体操作程序

1. 招聘信息发布与简历收取

上周已通过前程无忧报纸、网站发布招聘信息,并与湖北中医学院、武汉工程大学、武汉生物技术学院等高校就业办公室联系发布招聘信息,本周通过纳杰人才发布信息,加大宣传力度,通过多种渠道收取简历信息。

2. 简历筛选与初试

由营销人力资源部根据各岗位招聘要求,对简历进行筛选,并进行第一轮淘汰面试,主要目的是为了剔除明显不合格者。

3. 填写履历与笔试

初试合格的人员进行第二轮面试,首先集中填写应聘履历表(附件1),并进行笔试(笔试卷见附件2),个人履历表与笔试成绩作为复试评估参考。

4. 复试

笔试结束后对合格人员逐个进行复试,复试考官组成为总裁、营销副总裁、分管领导、营销人力资源部、集团人力资源部,复试采取结构化面试(附件3),由面试官对应聘者逐个进行评估,并在面试评价表中进行评估(附件4)。

复试具体操作程序见附件3。

5. 性格与能力测试

对于复试合格拟录用的人员,组织对其进行性格与能力的测试,作为验证面试结果的参考。性格与能力测试采取人机测评方式,由××免费提供测评软件,测评结束后会自动生成评估结果。

6. 新员工培训

正式录用的人员入职前进行新员工培训,培训课程设置如下。

课程名称	课程内容	时数	讲师	费用
1. 公司发展历史与文化沿革	公司历史、现状和发展战略,企业文化与理念介绍	2		××
2. 人事与财务管理规定	人员入职规定、考核、离职规定等人事作业流程,财务管理规定和流程介绍	2		××
3. 销售人员的职业发展之路	销售人员如何发展自己,如何设计自己的职业生涯	2		××
4. 产品知识	主要产品知识介绍、疾病知识基础培训	4	市场部	××
5. 终端代表销售技巧	具体销售技巧实战培训	2		××
6. 商务谈判技巧	具体商务谈判技巧实战培训	2		××
7. 团队建设活动	团队建设活动,体验式培训	2		××
合计		16		3500

注:费用包括讲师授课津贴、讲师差旅费、培训耗材等。

7. 参观生产现场与实习

培训结束后组织新录用人员参观××生产基地,并安排到生产基地现场实习1个月,熟悉产品生产流程、主要工艺和质量管理标准,实习结束后要对新录用人员的了解程度进行考核。

三、工作计划表

工作程序与内容	时间	责任人	成　果
1. 招聘信息发布与简历收取	1.10～1.26		1∶3的候选人简历数
2. 简历筛选与初试	1.19前		30～40名的合格人员
3. 填写履历与笔试	1.24～1.25		履历表与笔试成绩
4. 复试	1.24～1.25		候选人面试评价分数
5. 性格与能力测试	1.24～1.25		个人测试报告
6. 新员工培训	1.30～2.1		培训记录与成绩
7. 参观生产现场与实习	年后		实习报告与评估结果

附件：略。

第十二章

医疗器械推销人员的激励与培训

【案例导读】

IBM 公司怎么培训销售人员

国际商用机器公司（International Business Machines Corporation，IBM）是一家拥有 40 万中层干部，520 亿美元资产的大型企业，其年销售额达到 500 多亿美元，利润为 70 多亿美元。它是世界上经营最好、管理最成功的公司之一。IBM 公司追求卓越，特别是在人才培训、造就销售人才方面取得了成功的经验。具体地说，IBM 公司决不让一名未经培训或者未经全面培训的人到销售第一线去。销售人员们说些什么、做些什么以及怎样说和怎样做，都对公司的形象和信用影响极大。如果准备不足就仓促上阵，会使一个很有潜力的销售人员夭折。因此该公司用于培训的资金充足，计划严密，结构合理。一到培训结束，学员就可以有足够的技能，满怀信心地同用户打交道。

不合格的培训几乎总是导致频繁地更换销售人员，其费用远远超过了高质量培训过程所需要的费用。这种人员的频繁更换将会使公司的信誉蒙受损失，同时，也会使依靠这种销售人员提供服务和咨询的用户受到损害。近年来，该公司更换的第一线销售人员低于 3%，所以，从公司的角度看，招工和培训工作是成功的。

IBM 公司的销售人员和系统工程师要接受为期 12 个月的初步培训，主要采用现场实习和课堂讲授相结合的教学方法。其中 75% 的时间是在各地分公司中度过的；25% 的时间在公司的教育中心学习。分公司负责培训工作的中层干部将检查该公司学员的教学大纲，这个大纲包括从公司中学员的素养、价值观念、信念原则到整个生产过程中的基本知识等方面的内容。学员们利用一定时间与市场营销人员一起访问用户，从实际工作中得到体会。

此外，IBM 公司还经常让新学员在分公司的会议上，在经验丰富的市场营销代表面前，进行他们的第一次成果演习。有时，有些批评可能十分尖锐，但学生们却因此增强了信心，并赢得同事们的尊敬。

销售培训的第一期课程包括 IBM 公司经营方针的很多内容，如销售政策、市场营销实践以及计算机概念和 IBM 公司的产品介绍。第二期课程主要是学习如何销售。在课程上，该公司的学员了解了公司有关后勤系统以及怎样应用这个系统。他们研究竞争和发展一般业务的技能。学员们在逐渐成为一个合格的销售代表或系统工程师的过程中，始终坚持理论联系实际的学习方法。学员们到分公司可以看到他们在课堂上学到的知识的实际部分。

现场实习之后，再进行一段长时间的理论学习，这是一段令人"心力交瘁"的课程：紧张的学习每天从早上8点到晚上6点，而附加的课外作业常常要使学生们熬到半夜。在商业界中，人们必须学会合理安排自己的时间。

IBM公司市场营销培训的一个基本组成部分是模拟销售角色。在公司第一年的全部培训课程中，没有一天不涉及这个问题，并始终强调要保证学习或介绍的客观性，包括为什么要到某处推销和希望达到的目的。

同时，对产品的特点、性能以及可能带来的效益要进行清楚地说明和学习。学员们要学习问和听的技巧，以及如何达到目标和寻求订货等。假如用户认为产品的价钱太高的话，就必须先看看是否是一个有意义的项目，如果其他因素并不适合这个项目的话，单靠合理价格的建议并不能使你得到订货。

该公司采取的模拟销售角色的方法是，学员们在课堂上经常扮演销售角色，教员扮演用户，向学员提出各种问题，以检查他们接受问题的能力。这种上课接近于一种测验，可以对每个学员的优点和缺点两方面进行评判。

另外，IBM公司还在一些关键的领域内对学员进行评价和衡量，如联络技巧、介绍与学习技能、与用户的交流能力以及一般企业经营知识等。对于学员们扮演的每一个销售角色和介绍产品的演习，教员们都给出评判。

特别应提出的是IBM公司为销售培训所发展的具有代表性、最复杂的技巧之一就是阿姆斯特朗案例练习，它集中考虑一种假设的、由饭店网络、海洋运输、零售批发、制造业和体育用品等部门组成的、具有复杂的国际间业务联系的情况。通过这种练习可以对工程师、财务经理、市场营销人员、主要的经营管理人员、总部执行人员等的形象进行详尽的分析。这种分析使个人的特点、工作态度，甚至决策能力等都清楚地表现出来。由教员扮演阿姆斯特朗案例人员，从而创造出了一个非常逼真的环境。在这个组织中，学员们需要对各种人员完成一系列错综复杂的拜访，面对众多的问题，他们必须接触这个组织中几乎所有的人员，从普通接待人员到董事会成员。

由于这种学习方法非常逼真，每个"演员"的"表演"都十分令人信服。所以，每一个参加者都能像IBM公司所期望的那样认真地对待这次学习机会。这种练习的机会就是组织一次向用户介绍发现的问题、提出该公司的解决方案和争取订货的模拟用户会议。

【案例启示】

优秀的销售人员在面对客户时能够为客户提供针对性的一整套解决方案。他的工作动力和激情来自于哪里？他的素质和能力怎样提升得更快？公司可以为他们的快速成功提供哪些发展的平台？该案例中，IBM能够实现从硬件到软件服务的快速增长，其卓越的员工激励和培训方案发挥了极其重要的作用。

第一节　医疗器械推销人员的激励

一、销售人员激励管理

（一）推销人员激励的必要性

激励是组织和人类活动中任何人员都需要的，销售人员更不例外。一般来讲，激励在管理学中被解释为一种精神力量或状态，对组织或个人起着加强、激发和推动的作用。激励通常包括三个方面的内容：激励强度、激励保持与激励方向。激励强度是指销售人员随着时间的变化而选择的消耗力量的程度，特别是当面临不利环境时。激励方向则指明销售人员在其多样化的工作中所应选择的努力方向。

对销售人员来讲，他们需要更多的激励以确保自己能够努力工作并保持努力程度。这是因为销售是一项艰苦而繁琐的工作，往往需要作出较大努力才能获得成功，尤其是对新加入销售组织的成员。销售人员大多独立工作，经常面对陌生人并遭受冷遇和挫折；面对顾客或客户，他们往往需要更多的主动，付出相当的努力才能赢得客户的青睐；在销售活动中，他们还要时刻面对竞争对手的挑战；此外，他们远离组织和亲人，缺少及时有效的沟通，常常会有更多的个人烦恼。所以，只有通过特别的激励，包括物质及非物质的形式等，才能促使销售人员全力以赴地做好工作。

销售人员经常会负有众多的推销与非推销工作责任，因此他们选择怎样的工作行为来确保他们的行动与他们如何努力工作或如何保持努力是同等重要的。相关研究表明：高水平的努力或激励强度并不一定与高水平的业绩相关联。除非销售人员努力的方向与公司中销售队伍的战略作用是一致的，否则激励工作是不完全的。

（二）销售人员激励的形式和技术

1. 激励形式

激励活动既可以看做是内在的，也可以看做是外在的。但不同的人可能对不同的激励有不同的偏好。一些人对外在的激励有强烈的偏好，如薪水和正式的认可等奖励，而另一些人则愿意寻求内在的激励，如有兴趣、富有挑战性的工作等。另外，还可以选择和运用组织薪酬去引导销售人员的行为以实现组织的目标。而组织奖励又可以分为物质性奖励与非物质性奖励。其中，物质性奖励包括与每个销售人员的工作状况和福利状况相关的因素。非物质奖励是对那些可接受的业绩或努力的非物质回报，包括非财务奖励，如认可、发展及提升的机会等。

（1）物质性激励　指对获得优秀业绩的销售人员给予晋升、奖金、奖品和额外报酬等实际利益，以调动销售人员的积极性。研究表明，物质激励对销售人员激励的作用最为强烈。

（2）精神性激励　指对获得优秀业绩的销售人员给予口头表扬，颁发奖状，授予荣誉称号等，以鼓励销售人员更上进和努力。这是一种较高层次的激励，通常对那些受教育较多的年轻销售人员更为有效。尤其是当基本物质需求得到满足之后，他们对精神方面的需求就会更为强烈一些。不少公司设立的"销售排行榜"，评选的"冠军销售员"等，就具有良好的激励效果。

【案例 12-1】 奖励销售人员"真情大回馈"

成都交大电子有限责任公司被指定为联想掌上电脑在四川地区的唯一分销商，为感谢每一个一线销售人员对公司的帮助以及支持，特以"真情大回馈"激励方案来感谢每一个直销人员，激励方案是积分换礼品，具体如下。

联想 XP100 一台计 3 分；联想 A80 一台计 1.5 分；联想 5100 一台计 2 分；联想 A32 计 1 分；联想 A68＋一台计 1 分；联想 51 一台计 1 分；联想 911 一台计 1 分；E321 一台计 1.5 分；小新 2850 一台计 0.2 分；小新 2750 一台计 0.2 分；16M 优盘一台计 0.5 分；32M 优盘一台计 0.5 分；64M 优盘一台计 0.5 分。

积分数达到以下台阶奖品如下。

√ 20 分奖励雅芳高级化妆品一套或飞利浦双头电动剃须刀一个

- ✓ 50分奖励数码相机一台或圣大保罗皮具一套
- ✓ 80分奖励21寸彩电一台或微波炉一台
- ✓ 100分奖励洗衣机一台或九寨沟四日游（一人）
- ✓ 150分奖励手机一部或三星30S64M MP3一个
- ✓ 200分奖励一匹冷暖空调一台或荣事达196L冰箱一台
- ✓ 300分奖励松下数码摄像机一台

活动时间：2002年8月1日至2002年10月30日。

活动对象、范围：限于成都地区商家参与，并针对一线销售人员，活动奖品只对个人发放，不对公司奖励（记分产品不包含特价商品）。

兑奖时间：2002年11月1日至2002年11月2日。

违规处罚：在兑奖过程中，若发现有非交大电子供货的产品机型编号，则以10倍分数扣分。

原来只是有很多针对消费者的积分活动，像这种针对销售人员的活动却是很少见的，但是这样的好处也是不言而喻的，激励了销售人员的同时也杜绝了进货渠道的不规范，这样的活动还应该多多举行，使市场更加的规范。

2. 激励技术

具体而言，对销售人员的激励，需要运用灵活的激励手段。尤其是对中小企业而言，销售是中小企业的龙头，而带动龙头前进的是公司的销售人员。因此，一些实用的、有效的销售人员激励技术是必须重视的。

常用的激励技术如下。

（1）根据实际改变薪资结构

中小型企业为了吸引高级推销人员，在设定薪资时，一般都和部分名企不相上下，但这些企业唯工资而论，很少有与工资匹配的福利待遇，导致一些人才进来后享受不到相应的待遇，因而工作缺乏积极性，甚至工作一段时间就辞职。

其实在这种企业中，由于自己的发展空间有限，难以吸引高级营销人员，倒不如引进一些次高级的人才。这些人员对工资看得不会过高，他们追求的是一个施展自己才华的环境，如果能够充分发挥他们的才能，他们的贡献并不一定会亚于高级营销人员。但这些次高级人才也有自身的弊端，容易受外界干扰，一旦在单位成长起来，他们也要进步，加入到高级营销人员的行列，这时企业仅有工资没有福利，他们就会产生心理上的落差，机会一旦来临，这些销售人员便会另有选择。

要想解决这个根本问题，企业和企业管理者就要转变思想。通过高工资可以找到合适的人，但不一定能留住他们。公司可以把原来的高工资加以变通，例如可以将8成留作工资，2成变成福利，如为职工买保险、替他们交养老金等。这样就可以让那些有作为的销售人员自进入公司起，无论工作舞台，还是薪资及福利待遇，都能从内心得到满足，从而为企业的长远发展做出贡献。

（2）增加培训深度

中小型企业的培训，大部分是围绕销售进行的，一般是每月底举行一次，培训的内容无外乎几个方面：对上月任务完成情况做总结；对上月市场存在的问题加以讨论并找出解决办法；对上月的促销活动加以回顾；对下月市场加以规划；对下月任务加以分解和落实。在这些企业中，上面的问题可以说是新问题也可以说是老问题，如果每月、每季度、每年都讲这几个问题，培训效果无疑是很难保证的。

不可否认，上述销售任务是明确的，每次会议必须落实，但是，对于会议的形式和培训深度必须得到改变，必须将培训会加以延伸，增加培训深度，这样才能保证每次培训效果。改变培训的形式很多，如一些游戏比赛等。开好这种会议，要遵循两个原则：一是找准和营销培训会的结合点；二是适可而止。

【案例 12-2】 成都某食品公司销售总监，他每月对销售人员的培训内容是首先安排业务员看 1~2 小时的电影，这些电影都是他们销售部精心挑选的，一般包括以下三种类型。通过团队奋斗最后取得胜利的战斗片，这类影片主要用于培训营销人员的团队精神；人物纪实片，这类片子主要用于培训营销人员的职业规划；爱情片，这种影片用于培训营销人员的亲情观、价值观。通过这种方式，该公司业务员的素质无形中得到提高，销售团队的凝聚力得到逐步加强。

(3) 改善培训环境

培训环境对于销售人员来说是至关重要的。业务员一般在外工作的时间多，每月达到 20 天以上，能够坐下来安心充电的时间很少。而回到公司，这些中小型企业对学习环境又不重视，没有任何用于培训教育的设施。业务员回到公司时他们会认为无事可做。作为公司而言，应该改善公司整体培训环境，完善设施，甚至建立起专门用于销售培训的培训队伍。

(4) 完善娱乐活动

企业应该完善娱乐场所，实现娱乐场所专人组织，培训项目专门有人开发。一般而言，中小企业只具备一些基本的设施如篮球场、乒乓球室等，但无人组织，无人管理。营销人员在公司的时间很短，他们长期奔波在市场一线，思想压力很大，每天都要考虑很多问题，在市场上根本无法放松自己，再加上家庭方面的压力，业务员需要承担很多重压，压力一旦超过他们的负荷，他们就会在市场上丧失动力，容易产生应付工作的念头。因而，销售人员回到公司后，公司应该具备为销售人员减压的培训形式与组织形式，更应该组织一些有益的娱乐活动，如拔河赛等各种比赛，这些活动既能活跃公司工作气氛，也能为销售人员减压。

(5) 为销售人员解决后顾之忧

一般而言，企业管理者对销售一线的推销人员是很看重的，但对业务员的家庭专注度很低，业务员出差在外时，可能恰恰需要的是推销人员的家庭。现在虽然通信便利，但这些方式并不能解决一些实际问题。这点我们可以参考某家小企业的做法：某公司为解决营销人员的后顾之忧，专门成立了一个营销人员后顾办公室，具体有两项工作，一是开通两部热线电话，营销人员家里一旦发生紧急问题，可以拨通电话，工作人员可以提供上门服务；二是工作人员定期跟踪服务，如为营销人员家庭换煤气等。中小企业正处于发展期，很需要有一个稳定的销售团队，使他们在销售一线安心工作，这也不失为一种有效的激励技巧与途径。

(三) 不同阶段的期望与激励重点

激励的最大难点是如何保持激励的有效性，而且，激励的效果并不具备稳定性和普遍实用性，往往对这个人激励有效对别的人可能无效，或者在某个时期很好的激励措施过了一段时间后就没有什么效果了。

而每个人的期望又是各不相同的，在每个阶段也有所差异。因此，在实施激励措施时，弄清楚销售人员的需求显得非常必要。销售人员的期望往往是比较简单的。

1. 物质回报

工业品的营销模式是销售人员上门直销，相对于其他职位，其工作需要更大的自主性与主动性，其价值也是他人所不可替代的，同时销售人员的工作又极为辛苦。因此一般的公司给予销售人员的待遇高于其他职位人员，销售人员本身也对此有着强烈的期望。

给予销售人员满意的物质回报，自然关系到销售人员主观能动性的发挥，也与销售业绩的取得有着直接的联系。当然这个物质回报也要在合理范围之内，否则成本过高会成为公司的发展压力。

物质回报也要建立在合理的基础之上，关键是要及时兑现承诺。大型公司一般拥有完善的制度，其承诺的兑现也不会有任何疑义。但很多中小企业的老板往往是先给予过高的承诺，事后又经常不予以兑现，这对于公司的发展往往是很致命的。

2. 工作愉快

没有合理的物质回报，工作肯定不会愉快。但工作愉快的范围要远远大于物质回报，每个人愉快的标准可能各不相同，但一般都应该包括身心愉快、环境良好以及本身工作的顺利。

身心愉快主要是对个人的调节，可能还包括很多工作以外的东西。如果没有愉快的身心，工作也不会愉快。

环境的良好与公司文化、工作条件、直接领导者密切相关。良好的工作环境除了工作所需要的硬件之外，工作氛围和内部关系更为重要，直接领导者的领导素质和领导能力往往起着决定作用。

工作能否顺利进行是由很多因素综合决定的，有客观的，也有主观的，销售人员的个人努力在其中起着主要作用。

3. 不断进步

任何人都渴望自己能够不断进步，这种进步既包括外在的待遇和地位，也包括自身素质和能力。销售人员刚工作时都很年轻，视自己的职业发展更重要于短期回报。

职位的升迁是对销售人员成绩和能力的肯定，无疑也是大多数销售人员的职业目标和理想，自然也能带来更多的物质回报。

销售工作本身就需要广博的知识，所以只要销售人员踏实工作，基本能够不断丰富自己的知识和进行更新。任何人的职业生涯都是经验积累的过程，销售人员肯定希望除了销售经验之外，能拥有更多的其他经验，为今后的工作打下良好的基础。

销售人员随着从事销售工作时间的增长，其心态和期望一定会产生变化，所以相应的激励措施也必须随之调整。

二、销售文化激励

（一）销售文化的含义

销售文化是关于销售人员的价值观念、信仰、态度和习惯的融合，是企业文化重要的组成部分，是企业在创立和发展中形成的，根植于销售人员头脑中并支配着全部销售活动与行为的文化观念体系，是企业销售管理战略实施的重要工具。决不能小看销售人员文化观念在营销中的价值，它对销售人员的行为起着重要的指导作用，正如日本"经营之神"松下幸之助所说："公司可以凭借自己高尚的价值观，把全体职工思想引导到自身想象不到的至高境界，产生意想不到的激情和工作干劲，这才是决定企业成败的根据。"

（二）销售文化的结构

销售文化结构是指渗透在销售过程中的各种观念要素的集合与作用方式。主要分为外在层面和内在层面。外在层面的销售文化是对企业的文化管理；内在层面的销售文化是对销售人员的文化管理。外在层面与内在层面不是完全分离的，它们相互促进，互为因果。如销售人员内在层面的文化素质高，就可以提升企业的外在形象。内部营销可以看做创建文化的手段，其中最重要的是服务文化与行为文化。前者主要是发展服务导向风格，鼓舞士气，提高服务理念；后者主要是培养行为准则，言出必行，履行承诺。因此，这种建设离不开对内在文化结构的探讨，主要包括以下几个方面。

1. 价值观

价值观是销售文化的核心，是指企业及其销售人员从事销售工作的目的、宗旨，也就是说是为谁销售，为什么目的销售。它是人生价值观的体现，即人为什么活着。

2. 销售信念与精神

销售信念与销售精神是销售人员的志向与决心、自信与追求的集合。它是价值观念的具体体现，是销售行为的精神动力。成功的企业，在销售文化建设中都形成了争创一流的销售精神。

3. 伦理道德

销售伦理道德是销售文化的重要内容，它是销售人员行为规范的总和，属于人们判断善与恶、真与假、美与丑的道德标准。它具有巨大的文化精神力量，可以协调与规范人们的行为，以保证销售人员建立起和谐的人际关系。这种精神力量在销售工作中最重要的表现是"诚信为本"。

4. 行为风尚

行为风尚是指一代又一代销售人员在长期工作中积累形成的习惯与传统。优秀的习惯与传统是销售文化的结晶，代表着不同企业的销售文化个性，它可以通过销售人员向社会传递企业的特色形象，从而取得客户的认同和忠诚。

5. 团队意识

一个销售单位就是一个群体、一个团队。企业需要销售人员的责任心与团结奋斗精神。而销售人员只有感到企业重视、尊重和信赖他们，感到在良好的合作氛围中可以有所作为时，才会有归属感和向心力。因此，销售人员团队意识的培养就成为达成营销目标的关键。这种团队意识对销售人员的群体行为起着强有力的制约作用，它可以决定销售群体的行为方向，规范销售群体中每个个体的行为，使大家意识到既要发挥群体协作的力量，又要发挥个体的潜力，才能取得巨大的销售成就。

三、销售团队激励要有针对性

1. 为员工安排的工作内容必须与其性格相匹配

每个人都有自己的性格特质，员工的个性各不相同，他们从事的工作也应当有所区别。与员工个人相匹配的工作才能让员工感到满意、舒适。比如对于旅游公司员工来说，喜欢稳定、程序化工作的传统型员工适宜干会计、出纳员等工作，而充满自信、进取心强的员工则适宜让他们担任旅行社销售经理、外联经理等职务。一句话：因才施用！

2. 为每个员工设定具体而恰当的目标

为员工设定一个明确的工作目标，通常会使员工创造出更高的绩效。目标会使员工产生压力，从而激励他们更加努力地工作。在员工取得阶段性成果的时候，管理者还应当把成果反馈给员工。反馈可以使员工知道自己的努力水平是否足够，是否需要更加努力，从而有益于他们在完成阶段性目标之后进一步提高他们的目标。

经理提出的目标一定要是明确的。比如，"本月销售收入要比上月有所增长"这样的目标就不如"本月销售收入要比上月增长 10％"这样的目标更有激励作用。同时，目标要具有挑战性，但同时又必须使员工认为这是可以达到的。

3. 对完成了既定目标的员工进行奖励

马戏团里的海豚每完成一个动作，就会获得一份自己喜欢的食物。这是驯兽员训练动物的诀窍所在。人也一样，如果员工完成某个目标而受到奖励，他在今后就会更加努力地重复这种行为。这种做法叫行为强化。对于一名长期迟到30分钟以上的员工，如果这次他只迟到20分钟，管理者就应当对此进行赞赏，以强化他的进步行为。可能大家会想不通，为什么迟到了20分钟还要赞赏他呢？很简单因为他进步了。

经理人应当想办法增加奖励的透明度。比如，对受嘉奖的员工进行公示。这种行为将在员工中产生激励作用。以奖励为代表的正激励的效果要远远大于以处罚为代表的负激励。

4. 针对不同的员工进行不同的奖励

人的需求包括生理需求、安全需求、社会需求、尊重需求和自我实现需求等若干层次。当一种需求得到满足之后，员工就会转向其他需求。由于每个员工的需求各不相同，对某个人有效的奖励措施可能对其他人就没有效果。经理人应当针对员工的差异对他们进行个别化的奖励。比如，有的员工可能更希望得到更高的工资，而另一些人也许并不在乎工资，而希望有自由的休假时间。又比如，对一些工资高的员工，增加工资的吸引力可能不如授予他"优秀员工之星"的头衔的吸引力更大，因为这样可以使他觉得自己享有地位和受到尊重。

5. 奖励机制一定要公平

员工不是在真空中进行工作，他们总是在不断进行比较。如果一个刚毕业的大学生刚上岗做销售时发现单位提供给自己月薪1500元的工作，可能会感到很满意。但如果一两个月后发现另一个和自己同时毕业，年龄、学历相当的同学的月薪是2500元，可能感到失望，不再像以前那样努力工作。问题的关键在于他觉得不公平。因此，管理者在设计薪酬体系的时候，员工的经验、能力、努力程度等应当获得公平的评价。只有公平的奖励机制才能激发员工的工作热情。

6. 实行柔性化管理

由于销售部、业务部人员工作自主性强，分散在外，管理人员很难监控员工的整个工作过程并发现问题，管理者要充分尊重员工的劳动，维护他们的权益，实施情感化的管理。如权力平等、民主管理，通过激励、感召、诱导等，激发员工的内在潜力和工作的主动性。

7. 构建优秀的企业文化

如前所述，构建优秀的企业文化是适应竞争、保持长盛不衰的根本保证。因此，企业要通过营造良好的企业文化氛围和塑造良好的企业文化形象来加强企业文化建设，使得员工树立共同的价值观念和行为准则，在公司内部形成强大的凝聚力和向心力，增强员工对企业的归属感和荣誉感。

第二节 医疗器械推销人员的培训

企业在招聘到合适的销售人选后，面临的首要工作并不是将他们推到市场中去，而是对他们进行严格系统的销售人员培训。前期销售培训对销售人员理解公司的销售文化、熟悉公司的销售政策、客户分布状态、市场特征等非常重要。

一、推销员培训原则与内容

销售人员的销售技能不是天生就有的，而是后天形成的，销售人员必须接受培训，销售培训的目的是要培养销售人员的素质，传授销售技巧，提高其销售的自信心和能力。

(一)销售培训的原则

企业在培训销售人员时应当注意务必使培训从形式到内容都与销售工作有关。因此,销售培训应当遵循一定原则。

1. 因材施教原则

由于销售人员学历水平与工作资历、身份背景不同,销售人员的业务水平与学识有高有低,参差不齐,培训者必须根据受训者不同来安排不同的培训。受训者的接受能力决定着他们学什么,因此,销售培训必须首先评估受训者的基本情况后再设计针对性的培训内容。

2. 分级培训原则

分级培训原则有两方面含义,一是指不同能力要求、不同区域要求的销售人员应分开培训;二是指不同学历背景、不同经验、不同年龄的销售人员分级培训;这是因为培训时需要考虑公司实际的培训需求以及针对不同受训者的实际情况所需。

3. 讲求实效原则

讲求实效原则是指培训内容应该与实际销售情况相符,要能达到培训的效果,受训者所学的应该都是与现实需求贴近的,这样的话培训效果才会更好。销售人员所学的知识与现实工作联系紧密,销售人员才会以积极、主动的心态参与学习,并把它们应用到自己的实际销售工作中去。

4. 实践第一原则

销售培训不同于传统教育,应强调以实践为主,理论为辅。因此,在进行销售培训时,需要注意让培训对象动手并亲自参与。

5. 教学互动原则

销售培训是一种成人教育,成人教育与在校学习是不同的,在校生的教育主要是在学校课堂中完成的,学生习惯于单向型传播的授课方式,被动学习,缺乏参与性。成人教育则不以课堂为主,成人在学习中喜欢双向型教学模式,希望在学习过程中扮演较为主动的角色,希望能与教师交流。销售管理者和培训者必须充分认识到两种教育的不同点,用适合成人教育特点的教育方式做好销售人员的培训工作。

(二)销售培训内容

销售培训是一个系统工程,销售培训的内容涉及面较广,一般包括知识、技能和态度三个方面。

在企业销售培训的实际工作中,培训的内容是根据工作的需要和受训人员的素质而定。但不管如何培训,销售培训的具体内容一般涉及以下几个方面。

1. 企业知识的培训

(1) 本企业发展史及成就。

(2) 本企业产品及社会责任。

(3) 本企业所属行业特征及企业在行业中的现有市场地位。

(4) 本企业各种政策、制度,特别是市场、人员及公共关系等方面的政策。

(5) 本企业市场情况,公司对销售人员的期望及要求。

(6) 本企业行业与市场的发展特点与趋势。

2. 产品知识培训

产品知识培训包括:产品的类型与组成、产品的性质与特征、产品的优点与利益点、产品的制造方法、产品的包装状况、产品的用途及其限制、产品的售后服务、生产技术的发展趋势、相关品与替代品的发展情况等。

3. 销售技巧培训

销售技巧的培训内容包括：如何做市场分析与调查，如何注意礼仪和态度，访问前的准备、初访和再访、推销术语、如何进行产品说明，如何争取顾客好感，如何应对反对意见，如何坚定推销信心，如何克服推销困难，如何获得推销经验，如何更新推销知识、如何制定销售计划等。

4. 客户管理知识培训

具体内容可能涉及以下方面。

（1）如何寻觅、选择及评价未来客户。

（2）如何获得约定、确定接洽日程，如何做准备及注意时效性。

（3）如何明了有关经销商的职能、问题、成本及利益。

（4）如何与客户建立持久的业务关系。

（5）客户的消费行为特点分析。

5. 销售态度培训

销售态度包括：对公司的方针及经营者的态度，对上司、前辈的态度，对同僚的态度，对客户的态度，对工作的态度等。

6. 销售行政工作培训

销售行政工作培训包括以下内容。

（1）如何撰写销售报告和处理文书档案。具体包括：编制预算的方法，订货、交货的方法，申请书、收据的做法，访问预定表的做法，日、月报表的做法，其他记录或报告的做法。

（2）如何答复顾客查询。

（3）如何控制销售费用。

（4）如何实施自我管理。具体包括制定目标的方法、工作计划的拟定方法、时间的管理方法、健康管理法、地域管理法、自我训练法等。

（5）经济法律、行业法规等。

二、推销人员培训的程序与方法

（一）销售培训的一般程序

销售培训程序分为四个步骤，如图 12-1 所示。

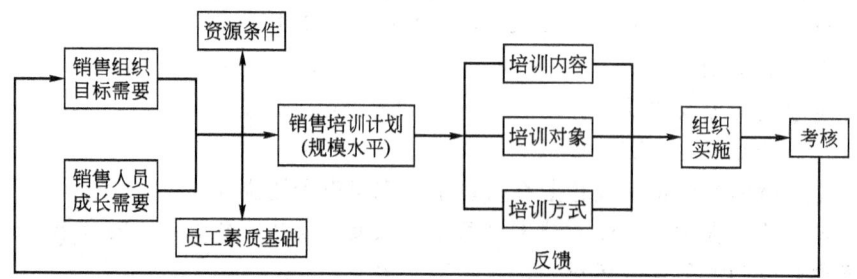

图 12-1 销售培训的程序

销售培训的第一步是制定培训计划。培训计划要反映企业目标和销售人员的个人目标，同时要考虑企业的资源和员工的现有素质。第二步是决定销售培训的内容、对象和方法。第三步是销售培训的组织与实施。第四步是对销售培训的效果进行评估与考核，总结经验，为下一次培训提供帮助。

销售培训的关键在于培训的有效组织与实施，国外学者提出了一个 LDOS 培训模式。LDOS 培训模式是英文 lecture（讲解）、demonstrate（示范）、operate（实践）与 summary（总结）的字母缩写。讲解——示范——实践——总结这一培训程序是一个不断重复并逐步提高的过程，每个培训项目总是始于讲解，经过示范、实践，止于总结，由总结再循环至新的讲解。在此程序中培训者负责讲解、示范和指导，受训者反复演示和学习。

（二）销售培训方法选择

企业在选择方法时往往根据培训目标和企业实际进行。美国学者 Robert E. Hite 和 Wesley J. Johnston 将培训方法分为四类：第一类是向销售人员集体传授信息的方法，如讲授法、示范法等；第二类是销售人员集体参与的方法，如销售会议法、角色扮演法、案例研讨法等；第三类是向销售人员个人传授信息的方法，如销售手册、函授、销售简报等；第四类是销售人员个人参与的方法，如岗位培训法、计划指导法、岗位轮换法等。这四类方法如图 12-2 所示。

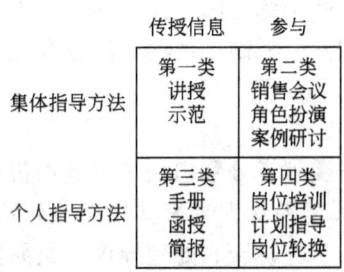

图 12-2 销售培训方法

1. 讲授法

讲授法是企业最广泛应用的训练方法，此方法为单向沟通的训练方法，受训者获得讨论的机会少，因此不易对受训情况进行反馈，而培训者也无法估计受训人的个体差异。此法最适用于有明确资料做内容的培训，可为其他形式的训练奠定基础。使用此法应注意的要点如下。

（1）讲授者上课前必须有充分准备。

（2）利用如何、何时、何地、何故等问题加以说明，并设法与受训人交换意见，鼓励他们发问。

（3）讲授时能兼用示范，能利用各种视觉器材，如实物、模型或影片等，特别是要使用多媒体教学，以加强受训人的理解。

（4）每次讲授的时间不宜太长。

2. 销售会议法

销售会议法是企业中最频繁使用的日常性会议形式，有总经理主持的整个企业的销售会议，也有销售部门经理主持的部门销售会议，一般是对上周或上月、上季度的销售情况做出详尽的总结，讨论当前的销售形势，制定将来的销售方针、策略和计划，并整理会议纪要，编制销售简报，把过去和未来的销售信息传达给所有销售人员。销售会议是一个很好的销售人员继续培训的机会，只要在每次会议的议题中增加培训的内容即可。

销售会议法为双向沟通的培训方法，可使受训人有表达意见或交换思想、学识、经验的机会，讲师也容易了解受训人对于教材重点的掌握程度，还可以对某一专题进行讨论。这种方法应注意的要点如下。

（1）解释会议的背景、目标及利益非常重要。

(2) 宣布会议讨论的目的、任务及方法。
(3) 介绍会议讨论的计划、如何准备及讨论程序。
(4) 特殊实例的应用及讨论。
(5) 准备好各种说明图表。
(6) 利用各种器材、模型及电影，使会议直观生动。
(7) 会议主持人做最后的归纳及评判。

3. 案例研讨法

案例研讨法是指选择有关实例，并书面说明各种情况或问题，使受训人运用其工作经验及所学理论寻求解决之道。目的在于鼓励受训人思考，并不着重于获得某一恰当的解决方案。

这种方法后来又发展成业务游戏法和示范法两种。

业务游戏法是假装或模仿一种业务情况，让受训人在一定时间内作一系列决定。在每一次决定作出后，业务情况都会发生新的变化，可观察受训人如何适应新的情况。示范法是指运用幻灯片、影片或录像带的示范训练方法。此法适宜在中小型场地中进行的培训使用。如果主题是经过选择的，且示范用的影视制品由具有经验及权威的机构来制作，则可以大大提高受训者的记忆效果。

4. 角色扮演法

角色扮演法是指培训者安排受训者分别担任客户或销售员的角色来模拟实际发生的销售过程的一种培训方法。这种方法要求受训者扮演销售员，面对客户的种种问题、要求、非难、拒绝等进行介绍、讲解、展示、说服、处理异议、交易促成等。角色扮演有两种组织方式，一种是事先认真计划并安排好人选、角色、情节动作、内容等；另一种是事先不做计划安排，也不规定情节内容，让受训者在演练中自然地随机应变，机动灵活地处理各种问题。

5. 岗位培训法

在销售岗位培训销售人员是一个比较行之有效的方法。销售人员的岗位培训和其他岗位一样，有许多有益的方面。例如，适应性强，它适用于各种类型的销售部门，对新、老销售员进行培训均可以采用此法；它无需大笔经费预算，无需培训工具，也无需占用工作以外的时间，但是却能多快好省地发现销售人员的优点和缺点。

【本章小结】

销售人员激励无论对于企业的发展还是对于销售人员个人来说都是非常重要的，对销售人员采取适时、适当的激励是让他们保持工作激情、完成销售任务的基本保障。激励常用的形式有物质激励和精神激励，常用的激励技术有根据实际改变薪资结构、增加培训深度、改善培训环境、完善娱乐活动和为销售人员解决后顾之忧。决不能小看销售人员文化观念在营销中的价值，它对销售人员的行为起着重要的指导作用。销售文化包括价值观、销售信念与精神、伦理道德、行为风尚和团队意识。销售团队的激励必须有针对性才能发挥作用。

同样，在激励的同时，还必须时刻为他们提供相关资源支持，如通过不断的培训支持，以促进员工的销售技巧等能力成长。只有通过特别的激励以及不断培训，才能促使销售人员全力以赴地做好工作。销售培训的内容有企业知识培训、产品知识培训、销售技巧的培训、客户管理知识的培训、销售态度的培训和销售行政工作的培训。销售培训的方法有：讲授法、销售会议法、案例研讨法、角色扮演法和岗位培训法等。

【讨论与思考题】

1. 销售人员培训应遵循什么原则？
2. 销售人员培训包括哪些内容？
3. 销售人员培训方法有哪些？
4. 销售人员的激励具备什么特点？

【知识拓展】

何为"销售经理"

销售经理是一个战略家、营销大师，也是联系销售队伍和公司管理层的纽带，而且在很多情况下，有一天会成为公司的首席执行官。那么，究竟怎样才算是理想的销售经理呢？

1. 不要过度控制销售队伍

"销售经理抱怨自己的工作难度大，因为他们必须同时关注完成销售指标、制定战略和管理销售队伍几方面的问题，"培训咨询公司 Forum Corporation 公司负责产品开发的副总裁乔斯林·戴维斯说。该公司最近对全球销售业绩最佳的公司做了一次调查，得出了上述结论。除此以外，这项研究还有其他发现："我们所有的调查对象都反映，当今销售经理最重要的任务——同时也是他们最薄弱的环节——就是如何教导并培养销售团队。"

在大多数情况下，销售经理都是从业绩优良的业务人员中提拔起来的。但是那些造就了他们超凡业绩的销售技巧，并不一定就能迅速转变成为卓越管理的妙方。

"销售经理经常告诉我，他们之所以荣登高位，是因为本身是出类拔萃的业务人员，但是他们最初的倾向是想出去销售，"戴维斯解释说，"尽管他们心里知道现在必须依靠团队来工作，但由于习惯驱使，他们自然而然地想在任何情况下超越同事，这正是他们的渴望所在。他们自觉性高，习惯了出门拜访客户，习惯了销售的角色。"

将销售人员提升为销售经理，可能是明智之举，也可能铸成大错——要看提拔上来的经理表现如何。糟糕的一面是，那些对销售队伍控制过度的销售经理更多的是伤害，而不是帮助他们。而一个刚刚接手销售队伍的新任销售经理，他的典型表现恰恰就是过度控制，如果是他不得不通过招聘从零开始建立一支销售队伍，那么他对队伍的控制更是过分。这样的销售经理也许认为有必要用这种方法来帮助和刺激销售人员，但这样做只会导致销售队伍过分依赖、产生不满甚至是敌对的情绪，最糟糕的是打消销售人员的工作积极性。

2. 帮助队员成为销售明星

这样的销售经理能够意识到，积极地支援销售人员，会使他们更强烈地感受到他的价值。

就像望子成龙的父母那样，那些压制销售人员的销售经理，是在冒着阻碍销售队伍的销售业绩的风险。相反，管理有方的经理则把更多的精力花在培养销售人员的独立性和自主性上。"经理只有将自己的注意力从争当销售尖子转变成'如何让团队来做'，才能够最终取得成功，"戴维斯解释道，"关键是要转变观念，要从'我是销售尖子'，转移到'我是我的团队的老师、教练和有影响力的人，他们事业成功，也就是我的成功'。"

但是，销售经理常常被升迁冲昏头脑。"当我被提升为销售经理时，我感觉是自己努力获得的回报。"科西尼咨询集团公司的总裁、销售教练马克·科西尼说，"我会说一些心高气傲的话，比如'他们都是我的手下，都在为我工作'等，如此这般，为了树立自身的威信，贬低别人以抬高自己，现在看来真是荒唐。"

科西尼和成千上万的销售人员和销售经理一起工作过，亲眼目睹了这种控制型管理方式所带来的负面影响。"打压销售队伍，强迫他们接受你的方式是适得其反的行为，"他说，"我所看到的成功企业中，销售经理和高层管理人员营造了一种催人上进的环境。优秀的销售经理并不总是喜欢出风头，而是帮助队员成为销售明星。如果你的队伍取得了卓越的成绩，你自然而然也就成为了卓越的经理。"

3. 善于向队员推销自己

BAX Global 公司的全球客户代表贾森·伯格曼以往曾做过业务员和销售经理，他认为管理本身就是一种销售。他说道："销售经理和销售员之间的差别在于，销售员推销的是公司的产品或服务，而销售经理是向销售员推销其卓越的表现。只不过一个是内部销售，一个是外部销售。销售员为销售经理工作，但在一定程度上，最好的销售经理实际上在为销售员服务。"

通常接受这种理念的经理，一定会采用高效的管理策略。将销售人员视为客户，销售经理可以故伎重演，充分运用当年令自己荣登销售榜首的成功秘籍。Forum 公司的戴维斯回忆起他们调查过的一位销售经理曾对他们说："每当我感到惊慌时，我就想，自己再差也还是一个销售员。只不过，现在我的部下——我的销售队伍——就是我的客户。于是我开始用那些销售技巧来影响他们，倾听他们的意见，发掘他们的需求，并努力说服他们。"

实际上，倾听和保持沟通，都是销售经理和销售团队必需的工作技巧。销售人员通常青睐那些随时准备讨论、迅速回复电话及邮件的销售经理，这种平易近人会得到更多的尊重和权威。当销售人员需要讨论问题时，优秀的销售经理首先仔细聆听，然后分析问题并提出解决方案，但决不强加于人。

4. 帮助销售人员设定目标

销售目标应该能够激励团队的成员不断进取，同时在达到目标后能让他们为之感到自豪。

设定目标是销售经理影响、激励并保持销售队伍正确发展方向的重要手段之一。找到能帮助销售人员设定并达到目标的正确方法，可以让销售经理的工作事半功倍。销售人员如果感到自己是目标的主人翁，必然会全力以赴去完成它。"我认为，销售人员自己设定目标是十分重要的，"Ablest Staffing 公司西北区经理贝弗利·纳普说道，"如果我替他们设定目标，那就是我给他们下达任务了，这就失去了实际意义。"面对危机或产生失望情绪时，销售人员会看不见未来。这时就需要销售经理出面，确保销售人员能够保持正确的前进方向。"销售作为一种谋生手段，充满艰辛和坎坷，辛酸挫折何其多！你必须坚强起来，重振精神，坚持下去，"Eureka Broadband 公司的销售经理克里斯·麦克唐奈说，"每一位销售人员都可能丢掉原本寄予厚望的单子，这是工作中不可避免的。作为经理，你应该出面分析情况并总结经验教训。类似情况发生时，你就可以帮助销售人员度过难关了。你将其变成一个学习提高的过程。"

5. 清楚他们前进的动力

销售人员各不相同，因此销售经理了解销售人员的激励因素显得十分重要。"就是要解决'什么能激励你'这个问题。多数销售经理在这问题上并未在意，原因是他们自认为已知道，或认为能够激励自己的因素对销售人员同样有效，"Forum 公司的戴维斯解释道，"例如，在某种程度上每个人都会受金钱驱使，但是每个人还会受其他不同的东西所激励。销售人员迫切希望销售经理能够了解他们的实际需求，并清楚他们前进的动力。"

某些情况下，成功的销售经理视自己的销售人员为赛马，并为之铺设清晰的通向终点的跑道。"我不希望他们被那些我本可以清除掉的障碍绊倒，"美国电报电话公司的惠特沃思说，"我能做的文书工作或能回的电话，我一定会帮他们做的。我希望他们能解脱出来，集中精力多打一些陌生拜访的电话、拓展新业务并为客户提供优质的服务。他们并不是为我工作，他们是为自己和公司工作。我的角色就是保证他们拥有通往成功所需的资源和工具，并为其排除一切困难。"

经济不景气时，公司会裁减销售人员来保持竞争力，这就要求销售经理能够临危不惧，灵活应变。任何销售经理都不愿面对公司裁员的结果、缩减后的销售队伍以及为争夺越来越少的客户所进行的更加激烈的竞争。ZS合伙公司的执行董事安迪·左尔特纳斯认为，这些挑战是公司提升业绩标准的绝好机会。他说："在更小心翼翼的买方市场环境中，销售人员必须改变他们的销售方式。销售经理必须成为培训者，听取前方呼声，制订出能在残酷的市场环境中生存下去的方法。"

6. 为他们的利益而战

领导才能就是指面对惊涛骇浪般的商界、市场、经济、竞争和客户，都能够做到泰然处之。一名优秀的领导者能够指明愿景、鼓舞士气并严明纪律。

在其他所有的领导素质中，最有效的莫过于通过榜样来领导。经理人使用这种领导方式时，要了解当时的情景是需要站在销售人员的角度解决问题。Liverton酒店的地区市场销售经理斯特拉·埃文斯解释说："从销售人员的角度出发理解他们所处的境况，这对于销售经理来说十分重要。互相理解，可以使团队工作更加容易。"

在更高层次开展领导工作，需要具备灵活、勤奋、坚定不移和将心比心等特质。最好的销售经理不断地提升自我，帮助自己的销售团队实现卓越。"你需要让销售人员为你、为团队、为他们自己，做好自己的工作，"BAX Global公司的伯格曼说，"你应该成为他们效仿的榜样，他们愿意为了你而取得成功。要达到这个目的，你必须善待销售人员，关心他们的疾苦，洞察他们的心声，满足他们的需求并支持他们的工作。你必须为他们的利益而战，为此不惜挑战公司的高层管理人员。如果你能很好地做到这些，你和你的销售团队一定都会成功。"

第十三章

医疗器械推销人员的绩效考核

【案例导读】

仅考核业绩能调动销售人员的工作积极性吗？

A医疗器械企业是一家销售牙科医疗器械器材的企业，近两年开始做国内市场，未来3年的目标是做到行业前列。B市是该企业所在省的省会城市，市场潜力大、辐射能力强，而且企业特别看重本企业在省内的影响力，因此，B市被列为A企业的战略性市场，在那里设立了第一个销售办事处，统一管理除公司总部所在地区以外的所有省内市场。由于当时市场问题没这么多，管理者认为最大限度地提高销量是中心工作，要解决的主要是销售人员的积极性问题，因此在设计绩效考核方案时偏重的是"绩"，即工作结果。

考核体系要点如下。

1. 销售人员全部收入

（1）固定工资：占50%，作为底薪，只与考勤挂钩。

（2）绩效考核工资：占50%。

（3）销售提成为销售收入的1%，按月兑现。

（4）绩效考核工资=当月完成量÷当月任务量×当月个人得分，其中当月个人得分为上一级主管人员依据个人平时表现评定。

2. 存在的主要问题

一年多过去了，其他起步较晚的省份无论是销售量、销售网络还是产品知名度都有大幅提高，甚至一些不被看好的边远省份销量都日益增长，B办事处却不仅销量没有上去，而且经销商换来换去，销售人员流失严重、没有信心，投入产出严重失衡。

【案例启示】

薪酬是销售经理管理销售人员的有效手段。在该案例中，公司设计的薪酬制度有着很大的问题。在具体的收入方案中，完全不考核业绩以外的其他定性指标，如团队合作、团队执行力、员工的工作态度等；其次，绩效考核和提成不够高，不能充分吸引员工的工作积极性；固定薪酬设计的比例太高，导致销售人员对工作缺乏挑战。有效的绩效考核制度必须兼顾定量和定性的指标。

第一节　医疗器械推销人员的薪酬管理

一、销售薪酬的含义、作用与类型

薪酬是销售经理管理销售人员的有效手段之一，好的薪酬制度一方面能稳定销售队伍，另一方面能提高公司管理效率，调动销售人员的积极性，从而达成公司的销售目标。

销售人员每天面对的大部分都是突发性的问题和各式各样难以想象的客户，每一笔生意的成交经过可能都不太一样，每天所发生的事情都没有办法事先预料，每天遭遇的困难很多，因此人员流动率通常都比公司其他人员高得多。要想留住这些销售人员，必须给予公平合理的薪酬待遇，让他们所付出的辛劳与所获得薪酬成正比，进而调动销售人员的积极性和创造性。

（一）销售薪酬的含义

销售薪酬是指销售人员通过在某组织中从事销售工作而取得的利益回报，包括工资、佣金、津贴、福利以及保险和奖金。其中，工资是相对稳定的薪酬部分，通常为销售人员的基本工资（保底工资），由职务、岗位及工作年限决定，这是销售薪酬的基础；佣金是根据员工的销售业绩给予的薪酬（销售提成），对销售人员来讲，佣金一般是销售薪酬的主体；津贴是工资的政策性补充部分，如对高级销售职称的人员给予职称津贴、岗位津贴、工龄津贴、地区补贴、国家规定的价格补贴等；福利通常指销售员工均能享受到的，与其贡献率关系不大的企业共同性利益，如企业的文化体育设施、托儿所、食堂、医疗保健机构、优惠住房制度等；保险通常指销售人员受到意外损失或失去劳动能力以及失业时为其提供的补助，这取决于当地劳动法的执行力度、公司的实际情况等，一般含工伤保险、失业保险、医疗保险、养老保险、生育保险（即常规5险）；奖金一般指根据销售员工的业绩贡献或根据公司盈利情况给予的奖励，通常有超额奖、节约奖、合理化建议奖、销售竞赛奖、年终奖等。

（二）销售薪酬的作用

销售薪酬是一种奖励，而受到奖励的行为对销售队伍的稳定起着有效的作用，因此，设计和实施一套有效的薪酬制度显得非常必要，它的作用体现在以下方面。

1. 激励员工，保障企业营销目标的顺利实现

由于销售薪酬不仅决定销售员工的物质生活条件，也是一个人社会地位的决定因素，是全面满足销售人员生理、安全、社交、自尊及自我实现需要的经济基础。因此，薪酬是否公平合理对销售人员积极性影响很大。适度的销售薪酬能激发销售人员的工作热情，他们会超额完成任务，从而保证企业利润目标的实现。因此，适度薪酬成为许多企业制定薪酬制度的出发点。

2. 保证销售人员利益的实现

一般而言，销售人员利益实现主要来源于销售薪酬，销售人员的薪酬追求动机是比较复杂的，他们既要获得物质利益，又要获得事业发展等。因此，企业制定了薪酬制度后，能达到稳定销售队伍、完成企业销售目标的目的。

3. 简化销售管理

合理的销售薪酬制度能大大简化销售管理工作。销售活动是一种复杂的经营活动，涉及的费用方式也比较复杂，如果没有一定的薪酬制度，势必会使销售费用和销售人员薪金管理变得非常复杂。

（三）销售薪酬的一般类型

企业的销售薪酬制度涉及三个方面的问题：一是从销售人员的角度来看，销售人员希望获得稳定而较高的收入；二是从管理人员的角度来看，力求销售成本的降低；三是从消费者角度来看，希望从销售人员手中以较低价格获得自己所需要的商品或服务。可见这三者的追求目标并不一致，正是由于这种目标的不一致性，使得建立一套合理的薪酬制度成为一件较为困难的事情。企业对于销售人员的薪酬类型大体可以分为以下几种类型。

1. 固定薪水制度

是指无论销售人员的销售额是多少，其在一定时间内都获得固定数额的薪酬，即一般的计时制工资。这种制度也适用于销售人员从事例行销售工作，如驾驶车辆分送酒类、饮料及其他类似产品的情况。当公司生产的是大众化产品而且容易推广时，销售员不需花太多时间和功夫向客户说明，生意就可能成交，这种情况下，公司会偏向于采用"不发佣金"的固定薪金制度。

纯粹薪水制度的优点是：易于操作、计算简单。销售人员的收入有保障，易产生安全感；当有的地区有全新调整的必要时，可以减少敌意；适用于需要集体努力的销售工作。它的缺点也很明显：缺乏激励作用，不能继续扩大销售业绩，就薪酬多少而言，不能体现公平原则，容易导致员工因薪酬缺乏激励性而流失。

2. 纯粹佣金制度

纯粹佣金制度是与一定期间的销售工作成果或数量直接有关的薪酬形式，即按一定比率给予佣金，这样做的目的是给销售人员以鼓励，其实质是奖金制度的一种。

公司聘用销售员时如果销售重点是获得订货单，而销售以外的任务不太重要时，佣金制度常被广泛采用。如服装业、纺织业、制鞋业、医药器械业、五金材料的批发业等。

单纯佣金制度的最大优点是对业务员提供了直接的金钱鼓励，可以促使他们努力提高销售量。采用本制度，销售能力高者可较薪金制获得更多的薪酬，同时，能力低者也可获得与其能力对等的薪酬。采用本制度的人员流动率也会很高，但主要以不合格者的自动或被动离职为主。这种制度的适应面较大，可为多种类型公司采用。

纯粹佣金制度的优点是：富有激励作用，销售人员能获得较高的薪酬，能力越高的人员赚钱越多，销售人员对自己的薪酬结构非常清楚，控制销售成本较容易，可有效减少营销费用。它的缺点是：销售人员收入欠稳定，在经济波动的情况下收入不易保证；销售人员容易产生兼职行为，同时为好几个公司从事销售，从而达到分散风险的目的。

3. 薪水加佣金制度

以上两种制度的结合即为薪水加佣金的制度，这是一种混合薪水制度，纯粹薪水制度缺乏弹性，激励作用有限；纯粹佣金制度弹性太大，销售人员缺乏安全感。两种制度的结合避免了各自的不足。

薪水加佣金制度是以单位销售或总销售的一定百分比作为佣金，每月连同薪水一起支付，或年终时累积支付。

薪水加佣金制度的优点是：与奖金制度类似，销售人员既有稳定收入部分，也有随业务量增加而增加的佣金。缺点是：佣金难以确定，量少，激励效果不大。

4. 薪水加奖金制度

薪水加奖金制度是指销售人员除了可以按时得到薪水外，还可以获得奖金部分。奖金是按销售人员对企业做出的贡献大小而决定的。

5. 薪水加佣金加奖金制度

这种制度是一种较为理想的薪水制度，薪水用来稳定销售人员，利用佣金及奖金可以加大对销售人员的激励程度，以促进工作总体成效的提高。这种方法被许多企业所采用。

它的优点是：给销售人员提供了赚取更多收入的机会，可以留住较有能力的销售人员。缺点是计算方法较为复杂，增加人力资源成本。

6. 特别奖励制度

特别奖励制度就是在规定薪酬之外的奖励，即额外给予的奖励。这种奖励可以和前面的任意一种基本薪酬制度相结合使用。

二、销售薪酬制度建立的原则

企业的销售薪酬制度应该体现以下原则。

1. 公平性原则

薪酬应制定在比较客观现实的水平上，使销售人员感到他们所获得的薪酬公平合理，企业的销售成本也不至于过大。只有这样才能使销售费用保持在既现实又较低的程度上。因此，薪酬制度要达到销售人员的薪酬与其本人能力相称，并且能够维持一种合理的生活水准。同时，须与企业内其他人员的薪酬相称。

2. 激励性原则

薪酬制度必须能给予销售人员充分的激励作用，以使其努力工作，取得最佳的销售业绩，同时又能引导销售人员尽可能的努力工作，对公司各项活动的开展起到积极作用。薪酬制度必须富有竞争性，给予的薪酬要高于竞争对手水平，这样才能吸引最佳销售人员加入企业。

3. 灵活性原则

薪酬制度的建立应既能满足各种销售工作的需要，又能比较灵活地加以运用。即理想的薪酬制度应该具有变通性，能依据不同的情况进行调整。

4. 稳定性原则

良好的薪酬制度要能够使销售人员有稳定的收入，这样才不至于影响其生活。因为销售量常受一些外界因素影响，销售人员期望收入不会因这些因素的变动而下降至低于维持生活的水平。企业要尽可能地解决销售人员的后顾之忧，除了正常的福利之外，还要为其提供一笔稳定的收入，而这笔收入主要与销售人员所工作的销售岗位有关，而不与其销售业绩发生直接联系。

5. 控制性原则

销售人员的薪酬制度应体现工作的倾向性，应能为销售人员的努力指引方向。薪酬制度应能使销售人员发挥潜能，提高其工作效率。因此，薪酬制度的设立应能实现企业对销售人员的有效控制。

【案例13-1】 杭州博康医疗器械有限公司是一家年销售额2000万以上的医疗器械销售公司，公司目前有各种人员20人，其中，销售人员12人，销售人员的工资采取基本工资加提成的薪酬模式。老板管理也很人性化，企业文化和谐，但令人费解的是跳槽现象时有发生，很多本来销售业绩很好的销售人员说走就走了，流动率非常高。还有一些销售人员在销售公司产品的同时，在其他公司也有兼职身份。该公司的基本工资设计如下：

(1) 刚毕业的市场营销专业大专毕业生从事销售，基本月薪900元。

(2) 有相关工作经验非市场营销专业毕业的大专学历人员从事销售,基本月薪800元。

(3) 有一定工作经验的中专毕业人员从事销售,基本工资600元。

该公司产品由于为医用耗材类,在市场中竞争非常激烈,利润率只有3%左右,市场比较饱和,公司新的业务难以开发,销售人员的佣金是采取利润率提成的方式,提成点在8%左右。

第二节 医疗器械推销人员的绩效考核

一、推销人员绩效考核的作用

销售人员的销售能力直接影响公司的经营业绩,因此,如何激励和有效控制销售人员对于公司的经营效益而言具有重要意义。公司对销售人员的基本管理内容即为绩效考评。对推销人员绩效考核是公司依据销售计划,对销售人员执行销售计划的有效性与质量进行评价。推销人员的工作绩效考核,其作用和意义主要体现在以下几点。

(一)考评是完成销售目标的有力保障

销售目标是销售管理的起点,它对销售组织、销售区域设计、销售定额以及销售薪酬模式起着指导作用。这些工作完成之后,销售经理开始招聘、配置、培训和激励销售人员,促使他们朝着销售目标努力。同时,销售经理还应当定期收集和整理有关计划执行情况的信息。这样做一方面有利于对计划的不合理处进行修改,另一方面则有利于发现实际情况与计划的差异,以便找出原因并寻求对策。

(二)考评是公平报酬的依据

科学考核、给予公平的报酬,对激励推销人员有着重要的作用。有效的考评方案通过对销售人员的业绩进行评价,并在评价的基础上给予销售人员相应的报酬和待遇,避免产生不公平感,激励销售人员继续努力。

(三)考评是发掘销售人才的有效手段

通过考核能够鉴别出销售人员的实际销售能力,能及时发现他们在销售能力上的优劣势,销售考核表现在此功能上即为对销售经验及技能不足的人员能及时提供培训与辅导予以提高,对销售经验及销售效果非常明显的销售能手予以激励以及经验传播。

(四)销售考核有利于加强对销售活动的管理

在销售考核中,销售经理一般每月对销售人员进行一次评价。每月考核一般对销售人员具备明显的激励和促进作用。同时,有效而适时的销售考核也会促进销售活动的效率。

二、销售人员绩效考核的原则

为了使考核结果能准确反映被考核部门及人员的实际业绩,公司考核活动从总体上来说必须遵循以下六个原则。

(一)公平原则

对任何销售部门及销售人员的考核都应一视同仁,不应带任何主观倾向性。为此必须做到考核标准客观、统一，让每一位被考核者都能受到全面的考核，避免以偏概全；考核时间与方式统一，能保证考核实施过程公平。

（二）公正原则

考核结构应不受考核者的个人兴趣爱好、专业特长、价值取向以及情感倾向的影响。为此必须做到综合运用多种考核方法，以避免单一方法存在的误差的累积放大效应；由不同层次的考核者共同进行考核，保证考核结果具有充分的代表性；自我考核与他人考核相结合，根据不同考核内容的特点决定采用自我考核或他人考核或二者同时使用；考核要素与各要素量表分开，保证考核者只根据各考核要点作出评价，不受评价结果影响；采用科学方法对考核结果进行整理分析，剔除各种异常值，保证考核结果的准确性；考核活动与考核结果的使用分开，考核体系独立运作，保证考核活动只对考核者作出客观的评价。

（三）公开原则

考核活动应该有足够的透明度，并接受被考核者及员工的监督，保证考核过程严格遵循公平、公正的原则。为此必须做到考核标准公开、考核方法公开、考核结果公开等。

（四）综合绩效考核原则

销售主管在制定绩效考核项目时，如果只单纯考核销售或销售回款，可能会导致销售人员过分向公司申请政策来讨好经销商，诱使经销商压货，不考虑市场整体或将来发展，导致产品积压在经销商处，最终导致销售渠道崩溃；如果考核销售人员的项目太多，可能会分散销售人员的注意力等。为了确保销售人员开发市场与运作市场的数量与质量，销售主管与销售考核部门必须制定一定数量的考核指标，采取硬指标和软指标相结合的方式，以硬指标为主，软指标为辅的方式进行考核。

（五）差别化原则

对销售人员的考评实行差别化，才能实现多劳多得的分配原则，同时也可以激励销售人员努力去寻找市场新的增长点，开拓市场。

（六）全方位激励原则

激励应该注意正激励与负激励的结合，对一些市场运作突出的销售人员可以给予现金、出国旅游、外派学习、赠送物品、配送期权、公司通报、晋级、提高待遇等从物质到精神富有强大吸引力的奖励政策。

三、销售人员绩效考核的程序

销售分析与评价作为销售工作重要的一环，要有组织、有秩序的执行。因此，对销售人员的业绩考核应遵循一定的程序，具体来说一般有以下几个步骤。

（1）确定销售分析计划　为了提高销售分析的准确性，销售分析应该有计划地进行，分析计划要确定分析目的和要求、分析内容和范围、分析工作组织和分工、分析资料来源、分析方法等。在分析计划的执行过程中，如出现新问题、新情况应及时加以补充和修改，以确保分析工作的正常运转，提高分析效果。

（2）收集销售分析资料　分析资料是进行销售分析的重要依据，分析人员应全面、系统、完整地收集各方面的资料。一般来说，分析资料主要包括：各项销售计划、预算、定额、责任指标等计划资料，各项业务核算资料，各种内外部报表资料，同行业有关资料，有关合同、协议、决议等文件报告资料。

（3）研究销售分析资料　资料收集需要进行整理、分析和研究。要去除不正确或失实的资料，分析形成销售差异的原因，分清主次，测定各项因素的影响程度，以找到问题的关键，为解决问题提供思路。

（4）做出销售分析结论　进行销售分析与评价主要是为了评定业绩、肯定成绩、总结经验、发现问题、吸取教训，以挖掘潜力、制定最佳销售组合、吸纳更多利润。在作出分析结论时，对各项销售业绩的评价应当切合实际，并对其中的问题提出切实可行的改进措施，对建议及实施方案的实行效果做出评价分析。

（5）编写销售分析报告　销售分析报告主要是向销售部门、销售人员及管理人员汇报分析情况的书面材料。分析报告的编写因分析内容不同而有所不同。

四、绩效考评的内容

销售绩效考评涉及两个方面的内容：对销售队伍整体绩效的考核以及对销售人员个人业绩进行考评。一般而言，对销售队伍的整体考评包括三个方面：销售分析、成本分析及资产回报分析。销售人员个人业绩考评包括主观考评和客观考评两个方面。

销售分析、销售成本分析以及资产回报分析是用以考评整体销售努力的重要手段。通过这几种方式，可以衡量销售努力是否与该部门销售目标相一致，并且可以帮助发现是否需要提高以及如何提高。虽然这些方法也能为个人业绩考评提供一些有用信息，但仅靠这些信息是远远不够的。因为这些方法都是围绕销售额来进行考评，忽略了销售人员可能从销售领域带回给公司的信息价值，也忽略了销售人员创造良好信誉以及花费在开发具有长期价值的新客户上的努力等。所以，许多公司采取了一些别的办法来评价销售人员个人业绩。

一般用两种尺度来考评销售人员的个人业绩，即职务标准和职能条件。以这两种尺度进行的考评即客观考评和主观考评。

（一）客观考评

职务标准是销售经理对销售人员工作评价的依据，以职务标准为尺度进行考评即为客观考评，它与工作直接相关。客观考评方法使用的指标有三大类，即产出指标、投入指标以及产出/投入比率指标。

1. 产出指标

考评销售人员个人业绩最常用的信息来源是销售统计资料。在销售分析中将销售人员完成的实际销售额与其销售定额相比较所得到的业绩指数即为一种产出指标。这类常见的产出指标如下。

（1）订单数　通常可用销售人员所获得的订单数来评价其销售推荐活动的能力。销售人员不仅要选择适当的时机接近客户，而且在接近后还必须做大量工作来说服顾客购买产品。所以，订单数目的多少可以反映这种接近与推荐有成果与否。

订单数量很重要，每个订单的平均规模也很重要，订单数目的泛滥可能意味着每笔订单规模很小，可能说明销售人员时间管理不太合理，将大量时间用于访问小客户而忽视了对大客户多下工夫。

（2）客户数　借助各种客户指标，可以对销售区域划分的公平性，以及销售人员如何驾驭自己的销售区域有一个清晰的认识。

常用的一个指标是销售人员的客观组合中现有的客户数。对现有客户有多种定义，它可以是指在过去半年或一年内曾向公司订购货物的顾客。销售人员当年的业绩,可以通过与他在上一年的现有客户数的比较来予以考评。一般希望的结果是客户数会上升。另一个与此密切相关的客户指标是销售人员在既定时期内新开拓客户的数量。

还有一些指标,一是客户的流失数,显示销售人员是否成功地满足了其区域内已有客户不断变化的需要。二是逾期不付款的客户数,显示销售人员是否按照公司规定考查客户信用等。

2. 投入指标

许多公司采用的客观指标一般都侧重于考查销售人员付出的努力,而不是考查这些努力所导致的销售成果,这是由以下原因。

(1) 销售努力行为比结果更能为销售经理所控制。例如:如果一个销售人员未能完成定额,问题可能出自几个方面,或者是该销售人员不够努力,或者是定额不合理,或者是环境变化了。其中前者与个人联系最直接,也最容易进行改善。

(2) 在许多情况下,销售努力的投入与销售成果的产出之间存在一定滞后,一笔大额销售可能是由许多销售努力的累积所致。

对于销售努力的考评一般可以从以下方面入手。

(1) 销售访问次数

企业在设计销售区域时,需要考虑的众多因素之一就是对各种不同等级的客户的访问次数。这也正是销售访问次数作为考评个人业绩指标的原因所在。

(2) 工作时间与时间分配

因为工作时间和时间分配这两个指标能够直接用来考评销售人员与客户联系的程度,所以在许多企业,工作的天数以及每天访问的次数已经成为评价销售人员工作努力的例行考核指标。如果某销售人员与客户的联系较少,原因可能有两种:一是该销售人员工作时间不够;二是工作效果不高,访问频率太低。

(3) 费用

这里所指的费用是销售努力所产生的费用支出。许多公司对销售费用都有详细记录,有的还将销售费用细分为各种类型,如交通费、住宿费、招待费等。企业既可以根据这些费用的总额来进行考评,也可以根据费用占其完成的销售额或定额的百分比来进行考评。

(4) 非销售活动

除了评价销售人员与客户直接接触的活动外,一些企业还对非直接接触的活动进行考核,运用的考核指标主要有:发出推销信件的数量、拨打推销电话的次数、向企业提出合理销售建议的次数等。

3. 比率指标

将各种投入与产出指标以特定方式相结合,可以得到其他一些有用的信息。

(1) 费用比率

销售费用比率是将销售人员的投入与产出相比的结果。销售人员可以通过增加销售或控制费用来调整这一比率。这种比率也可以用来分析各种费用与销售的关系。例如当销售/交通费比率升高时,必须意识到销售区域之间的差异。如果一个销售区域内客户相对分散,销售人员的费用比率会显得高一些。

每次访问的平均费用是销售费用与销售访问次数之比。这个比率可以采用以总费用或各种明细费用作为基数,计算每次访问平均费用或每次访问平均旅行费用等。这些比率不仅可以在企业内部各销售人员之间进行比较,也可以用于与同行业企业之间的横向比较。

(2) 客户开发与服务比率

客户开发与服务比率反映销售人员抓住商机的能力，这类比率包括客户渗透率、新客户转化率以及流失客户比率等。客户渗透率是指销售人员获得订单数占整个销售区域内潜在客户的比率；新客户转化率用于考评销售人员将预期客户转化为现实客户的能力；客户流失比率用于衡量销售人员能否保持住已有客户。

(3) 访问比率

访问比率用于衡量销售人员投入到访问活动上的努力与访问成果之间的关系。访问比率可以用每天访问次数、客户平均访问次数或销售访问总次数予以表示。

(二) 主观考评

1. 主观考评的内容

职能条件是销售经理对销售人员工作能力的期望和要求。以职能条件为依据进行的考评是主观考评，与能力直接相关。

客观考评也称为量化考评、数量考评，衡量的是与销售人员主观意图相关的销售努力；主观考评也称质量考评，反映的是销售人员执行这些主观意图的好坏。一般来讲，主观考评要比客观考评困难得多。这是因为，客观指标一旦确立，便很少受到个人偏见的影响，所得出的结论与实际情况相符合。而主观考评即便其考评过程设计得很完美，仍然免不了受个人偏见的影响。

主观考评的内容包括以下几点。

(1) 销售成果　包括销售额、对新客户的销售额、产品线销售额等。

(2) 工作知识　包括企业政策、产品知识、推销技巧等。

(3) 销售区域管理　包括销售访问计划、费用控制、销售文件记录和处理。

(4) 客户与企业关系　包括对客户、同事以及企业关系的处理。

(5) 个人特点　包括工作态度、性格、能力等。

对于不同企业、不同考评目的，主观考评对以上五项内容的侧重点有所不同。比如在做出解雇或补偿决定时，企业会比较注重销售成果；而在做出调动或升迁决定时，工作知识与客户关系则显得更为重要。

2. 主观考评需要注意的问题

主观考评可能存在以下问题。

(1) 考评结果指导性不强

业绩评价的作用在于揭示所存在的问题，指明应该采取的行动。为了做到这一点，就必须确定各种行为与销售业绩之间的相关性。由于这是一项很困难的工作，所以许多企业并没有认真实施这一步骤，而是简单地确定行为与业绩之间的关系。这样的考评往往难以起到有效的指导作用。

(2) 个性特征定义不清

对于销售人员而言，个性因素包括个人气质、积极性以及应变能力等，但是这些因素与业绩之间的实际联系却难以认定。

(3) 晕轮效应

这是进行主观考评难以避免的现象。晕轮效应是指对某一事物或人进行评价时，对某一特征的印象影响到对其他特征的评价；当销售经理认为某一方面的业绩表现最为重要时，人们从他对销售人员在这一方面表现的评价更可大致测出他对该人的整体业绩评价。由于不同销售经理所认为的最重要的业绩表现方面可能不同,在对销售人员进行考评时,就会产生矛盾。

(4) 考评人员的态度

在主观考评时,有些销售经理比较极端:或者极端宽容,对每个销售人员每一考评因素评价都很好;或者极端苛刻。另外有一些经理则行中庸之道,对业绩好坏不加以区分。因此,对业绩缺乏统一标准认识和理解的主观考评方法,其有效性难免受到影响。

(5) 人际偏见

人际偏见是指我们对别人的看法以及对其行为的接受程度,受到我们个人对其喜欢程度的影响。销售经理对下属的考评一样存在个人偏见。

(6) 考评目的

如果考评是与晋升或报酬相关,销售经理通常会采取比较宽容的态度,因为他们看中的是与下属之间的合作关系。例如,某区域的销售经理肯定不喜欢其他区域的销售人员比自己管理的销售区域人员提拔晋升得更多。

在主观考评时,为了避免以上种种因素的影响,许多企业制定了一系列规定,常见的有:要求考评人员在考评之前仔细阅读每一个特征的描述和说明,谨防过高评价的常见倾向;警惕不要让考评人员个人好恶影响考评结果等。

3. 主观考评的方法

主观考评一般涉及销售人员的行为考核,常见方法有评分法、图表尺度法和BARS法。

评分法就是考核人员对销售人员的销售行为进行打分,分值可以是百分制,也可以是十分制。

图表尺度法是指用图表尺度来衡量销售人员的销售行为。如在衡量销售人员的时间管理能力时可以采用此法。

以上两种方法都易受到考评人员的主观因素的影响,而BARS系统(be-haviorall anchored rating scale,行为锚尺法)法可以比较好地解决这一问题。BARS法是指以行为作为基础的分级法。BARS系统以行为为评价尺度,评价尺度上每一个判断点都可以由具体的、与工作有关的实际行为来说明。如用BARS法评价时间管理,见表13-1。

表13-1 用BARS法评价销售人员的时间管理

时间管理绩效描述	行为评价标准	
非常高:即能非常好地进行时间管理	10分	能有效分配时间,销售报告及时完成,能按计划进行访谈
	9分	处于之间
	8分	能有效分配时间,很少延迟交报告,能经常按计划进行访谈
一般水平:即能达到时间管理的一般水平	7分	大量工作能按时间分配去做,许多报告能按时交,偶尔也能按计划进行访谈
	6分	处于之间
	5分	不能在重点客户身上花足够多的时间,许多报告延迟,很少按计划进行访谈
很差:即不能使用时间管理原则	4分	处于之间
	3分	在低利润客户身上花费过多时间和精力,很少按时交报告,极少按计划进行访谈
	2分	处于之间
	0分	没有将客户进行分级,总是延迟递交报告,从不按计划访谈

BARS系统认为各种影响销售业绩的因素影响力不同，考评的关键就是找出主要影响因素。它的逻辑是首先确定那些对销售成功起关键作用的行为，然后恰当地描述这些行为，并给予一个分值，在此基础上再对销售水平线进行考评。

【本章小结】

销售人员作为企业员工中相对独立的一个群体，具有工作环境不固定、工作时间弹性自由、工作对象复杂多样、工作过程灵活独立、工作业绩不稳定等特点。如何对销售人员进行有效的薪酬管理与合适的绩效考核对于企业而言是一项重要的工作。在对他们的绩效考核中，管理人员无法直接监督销售人员的行为。销售人员的绩效不仅与其付出的劳动挂钩，而且与现实大小环境相联系。我们无法用行为规范来约束销售人员的行为，只能通过科学可行的绩效考核制度引导销售人员的工作，对其作出公平合理的评价，使销售人员自发地研究销售工作，不断提升工作业绩及成果。

【讨论与思考题】

1. 薪酬管理的作用有哪些？
2. 推销人员绩效考核的作用与原则是什么？
3. 推销人员绩效考评内容和方法有哪些？

【案例阅读】

某医疗器械公司销售人员的绩效考核方案

一、考核原则

（1）业绩考核（定量）＋行为考核（定性）。
（2）定量做到严格以公司收入业绩为标准，定性做到公平客观。
（3）考核结果与员工收入挂钩。

二、考核标准

（1）销售人员业绩考核标准为公司当月的营业收入指标和目标，公司将会每季度调整一次。
（2）销售人员行为考核标准。
① 执行遵守公司各项工作制度、考勤制度、保密制度和其他公司规定的行为表现。
② 履行本部门工作的行为表现。
③ 完成工作任务的行为表现。
④ 遵守国家法律法规、社会公德的行为表现。
⑤ 其他。

其中：当月行为表现合格者为0.6分以上，行为表现良好者为0.8分以上，行为表现优秀者为满分1分。如当月能有少数突出表现者，突出表现者可以最高加到1.2分。

如当月有触犯国家法律法规、严重违反公司规定、发生工作事故、发生工作严重失误者，行为考核分数一律为0分。

三、考核内容与指标

销售人员绩效考核表如下表所示。

销售人员绩效考核表

考核项目		考核指标	权重	评价标准	评分
工作业绩	定量指标	销售完成率	35%	实际完成销售额÷计划完成销售额×100% 考核标准为100%,每低于5%,扣除该项1分	
		新客户开发	15%	每新增一个客户,加2分	
	定性指标	市场信息收集	5%	1. 规定的时间内完成市场信息的收集,否则为0分 2. 每周收集的有效信息不低于20条,少一条扣一分	
		报告提交	5%	1. 在规定的时间之内将相关报告交到指定处,未按规定时间交者,为0分 2. 报告质量评分为4分,未达到此标准者,为0分	
		销售制度执行	5%	每违规一次,该项扣1分	
		团队协作	5%	因个人原因而影响整个团队工作的情况出现一次,扣除该项5分	
工作能力		专业知识	5%	1分:了解公司产品基本知识 2分:熟悉本行业及本公司的产品 3分:熟练掌握本岗位所应具备的专业知识,但对其他相关知识了解不多 4分:熟练掌握业务知识及其他相关知识	
		分析判断能力	5%	1分:较弱,不能及时做出正确的分析与判断 2分:一般,能对问题进行简单分析和判断 3分:较强,能对复杂问题进行分析和判断,但不能灵活运用到实际工作中 4分:强,能迅速地做出较为正确的判断,并能灵活运用到实际工作中,取得较好的销售业绩	
		沟通能力	5%	1分:能较清晰地表达自己的思想和想法 2分:有一定的说服能力 3分:能有效地化解矛盾 4分:能灵活运用多种谈话技巧和他人进行沟通	
		灵活应变能力	5%	应对客观环境的变化,能灵活地采取相应的措施	
工作态度		员工出勤率	2%	1. 月度员工出勤率达到100%,得满分,迟到一次,扣1分(3次及以内) 2. 月度累计迟到三次以上者,该项得分为0	
		日常行为规范	2%	违反一次,扣2分	
		责任感	3%	0分:工作马虎,不能保质、保量地完成工作任务且工作态度极不认真 1分:自觉地完成工作任务,但对工作中的失误,有时推卸责任 2分:自觉地完成工作任务且对自己的行为负责 3分:除了做好自己的本职工作外,还主动承担公司内部额外的工作	
		服务意识	3%	出现一次客户投诉,扣3分	

四、考核方法

(1) 员工考核时间:签合同的当天起。

(2) 员工考核结果公布时间:下一周的工作日。

(3) 员工考核挂钩收入的额度:月工资占20%,业绩考核额度占50%,行为考核额度占30%。

五、考核程序

(1) 业绩考核:按考核标准由财务部根据当月公司营业收入情况统一执行。

(2) 行为考核:由销售部经理进行。

六、考核结果

(1) 业绩考核结果每月公布一次,部门行为考核结果(部门平均分)每月公布一次。

(2) 员工行为考核结果每月通知到被考核员工个人,员工之间不应互相打听。

(3) 每月考核结果除了与员工当月收入有挂钩以外,其综合结果也是公司决定员工调整工资级别、职位升迁和人事调动的重要依据。

(4) 如对当月考核结果有异议,请在考核结果公布之日起一周内向本部门经理或行政人事部提出。

参 考 文 献

[1] 吴健安. 现代推销理论与技巧. 第2版. 北京：高等教育出版社，2008.
[2] 冯国忠. 药品推销原理与技巧. 北京：中国医药科技出版社，2006.
[3] [美] 迈克尔·阿亨等. 当代推销学：创造顾客价值. 第11版. 吴长顺译. 北京：电子工业出版社，2010.
[4] 安贺新. 推销与谈判技巧. 第2版. 北京：中国人民大学出版社，2010.
[5] 李文国，夏冬. 现代推销技术. 北京：清华大学出版社，2010.
[6] 张丽霞. 现代推销实务. 北京：北京大学出版社，2009.
[7] 高红梅. 现代推销技术. 北京：清华大学出版社，2012.
[8] 白云华，赵雪梅. 推销技术. 北京：北京交通大学出版社，2010.
[9] 蔡岷雯. 推销技能实训. 北京：中国人民大学出版社，2010.
[10] 李文国. 推销实训. 大连：东北财经大学出版社，2008.
[11] [美] 安迪·法兰. 医疗：医药代表拜访指南. 第3版. 张志扬等译. 北京：电子工业出版社，2011.
[12] 李旭穗，邢金虎. 商务谈判. 北京：清华大学出版社，2009.
[13] [美] 崔西. 销售中的心理学. 王有天等译. 北京：中国人民大学出版社，2007.
[14] 金兴. 医疗器械营销实务. 北京：人民卫生出版社，2011.
[15] 陈涛. 销售管理. 武汉：华中科技大学出版社，2008.
[16] [美] 迪普等. 成交——推销员灵捷销售行动. 杨世伟译. 北京：经济管理出版社，2011.
[17] [日] 菊原智明. 顾客抱怨成就销售冠军：把顾客抱怨变成你最强的销售工具. 袁淼译. 北京：企业管理出版社，2010.
[18] 金跃军. 销售大师之乔. 吉拉德推销思想精读全集. 北京：中华工商联合出版社，2012.
[19] [美] 乔·吉拉德，怎样迈向巅峰. 费风霞译. 北京：金城出版社，2012.
[20] 刘星. 不可不知的销售心理学. 北京：中国三峡出版社，2011.
[21] [美] 希尔. 世界上最伟大的推销员——实践篇. 王俊兰译. 北京：北京联合出版公司，2012.
[22] 查尔斯·M·富特雷尔. 销售管理. 第2版. 北京：高等教育出版社，2006.
[23] 王冬丽. 医药商品销售. 北京：化学工业出版社，2009.
[24] 严振. 药品市场营销技术. 北京：化学工业出版社，2009.
[25] 卢友志. 医药代表精英教程. 北京：京华出版社，2010.
[26] 仲崇玉. 做自己的教练——医药代表的五把利剑. 北京：企业管理出版社，2007.
[27] 仲崇玉. 销售经理的22条军规：如何带出高绩效的销售团队. 杭州：浙江人民出版社，2013.
[28] [美] 西克海利. 销售团队的薪酬设计. 修订版. 王夫等译. 北京：电子工业出版社，2008.
[29] 孙佑元，谭杰. 目前我国家用医疗器械现状及展望. 中国医疗器械信息，2011，(2)：28-29.
[30] 李彤. 九安医疗国内市场定位及渠道策略研究. 2010年国际管理科学会论文集. 2010：542-545.
[31] 池慧. 以人才队伍建设推动医疗器械产业发展. 中国卫生人才，2010，(1)：50.
[32] 吕永红，葛玉辉. 医疗器械销售人员的激励模式. 经济论坛，2007，(3)：101-103.
[33] 汪春风. 掌握五大能力，提升医疗器械企业销售力. 中国医药导报，2005 (4)：58-60.
[34] 梁洪霞. 丽可医疗器械有限公司的体验营销. 科技致富向导. 2011，(15) 49-50.
[35] 丁碧兰. 医疗器械采购管理探析. 商场现代化. 2011，(15)：17.
[36] 吴闽. GE医疗设备莆田地区营销战略分析 [D]. 厦门：厦门大学，2006.
[37] 李惠萍. 西门子中国医疗器械市场营销策略浅析 [D]. 上海：复旦大学，2008.